사막의 꽃

DESERT FLOWER

Copyright © 1998 by Waris Dirie. All right reserved.

Korean translation copyright © 2019 by SOMENSUM Publishing Co.
Korean translation right arranged with HarperCollins, Inc.
throught Eric Yang Agency, Seoul.

이 책의 한국어판 저작권은
에릭양 에이전시를 통해 저작권자와 독점계약한 섬앤섬 출판사에 있습니다.
신저작권법에 따라 한국 내에서 보호받는 저작물이므로
무단 전재와 복제를 금합니다.

이 도서의 국립중앙도서관 출판예정도서목록(CIP)은 서지정보유통지원시스템 홈페이지(http://seoji.nl.go.kr)와 국가자료공동목록시스템(http://www.nl.go.kr/kolisnet)에서 이용하실 수 있습니다.(CIP제어번호: CIP2015023887)

사막의 꽃

와리스 디리 · 캐틀린 밀러 지음 | 이다희 옮김

섬앤섬

추천사

세상을 바꾸는 검은 여전사의 생명력

김재희 《이프》 편집인

아프리카 출신 친구들은 쉽게 속내를 털어놓는 편이라, 나는 그이들의 퍽 내밀한 사연도 곧잘 얻어들었다. 하지만 그 얘기는 직접 들어본 적이 없었다. 그래서 '여성할례'란 말을 처음 들었을 때 그 황당한 단어의 조합에 뜨악했으나 그저 시늉만 하는 종교적 제례려니 했다. 칼춤을 추며 상징적으로 몹쓸 존재들을 몰아내듯 여자의 성기에 대고 주술적 행위를 하는 거겠지, 했다. 하지만 내 친구들이 왜 그 얘기는 하지 않았을까를 다시 생각해보면 소처럼 선량했던 그 친구들의 눈망울이 떠오르며 울컥 가슴이 저려온다.

가부장제에서 유래하는 이 엄청난 불합리는 역사 속으로 사라지고 있는 어느 나라 호주제와도 닮았다, 싶었다. 여성의 성기 훼손(FGM^{Female Genital Mutilation}) 또한 사회적으로나 경제적으로 여성이 남성에게 종속된 존재임을 적나라하게 드러내기 때문이다. 황당한 행위양식을 '전통'이라는 이름 아래 미풍양속으로 섬기는 무지몽매한 관습이 피해 당사자들에게는 얼마나 포악한 운명의 저주이던가! 하지만 바로 여자의 몸을 전쟁터로 만든다는 점에서 이 관습은 어떤 제도보다 더 가혹하고 소름끼친다.

이 끔찍한 만행, 보편화된 성폭행은 그러나 아프리카 특정 지역에서만 발생하는 예외적인 일이 결코 아니다. 파키스탄과 인도, 말레이시아, 인도네시아 및 아라비아 반도 남부와 페르시아 만 일대에서도 널리 행해지며 심지어 북미와 유럽에서도 이 관습은 여전히 진행 중이라, 지구상에 사는 여성 중 현재 1억 5천 명 가량이 이 혹독한 시련의 상흔을 자기 몸에 새기고 있는 것으로 추정된다.

이 책의 주인공 와리스 디리 역시 수백 년에 걸쳐 내려오는 이 '관습'에 따라 다섯 살 적 어느 밤, 녹슨 칼끝에 여린 몸을 내어놓아야 했다. 살점을 마구 도려낸 상처는 핏자국과 고름이 범벅이 된 채 찢어지게 아팠고, 어린 소녀는 여러 달을, 밤낮으로 신음 소리를 내며 자리에 누워 지냈다. 친언니 하나와 사촌언니 둘은 이 비위생적인 도륙의 후유증으로 세상을 떠났다.

한 해에 3백만, 하루에 8천 명의 소녀들이 '순결한 몸'으로 시집갈 준비를 하느라 아직 성기라 할 수도 없는 여린 살점들을 난자당한다. 그러나 이슬람 경전인 코란에는 이 해괴망측한 '전통'에 대해 명시된 바가 없다고 한다. 그건 종교적인 전통이 아니라, 여성의 쾌락을 용납할 수 없는 근엄한 남자들의 성적 판타지에 근거한 것이라는 말이다. 여자의 성기는 애초부터 불결하고 음탕하니 모든 가능성을 뿌리째 도려내 버린다는, 이 불결하고 음탕한 상상력은 대체 어디에서 비롯된 것일까! 상상력은 세상을 제압한다. 순결한 처녀로 키우기 위해 늙은 여자의 손을 빌려 먼저 칼질을 한 다음, 정숙한 아내로 살기 위해 오로지 남편의 칼이 그곳을 다시 갈라낸다는 이 엽기적인 상상력!

10년쯤 전으로 기억하는데, 딸의 '할례'를 피하려 고국으로 돌아가지 않겠다고 독일에서 망명 신청을 낸 어느 여성. 카메라 앞에서 "제발 도와 달라!"며 딸아이를 붙들고 호소하는 그 어머니의 겁에 질린 얼굴

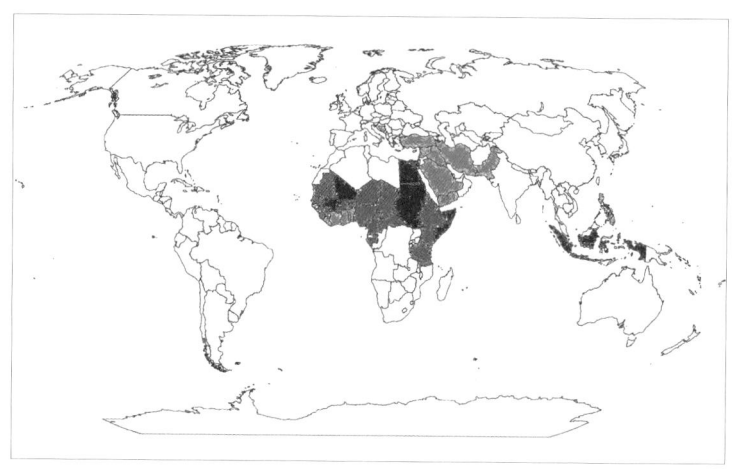

▲ 전 세계적으로 여성 할례 이른바 성기절제술FGM이 행해지고 있는 지역들. 아프리카 중부를 중심으로 색이 짙은 지역일수록 널리 행해지고 있는 곳들이다.

을 보고는 이게 '절박한 현실'임을 깨닫고 머릿속이 하얘졌었다. 드디어 몇년 전 이집트와 케냐에서는 이 끔찍한 관습을 금하는 법률이 공포되었다. 프랑스에서도 이를 범법으로 규정하고 처형하는 법령을 제정했고, 캐나다와 미국과 독일은 여성 성기절단의 관습이 있는 지역 여성들에게는 정치적 망명을 허용하는 법적 장치도 마련했지만, 어둠 속에서 반복되는 이 악습은 좀체 사라지지 않고 있다.

"우리 엄마는 내가 할례를 받는 문제에 대해 아무 말도 할 수 없었다. 여자인 엄마에게는 아무 결정권이 없다. 엄마는 그저 엄마가 했던 대로, 엄마의 엄마가 했던 대로 했을 뿐이다. 그리고 아버지는 자신이 내게 어떤 고통을 받게 했는지 전혀 상상도 하지 못했다. 소말리아 사람은 누구나 그렇게 하는 거니까, 딸을 시집보내려면 으레 그러는 거려니 하는 정도였다. ……두 분도 결국 수천 년 이어진 풍습을 전수받은 피해자일 뿐이다."(본문 속에서)

어느덧 세계적인 슈퍼모델의 반열에 오른 와리스 디리, 망설임 끝에 그녀는 마침내 자신의 아픈 과거를 고백했다. 어둠 속의 비명과 흐느낌, 그리고 침묵. 내 몸에 가해지는 폭력에 대해 입을 열 수 없는 문화적 금기, 그 죽음의 침묵을 깨고 자신의 상처를 세상에 드러내 보인 와리스 디리의 결단은 이 끔찍한 '전통'을 종식시키겠다는 선언이기도 했다. 그녀에게 남은 것은 신체적 폭력의 흔적뿐 아니라 성폭력의 정신적 후유증이기도 해서, 그 악몽의 상흔을 넘어서지 않고는 발휘할 수 없는 용기가 필요했다.

"이제는 우리도 알게 되었다. 예방주사만 맞으면 돌림병에 걸리지 않고, 그러면 죽지 않는다는 것을. 그리고 여자들 또한 발정 난 짐승이 아니어서, 미개한 풍습이 아니라 믿음과 사랑으로 그들의 몸과 마음을 붙들어 두어야 한다는 것을. 이 모든 고통스러운 풍습과 결별해야 할 때가 이르렀음을 이제 우리는 알게 되었다."(본문 속에서)

가난한 유목민의 딸로 아프리카 사막을 떠돌다 신데렐라가 되어 뉴욕의 패션계를 누비는 매혹적인 꽃에 머물지 않고, 응어리진 고통의 소리를 낼 길이 없는 수억 명의 자매를 대표하는 아프리카의 딸로 거듭난 용감하고 아름다운 와리스 디리의 생명력! 그 아름다운 힘이 좀 더 탄력을 받아 세상의 무지와 신음을 덜어낼 수 있도록 유엔은 와리스에게 '특별대사'의 직함을 수여했고, 어느덧 그녀는 전 세계를 돌며 자매들의 고통을 종식시키려는 FGM 철폐운동의 상징이 되었다.

그녀를 통해 분출되는 검은 대륙 아프리카의 감동적인 생명력이 이 책의 독자들에게도 고스란히 전염되기를, 그래서 지금 우리가 선 자리에서라도 손을 내밀어 세상을 좀 더 살만한 곳으로 바꾸는 다양한 일에 동참할 수 있게 되기를 간절히 바란다.

읽기 전에

아프리카의 뿔 소말리아

국명 소말리아 연방공화국
면적 63만 7000km^2
수도 모가디슈
인구 약 1,050만 명(2014년 기준)
종교 95% 이상이 수니파 이슬람 교도이며, 소수의 가톨릭 교도와 영국 교도도 있다.
민족 소말리 족이 85%이며, 그외 반투, 아랍, 유럽인이 15%
언어 소말리 어를 전국적인 공용어로 사용하며 아랍어도 통용된다.

지리와 기후

아프리카 대륙 동북부, 이른바 '아프리카의 뿔'이라 부르는 지역에 위치한 소말리아는 북부에 해안평원인 '구반'이 아덴 만 연안과 평행하게 뻗어 있다. 덤불로 덮여 있는 반 건조지대인 이 평원은 강우량이 적고 기후가 뜨겁고 습해서 식생이 드물다. 구반 평원은 아덴 만에서 멀어지면서 개석(開析) 고지의 가파른 북쪽 절벽으로 솟구쳐 올라, 에티오피아와의 북서쪽 국경으로부터 '아프리카의 뿔' 끝까지 뻗는 산맥을 형성하고 있다. 이 산맥을 따라 수르드카드 산(2407m)을 포함한 이 나라의 최고봉들이 솟아 있다. 남쪽으로 내려오면서 기후가 서늘하고 건조한 하우드 평원으로 바뀌게 된다. 이 일대에는 여러 곳에 인공 저수지가 있다. 소말리아의 남단은 주로 완만한 평원으로 이루어져 있다. 2개의 큰 강인 쥬바, 슈벨리 강은 에티오피아에서 발원하여 소말리아를 거쳐 인도양으로 흐른다.

　소말리아는 열대 및 아열대 지대에 속하며, 하루 중 최고 기온은 30~42℃, 최저 기온은 18~27℃를 오르내린다. 연강우량은 보통 남부와 서부 지역이 100~610mm 정도로 많은 편이다. 대부분의 소말리아 북부지역에는 키 작은 나무들이 산재해 있고 간간이 작은 풀밭들이 있다. 지대가 높은 곳에서는 규모가 작은 삼림들이 나타난다. 소말리아에는 사자, 코끼리, 하이에나, 여우, 표범, 기린, 얼룩말, 영양 등이 살고 있다. 전국토의 2%만이 경작 가능한 지역이며, 그 중에서도 겨우 절반에 가까운 땅에서 곡물이 재배되고 있다. 한편 국토의 절반 가량은 목초지나 방목지로 이용이 가능하다.

역사

　7~10세기에 이슬람교도 아랍인들과 페르시아인들이 아덴 만과 인도양 곳곳에 무역 거점을 형성했다. 10세기에 이르러 아덴 만에서 들어간 내륙지방은 소말리아 유목민들이, 그리고 남부 및 서부는 전원생활을 하는 여러 집단의 갈라 족이 차지했다. 유럽의 본격적인 탐사는 1839년 영국이 아덴 만 일대를 차지하면서 시작했다. 이후 영국은 1884년 소말리아 북부 지역을 자국의 보호령으로 만들었다. 이탈리아는 1889년에 소말리아 북동쪽에 2개의 보호령을 만들고, 1905년에 소말리아 해안 남부 지역에 또 다른 식민지를 건설했다.

　1900년대 초 사이드 모하메드는 전국 이슬람 교도들을 결속하여 영국 식민주의자들에게 대항했다. 그러나 이탈리아령 소말릴란드에서는 이탈리아인 이주가 더욱 증가하여, 1936년 이탈리아령 소말릴란드는 이탈리아령 동아프리카 제국의 한 주로 편입되었다. 제2차세계대전 중인 1940년에 이탈리아가 영국령 소말릴란드를 침공했으나 1년 뒤 영국이 이 지역을 재탈환하고 전 지역을 1950년까지 통치했다.

이탈리아령 소말릴란드는 1950년에 이탈리아가 통치하는 UN의 신탁통치 지역이 되었으며, 1960년 과거의 영국령 소말릴란드 지역과 하나로 합쳐져 독립 소말리아 공화국이 되었다. 1967년에는 아브디라시드 알리 셰르마르케가 대통령에, 그리고 무하마드 하지 이브라힘 에갈이 총리에 선출되었다. 그러나 셰르마르케는 1969년에 암살되었고, 에갈 총리의 정부도 무하마드 시야드 바레 소장이 주도한 군사쿠데타로 붕괴되었다. 시야드 바레는 의회제도에 기초한 정권 대신 군 장교들로 구성된 최고혁명위원회를 설치했으며, 소말리아 민주공화국을 수립하고, 소련과 강한 유대관계를 맺었다.

1977년에는 영토합병을 목적으로 주민 대부분이 소말리아계인 에티오피아의 오가덴 지역을 침공했으나 실패했다. 오가덴 분쟁 당시 소련이 에티오피아를 지원하면서 소말리아는 소련과 관계를 끊고 미국을 동맹으로 삼았다. 1980년 오가덴 지역에서 게릴라전이 발생하여 이곳으로부터 여자와 어린이들이 대대적으로 탈출하자, 바레 대통령은 국가비상상태를 선포했다. 이 국가비상상태는 소말리아가 유럽 국가들과 미국에서 원조를 받으면서 1981년 말에 해제되었다. 바레 대통령은 1984년 12월 자신이 군사혁명평의회 의장과 총리를 겸할 수 있도록 헌법을 개정하고 1990년까지 독재정권을 유지했다. 그러나 바레는 1991년 부족에 기초한 반정부 집단 연합체에 축출되었으며, 소말리아는 부족연합체가 관장하는 여러 지역으로 다시 분열되었다. 지역 간 무력충돌이 발발하면서, 이미 오랜 가뭄으로 나빠진 식량사정이 더욱 악화되어 약 150만 명으로 추산되는 소말리아인들이 기아에 시달리게 되었다.

　1992년 미국 주도의 다국적군이 안정적인 식량보급과 구호 및 내전 종식을 위한 평화유지활동에 들어갔다. 1993년 15개 파벌 대표들이 아디스아바바에 모여 평화와 무장해제를 위한 조약에 서명했으나 그해 6월 평화가 깨졌고, 파견 군대의 인명피해 속출에 부담을 느낀 미국과 유럽은 1994년 3월까지 소말리아에서 군대를 철수했다. 국제연합(UN)군은 제3세계 국가들로부터 연합군을 단계적으로 축소했으며, 내전을 촉발시킨 부족에 기초한 파벌간의 대립과 긴장은 미해결 상태로 남게 되었다.

　소말리아는 아프리카 국가들 가운데에서도 한국에 생경한 곳이지만 2011년 1월 인근 아덴만 해역에서 발생한 삼호 주얼리 호 피랍 사건과 구출작전으로 널리 알려지게 되었다. 해상납치된 선박을 해군 청해부대 소속 특수전단 요원들이 기습하여 선원을 전원 구출하고 해적들을 제압하여 일반인들에게도 낯익은 곳이 되었지만, 내전 상태인 소말리아와 경제 교역이나 문화 교류는 거의 없는 상태이다.

　소말리아 인근 해역에 해적이 들끓게 된 데에는 몇 가지 요인이 있다. 첫째는 식민지에서 독립한 이후 쿠데타 등이 계속되면서 중앙정부가 통제력을 상실하고 각 지역에 군벌들이 할거하고 있는 내전 상태와 유럽-아시아-아프리카를 잇는 수에즈 운하 입구로 들어가는 지리적 요충지라는 점이다. 분쟁과 소요 사태가 계속되면서 미약했던 산업은 대부분 파괴되었고, 농경과 목축(유목), 어로 같은 1차 산업도 무너진 극심한 경제난 속에서 생존약탈이 마치 경제활동 수단처럼 되어버렸다. 두 번째로는, 국가 기능을 거의 상실한 소말리아 정부가 자국 영역(영해)을 제대로 통제하지 못하는 틈을 타 유럽의 비양심적인 기업들이 산업폐기물을 소말리아 해역에 몰래 버릴 뿐만 아니라 대형 어선들이 몰려와 어족 자원을 싹쓸이 해가는 상황에 대한 소말리아 인들의 반발을 들 수 있다. 지역 군

벌은 물론 유럽의 범죄 조직과도 결탁한 이들 해적들은 이런 상황을 핑계 삼아 스스로를 자경단이라고 강변하기까지 한다. 16세기 대항해 시대를 연 유럽의 범선과 이후 제국주의 열강시대의 상선들 역시 대부분이 해적과 구분이 잘 안 되는 사략선들이었다는 점을 떠올리면, 소말리아의 해적들은 연근해의 길목을 노리고 있는 생계형 해적에 가깝다.

소말리아 국내를 여행하는 경우에는 정부기관의 허가증이 필요하다. 특히 난민 캠프에 가는 경우에는 NRC$^{National\ Refugee\ Commission}$의 승인을 받아야 한다. 북부 지역은 현재도 내분이 계속되어 여행을 할 수 없지만, 남부에 있는 메칼, 브라바는 소말리아에서도 역사가 깊은 마을로 한번 여행할 만한 곳이다. 교통수단으로는 4륜구동차가 필수이며, 지방을 여행할 때는 반드시 현지인(소속기관 직원, 친구 등)과 동반하는 것이 안전하다.

■ **국제연합인구기금** 國際聯合人口基金 United Nations Population Fund

국제연합(UN) 산하의 전문 기구 가운데 하나. 약칭 UNFPA. 1967년 인구활동신탁기금으로 발족하였으며, 1969년에 국제연합 인구활동기금(UNFPA)으로 개칭되었고, 그후 1987년에 현재의 이름으로 바뀌었으나 약칭(UNFPA)은 그대로 사용한다. 인구 및 가족계획 분야에서의 능력 향상, 인구 문제에 대한 사회·경제·인권 측면의 인식, 조직적이고 지속적인 원조 제공, 유엔 인구계획의 주도적 추진을 목적으로 한다. 주요 활동은 《세계인구백서》의 발간이며, 1998년 판은 젊은이와 고령자 두 세대가 증가 추세임을 밝혔다. 각국 정부에서 내는 임의의 출자금으로 운영되며, 총회의 지시를 받는 사무국장과 20명의 국별 조정관이 있다. 한국은 1973년에 가입하였다. 본부는 뉴욕에 있다.

차
례

추천사
세상을 바꾸는 검은 여전사의 생명력

읽기 전에

어머니께

작가의 말

01_ 도망 21

02_ 동물과 벗하던 어린 시절 33

03_ 유목민의 삶 51

04_ 여자되기 68

05_ 결혼 약속 80

06_ 여행길에서 94

07_ 모가디슈 108

08_ 런던행 121

09_ 가정부 134

10_ 마침내 찾은 자유 156

11_ 모델 173

12_ 의사들 200

13_ 여권문제 213

14_ 큰물에서 놀기 238

15_ 다시 소말리아로 255

16_ 빅애플 278

17_ 유엔 특별대사 296

18_ 고향생각 307

나를 도와준 사람들 313

옮긴이의 말 315

내가 사랑하는 여인 와리스 디리 | 하성란 319

와리스 디리 앨범 322

어머니께

　인생의 길을 걷노라면 우리는 때때로 폭풍을 맞기도 하고, 때로는 햇살을 즐기기도 하고, 때로는 연이어 찾아오는 태풍의 눈 속에 버티고 서기도 한다. 이때 생사는 오직 의지에 달려 있다. 그래서 나는 든든한 버팀목이 되어 주고 불굴의 힘을 보여 준 나의 어머니 파투마 아메드 아덴에게 이 책을 바친다.

　어머니는 상상조차 할 수 없는 불행을 맞닥뜨리고도 희망을 버리지 않는 모습을 보여주셨다. 열두 자녀를 낳는 것도 힘든 일인데 어머니는 그 열두 자녀를 골고루 헌신적으로 사랑하셨다. 그리고 세상의 어느 현자보다 많은 지혜를 발휘하셨다.

　어머니는 많은 희생을 하셨지만 불평은 거의 않으셨다. 우리는 어머니가 가진 걸 아낌없이 주신다는 걸 늘 알고 있었다. 어머니는 아이를 잃는 아픔을 한 번 이상 겪으셨지만 아직도 자신감과 용기를 가지고 남은 아이들을 위해 애쓰신다. 어머니의 넘치는 활력과 내적, 외적 아름다움은 믿기 어려울 정도다.

어머니, 어머니를 사랑하고 존경하고 소중히 여깁니다. 제가 어머니 딸인 걸 전능하신 알라신께 감사합니다. 어머니께서 지칠 줄 모르고 우리들을 키우신 것과 같이 제 아들을 키워 어머니의 뜻을 받들겠습니다.

> 멋쟁이 처녀가 골라잡은 치마 같은 그대
> 거액을 지불하고 산 값비싼 융단 같은 그대
> 그대 같은 사람 또 있을까? 내게 나타났다 사라진 그대 같은 사람이?
> 고장 난 우산이 아닌 무쇠 굴렁쇠같이 튼튼한 그대
> 정성껏 모양 뜬 나이로비의 황금 같은 그대
> 그대는 떠오르는 태양, 이른 새벽의 빛줄기니
> 그대 같은 사람 또 있을까? 내게 나타났다 사라진 그대 같은 사람이?
>
> ― 옛 소말리아 시

《사막의 꽃》은 와리스 디리의 인생에 관한 실화이다.
이 책에 나오는 모든 사건은 실제로 일어난 일들을 와리스의 기억을
토대로 구성했다. 《사막의 꽃》에 등장하는 모든 인물은 실존인물이지만
사생활 보호를 위해서 일부는 가명을 썼다.

사막의 꽃

도망

조그만 소리에 잠을 깼다. 눈을 뜨니 사자의 얼굴이 보였다. 기절초풍한 나머지 잠이 달아났던 나는 눈앞에 있는 사자를 전부 담으려는 듯 눈을 크게, 아주 크게 떴다. 일어서려고 했지만 이미 며칠을 굶은 상태였던 까닭에 다리가 후들거리더니 이내 탁 풀려버렸다. 나는 쉬고 있던 나무 옆에 다시 풀썩 쓰러졌다. 나무는 한낮 아프리카 사막의 무자비한 뙤약볕을 가려주었다. 나는 가만히 머리를 기대고 눈을 감았다. 거친 나무껍질이 내 머리를 눌렀다. 사자가 얼마나 가까이 있었던지 열기 속으로 눅눅한 사자 냄새가 느껴질 지경이었다. 나는 알라 신께 기도했다.

"이제 끝입니다, 알라 신이시여. 절 데려가 주세요."

사막의 긴 여정은 끝이 난 것이었다. 내겐 무기도 없고 나를 보호할 수 있는 것이라고는 아무것도 없었다. 도망칠 힘도 없었다. 아무리 운이 좋아도 사자보다 더 빠르게 나무에 오를 수는 없었다. 다른 고양이과 동물들처럼, 발톱이 튼튼한 사자들은 나무를 잘 오르기 때문이다.

반쯤 올라가다 퍽 하고 한 방에 나가떨어질 것이 분명했다. 나는 두려움을 잊고 눈을 떠 사자에게 말했다.

"어서 잡아먹어. 난 준비 됐으니까."

사자는 금빛 갈기를 가진 잘 생긴 수놈이었는데 긴 꼬리를 양쪽으로 흔들며 파리를 쫓고 있었다. 대여섯 살쯤 되어 보였다. 젊고 건강한 놈이었다. 순식간에 나를 으스러뜨릴 수 있을 터였다. 우두머리였으니까. 사자가 그 발바닥으로 나보다 수백 킬로는 더 나가는 영양과 얼룩말을 때려잡는 것을 보면서 자라온 나였다.

사자는 나를 뚫어져라 쳐다보다가 천천히 그 벌꿀 색 눈을 껌뻑였다. 나도 갈색 눈으로 사자의 눈을 노려보았다. 사자가 고개를 돌렸다.

"어서, 날 잡아 먹어."

사자는 다시 날 보더니 이내 고개를 돌렸다. 그리고 입맛을 다시고는 웅크리고 앉는가 하더니 다시 일어나서 내 앞을 왔다 갔다 했다. 섹시하게, 그리고 우아하게. 사자는 결국 떠났다. 내가 뼈만 앙상하고 살이 없어서 애써 먹을 가치가 없다고 생각했음이 틀림없다. 사자는 사막을 유유히 가로질러 갔다. 곧, 사자의 황갈색 털은 모래에 묻혀 보이지 않았다.

사자가 그냥 돌아간 것을 알고도 나는 안도의 한숨을 쉬지 않았다. 사자가 무섭지 않았기 때문이다. 나는 죽을 준비가 되어 있었다. 그러나 언제나 나의 가장 친한 친구였던 알라 신은 아무래도 다른 생각이 있었나보다. 나를 살려두어야 할 이유가 있었나보다.

"그게 뭡니까? 절 데려가세요. 인도해주세요."

나는 힘들게 일어섰다.

악몽 같은 여정은 아버지에게서 도망치면서부터 시작됐다. 나는 당시에 열세 살이었고 가족과 함께 소말리아 사막에서 유목을 하며 살고 있었는데 아버지가 난데없이 나를 어떤 노인에게 시집을 보내기로 했다는 것이었다. 서둘러 대책을 세우지 않으면 언제 새 신랑이 날 데리러 올지 모르는 일이었기에 나는 엄마에게 도망치고 싶다고 말했다. 그리고 소말리아의 수도 모가디슈에 사는 이모를 찾아가기로 했다. 물론 모가디슈에 가본 적은 없었다. 따지고 보면 도시 구경은 한 번도 못 해 본 터였다. 그렇다고 이모 얼굴을 아는 것도 아니었다. 하지만 어리고 낙관적이었던 나는 모든 게 다 잘 될 거라고 믿었다.

아버지와 다른 식구들이 잠 든 사이 엄마는 날 깨워 속삭였다.

"가, 지금이야."

나는 뭐라도 가지고 가려고 주위를 돌아보았지만 아무것도 없었다. 물 한 병도, 우유 한 동이도, 음식 한 바구니도 없었다. 그래서 목도리만 걸치고 맨발로 사막의 검은 밤 속으로 걸어 들어갔다.

모가디슈가 어느 방향인지 몰랐기 때문에 냅다 뛰었다. 처음에는 앞이 보이지 않아 천천히 뛰었다. 나무뿌리에 걸려 넘어지기도 하면서 비틀비틀 나아갔다. 그러다 결국 멈추어 앉기로 했다. 아프리카에는 뱀이 지천인데 나는 뱀을 몹시 무서워했다. 나무뿌리를 밟을 때마다 독을 뱉는 코브라가 아닐까 하고 상상하곤 했다. 나는 서서히 밝아오는 하늘을 보며 앉아 있었다. 태양이 미처 다 뜨기도 전에 나는 다시 가젤처럼 뛰기 시작했다. 몇 시간 동안 뛰고 또 뛰었다.

한낮이 되자, 나는 붉은 모래사막 한 가운데서 깊은 생각에 빠져 있었다. 나는 어디로 가고 있는 걸까? 내가 어느 방향으로 가고 있는지도 모르고 있었다. 사막은 무한정 이어졌고 가끔 아카시아나 가시나무가 서 있을 뿐이었다. 아주 멀리까지 볼 수 있었다. 굶주리고, 목마르고 피곤했던 나는 속도를 늦추고 걷기 시작했다. 나른한 상태로 멍하니 걸

자니 앞으로 나의 인생이 어떻게 될지 궁금했다. 앞으로 무슨 일이 일어날까?

그런 생각을 하고 있는데 어디선가 사람의 목소리가 들려오는 것 같았다.

"와리스…… 와리스……."

아버지가 날 부르는 소리였다! 이리 저리 몸을 돌리며 아버지를 찾아보았지만 아무도 보이지 않았다. 환청이구나 싶었다.

"와리스…… 와리스……."

목소리는 온 사방에서 울려 퍼졌다. 간청하는 듯한 목소리였지만 나는 여전히 두려웠다. 아버지한테 들키면, 틀림없이 집으로 돌아가 그 노인과 결혼을 해야 할 터였다. 게다가 아버지에게 맞을 게 분명했다. 환청이 아니었다. 틀림없는 아버지였다. 아버지는 점점 가까이 다가오고 있었다. 사태가 심각하다는 것을 깨달은 나는 온 힘을 다해 달리기 시작했다. 내가 몇 시간 먼저 출발했지만 아버지는 나를 금세 따라잡았던 것이다. 나중에 알았지만 아버지는 모래에 난 발자국을 보고 나를 발견했던 것이다.

나를 따라잡기에는 아버지가 너무 늙었다고 생각했다. 젊고 빠른 나에 비해 아버지는 노인이었다. 그러나 어리석은 생각일 뿐이었다. 지금 생각해 보면 웃음이 나온다. 그때 아버지는 겨우 삼십대였던 것이다. 우리는 모두 체력이 좋았다. 차도 대중교통도 없어 어디든 뛰어다녔기 때문이다. 동물을 쫓을 때나, 물을 찾을 때나, 해가 지기 전에 안전하게 집에 들어가기 위해 어둠과 경주할 때나, 나는 늘 빨랐다.

한참이 지나자 내 이름을 부르던 아버지 목소리가 들리지 않았다. 나는 속도를 줄였다. 어쨌든 계속 움직이기만 하면 아버지는 지쳐 집으로 돌아갈 것 같았다. 그러나 뒤돌아 지평선을 바라본 순간 언덕을 넘어오는 아버지가 보였다. 아버지도 나를 발견했다. 나는 너무 두려운 나머지 더 빨리 달리기 시작했다. 우리는 마치 모래 파도를 타는 듯 했다. 내가 언덕을 오르면 아버지는 뒤에 있는 언덕을 미끄러지듯 내려왔다. 몇 시간을 그렇게 달렸다. 그러던 나는 아버지가 안 보인 지 꽤 되었다는 생각을 했다. 내 이름을 부르는 소리도 들리지 않았다.

가슴이 두근거렸다. 나는 마침내 걸음을 멈추고 풀숲 뒤에 숨어서 주변을 살폈다. 아무것도 없었다. 귀를 기울였다. 아무 소리도 나지 않았다. 평평한 바위가 있는 곳에 다다른 나는 좀 쉬기로 했다. 그러나 전날 밤의 실수로부터 배운 것이 있었기에 다시 걷기 시작했을 때는 단단한 바위 위로만 다녔고 방향을 바꾸기도 했다. 아버지가 발자국을 따라 쫓아오지 못하게 하기 위해서였다.

아버지는 집으로 가려고 발길을 돌린 것 같았다. 해가 지고 있었기 때문이다. 하지만 어둠이 깔리기 전에 집에 돌아가기는 힘들 듯했다. 어둠을 헤치고 달리며, 우리 가족이 저녁 시간에 주로 내곤 하는 소리를 쫓아야 할 터였다. 밤에는 아이들의 외침과 웃음소리, 소나 양의 울음소리를 따라가면 온 길을 되돌아갈 수 있다. 사막에서는 소리가 바람을 타고 먼 곳까지 이동하기 때문에 이런 소리들은 밤에 길을 잃은 사람들에게 등대 역할을 해주곤 한다.

나는 바위를 따라 걷다가 방향을 바꾸었다. 어느 방향으로 가는지는 중요하지 않았다. 모가디슈가 어느 방향인지 전혀 몰랐기 때문이다. 나는 해가 지고 햇빛이 사라져 한 치 앞도 보이지 않는 어두운 밤이 될 때까지 뛰었다. 밤이 되자 배가 너무 고파서 먹을 것밖에 생각할 수가 없었다. 발에서는 피가 나고 있었다. 나는 나무 아래 몸을 기댔고 곧바로 잠에 떨어졌다.

아침 뙤약볕이 얼굴을 따갑게 비추는 바람에 잠에서 깨어났다. 눈을 뜨자 하늘을 향해 뻗은 아름다운 유칼리나무의 잎들이 보였다. 아주 천천히, 나는 내가 처한 현실의 심각성을 깨닫기 시작했다. 정말 혼자가 되었구나. 이제 뭘 어쩌지?

일어나서 다시 달리기 시작했다. 며칠 동안 계속 뛸 수 있었다. 정확히 며칠이었는지는 잘 모른다. 기억나는 것이라곤 내게 시간이 없었다는 것. 배고픔과 목마름, 두려움과 고통만이 있었다는 것. 나는 밤이 깊어 앞이 안 보이면 멈추어 쉬곤 했다. 태양이 가장 뜨겁게 비추는 정오가 되면 나무 밑에 앉아 낮잠을 잤다.

그렇게 낮잠을 자고 있는데 사자가 와서 깨운 것이다. 자유로운 몸이 되고 싶다는 생각은 잊은 지 오래였다. 다만 엄마가 있는 집으로 돌아가고 싶을 뿐이었다. 음식이나 물보다 더 그리운 것은 엄마였다. 이틀 쯤 식량이나 물 없이 견디는 것은 종종 있는 일이었지만, 나는 더 이상 견뎌낼 수가 없었다. 몸이 너무 약해져서 거의 움직일 수도 없었고 갈라진 내 발은 너무 욱신거려서 한발 한발 내딛을 때마다 몹시 고통스러웠다. 굶주린 사자가 입맛을 다시며 내 앞에 와 있었을 때 나는 포기한 상태였다. 차라리 사자가 나를 신속히 해치워 고통으로부터 벗어나게 해주길 바라고 있었다.

하지만 사자는 뼈가 앙상한 내 몸과, 움푹 들어간 두 볼, 툭 튀어나온 눈을 보더니 뒤돌아 갔다. 비참한 내 몰골을 가엾게 여긴 것인지 간식거리도 안 된다고 생각해서 순전히 실용적인 결정을 한 것인지 모르겠다. 하늘이 내 편을 들어준 것인지도 모르겠다. 어쨌든 알라 신이 날 살려주셨다면, 굶어죽는다든가 하는 더 잔인한 방법으로 죽게 내버려두지는 않을 것이라는 생각을 했다. 알라 신께 또 다른 계획이 있을 터였다. 그래서 나는 알라 신의 안내를 바란 것이다.

"절 데려가세요. 인도해주세요"

나는 나무에 기대 중심을 잡고 두 발로 일어섰다. 그리고 알라 신께 도움을 청했다.

다시 걷기 시작했다. 그리고 몇 분도 채 되지 않아 사방에서 낙타들이 풀을 뜯는 곳에 다다랐다. 나는 신선한 젖이 가장 많아 보이는 낙타를 발견하고 뛰어갔다. 나는 아기처럼 낙타의 젖을 빨았다. 그때 주인이 나를 발견하더니 소리를 질렀다.

"거기서 나와, 이 못된 계집애야!"

가죽 채찍 소리가 들렸지만 너무 간절했던 나머지 계속 젖을 빨았다. 가능한 빨리 입 안 가득 젖을 넣어 삼켰다.

주인은 심술궂게 소리치며 내게로 뛰어왔다. 그렇게라도 나를 쫓아 보내지 않으면 내게 도착했을 때는 이미 늦어 젖이 다 없어지리라는 것을 알았기 때문일 것이다. 배를 채울 만큼 채운 나는 뛰기 시작했다. 주인은 날 따라잡았고 채찍으로 몇 번 때리기까지 했지만 나는 금방 멀리 달아날 수 있었다. 나는 그 주인보다 빨랐다. 주인은 모래 위에 서서 오후의 햇빛을 받으며 욕을 퍼붓고 있었다.

영양을 보충하니 힘이 났다. 나는 뛰고 또 뛰어 한 마을에 이르렀다. 그런 곳은 처음이었다. 건물이 있고 단단하게 다진 흙으로 만든 길이 있었다. 나는 길 한 가운데로 걸었다. 그리로 가야 할 것만 같았다. 나는 마을을 거닐면서 낯선 풍경을 구경하느라 사방을 두리번거렸다. 어떤 여자가 나를 지나치다가 아래위로 훑어보더니 소리를 질렀다.

"이 바보 같은 것아. 여기가 어딘 줄 알고 왔어?"

길을 가고 있는 다른 마을 사람들에게도 말했다.

"에구머니나, 저 발 좀 봐!"

여자는 내 발을 가리켰다. 갈라지고 피투성이 딱지가 더덕더덕 붙은 내 발을.

"아이고, 저런. 촌구석에서 왔나보네, 이 정신 나간 계집애."

그 말이 맞았다. 여자는 내게 외쳤다.

"야 이 계집애야, 죽고 싶지 않으면 길에서 비켜. 길에서 비키라고!"

여자는 비키라고 손을 휘휘 젓더니 웃어대기 시작했다.

다른 사람들에게 다 들릴 만큼 큰 소리로 지껄였기 때문에 너무 창피했다. 나는 고개를 푹 숙이고 길 한가운데로 계속 걸었다. 나는 여자의 말을 다 알아들을 수 없었다. 곧 트럭이 왔다. 빵! 빵! 나는 길가로 펄쩍 뛰어 나왔다. 그리고 다가오는 차와 트럭들을 향해 서서 손을 내밀었다. 히치하이킹을 했다고 말 할 수는 없는 것이 당시에는 그게 뭔지도 몰랐기 때문이다. 나는 단지 길가에 손을 들고 서서 누군가가 차를 세워주길 바랐던 것뿐이다. 차 한 대가 내 쪽으로 기울더니 거의 내 손을 잘라먹을 뻔했다. 나는 손을 집어넣었다. 다시 손을 내밀었지만 전처럼 많이 내밀지는 않았다. 나는 도로변으로 더 붙어서 걷기 시작했다. 그리고 차를 타고 지나가는 사람들의 얼굴을 바라보았다. 누군가 차를 멈추고 나를 도와주길 마음속으로 간절히 바라고 있었다.

마침내 트럭 한 대가 멈추어 섰다. 그 다음에 일어난 일이 자랑스럽진 않지만 엎어진 물인데 사실을 말해야지 어쩌겠는가. 오늘날까지도 그 트럭이 멈춘 일을 생각하면 내 직감을 믿지 않고 트럭에 탄 걸 후회한다.

그 트럭은 공사에 쓰일 돌을 싣고 가던 중이었다. 야구공보다 조금 큰 울퉁불퉁한 돌이었다. 앞에는 두 사내가 타고 있었는데 운전사가 문을 열더니 소말리아 말로 말했다.

"어서 타, 아가씨."

나는 몹시 곤혹스럽고 두려웠지만 이렇게 말했다.

"모가디슈로 가려고 하는데요."

"어디든 태워줄게. 일단 타."

운전사가 히죽거리며 대답했다. 웃을 때 보니 이가 담뱃잎처럼 붉었다. 그러나 나는 그 사람 이빨이 그런 게 담뱃잎 때문은 아니라는 걸 알았다. 아버지가 씹는 걸 봤기 때문이다. 그것은 캣^{khat}이었다. 아프리카 남자들이 씹는 마취성 식물인데 코카인과 비슷한 것이다. 여자는 만지지도 못하게 하는데 그 편이 낫다. 캣을 씹으면 미쳐 흥분하고 난폭해진다. 캣 때문에 인생을 망친 사람들이 한 둘이 아니었다.

위험한 일이란 걸 알았지만 별다른 수가 없었으므로 나는 고개를 끄덕였다. 운전사가 뒤에 타라고 말했다. 나는 약간 안심했다. 두 사내로부터 떨어져 있게 되었다는 생각에서였다. 나는 트럭의 짐칸에 올라타 한 구석에 앉았다. 돌무더기 위에 자리를 잡는 것이 쉽지는 않았다. 하늘은 어두웠고 사막은 시원했다. 트럭이 움직이자 추워졌기 때문에 바람을 피하려고 몸을 뉘었다.

정신을 차렸는데 조수석에 앉아 있던 사내가 어느새 내 옆에 와 있었다. 돌무더기 위에 무릎을 꿇고 앉아 있었다. 40대의 사내였는데 정말, 정말 못생긴 남자였다. 얼마나 못생겼느냐 하면 머리카락마저 주인을 떠나갈 정도였다. 사내는 대머리가 되어가고 있었던 것이다. 하지만 머리카락을 보충하기라도 할 심산이었는지 콧수염을 조금 기르고 있었다. 이빨은 대부분 부러지거나 빠져 있었다. 남은 이빨은 캣 때문에 역겨운 붉은 색으로 물들어 있었는데 그래도 자랑스럽다고 이빨을 내 보이며 나를 보고 웃고 있었다. 그 눈길은 아무리 오랜 시간이 지나도 잊히지 않을 것이다.

게다가 뚱뚱하기까지 했다. 바지를 내리자 알 수 있었다. 사내는 단단해진 페니스를 까딱거리며 내 다리를 벌리려고 애썼다.

"제발, 안돼요, 제발."

나는 애원하면서 가느다란 두 다리를 꽈배기처럼 꼬아 단단히 고정시켰다. 사내는 나를 꽉 잡고 다리를 벌리려고 했다. 그러나 생각대로 되지 않자 손을 뒤로 가져가더니 내 얼굴을 후려쳤다. 나는 날카로운 비명을 질렀고 그 소리는 바람을 타고 어디론가 날아갔다. 트럭은 여전히 밤길을 달리고 있었다.

"다리 벌려, 제기랄!"

나는 발버둥쳤다. 사내는 내 위에서 나를 온 몸으로 내리누르고 있었고 거친 돌조각들이 내 등을 파고들었다. 사내는 다시 손을 뒤로 가져가더니 내 얼굴을 후려쳤다. 이번에는 더 세게. 두 대를 얻어맞고 보니 아무래도 새로운 작전이 필요할 것 같았다. 사내는 너무 힘이 셌던 것이다. 한두 번 해본 것도 아닌 것 같았다. 나와 달리 사내는 경험이 있었고 수많은 여자를 강간해 본 것 같았다. 나는 또 하나의 피해자였을 뿐이었다. 진심으로, 정말 진심으로 그 자를 죽이고 싶었지만 나에게는 무기가 없었다.

그래서 나는 그 사내를 받아들이는 척 하기로 했다. 나는 상냥하게 말했다.

"알았어요, 알았어. 하지만 먼저 오줌 좀 누고요."

사내는 더욱 더 흥분하고 있었다. "이 꼬마가 날 좋다고 하는군!" 이렇게 생각하고는 나를 놓아주는 것 같았다. 나는 트럭 반대편으로 가서 어둠 속에 쭈그리고 앉아 소변을 보는 척 했다. 다음 일을 생각할 시간을 번 것이다. 계획을 세운 나는 일을 마친 척하고, 눈에 보이는 것 중 제일 큰 돌을 집어 한 손에 쥔 다음 사내 곁으로 돌아가서 누웠다.

사내가 내 위로 올라오자 나는 손에 있는 돌을 힘껏 쥐었다. 그러고는 온 힘을 다해 돌을 사내의 머리 옆으로 들어 올린 다음 관자놀이를 찍었다. 한 차례 찍자 사내가 휘청거렸다. 한 차례 더 찍자 사내는 쓰러졌다. 전쟁터의 투사처럼, 내겐 갑자기 엄청난 힘이 생겼던 것이다. 나도 내게 그런 힘이 있는 줄은 몰랐다. 그러나 누군가가 나를 해치거나 죽이려고 할 때 힘은 솟아나는 법이다. 그 순간이 오기 전까지는 어떤 힘이 있는지 모르는 것이다. 나는 쓰러져 있는 사내를 한번 더 때렸고 피가 귀로 흘러나오는 것을 보았다.

운전을 하고 있던 사내의 친구는 자리에 앉아 뒤에서 일어나는 일을 모두 목격했다. 사내는 소리를 지르기 시작했다.

"그 뒤에서 뭘 하는 거야?"

사내는 트럭을 세울 곳을 찾기 시작했다. 사내가 날 잡으면 끝장이었다. 속도가 줄어들자 나는 짐칸 뒤쪽으로 기어가서 돌 위에서 중심을 잡은 다음 고양이처럼 뛰어내렸다. 그리고 죽기 살기로 뛰었다.

트럭 운전사는 노인이었다. 노인은 차에서 뛰어내리더니 신경질적인 목소리로 소리쳤다.

"네가 내 친구를 죽였어! 돌아오지 못해! 내 친구를 죽였다고!"

노인은 잠깐 동안 무성한 덤불을 헤치며 쫓아오는가 하더니 이내 포기했다. 그러나 그건 내 생각일 뿐이었다.

운전사는 트럭으로 돌아가서 자리에 앉아 시동을 걸고 사막을 헤치며 나를 쫓기 시작했다. 트럭의 전조등 한 쌍이 나를 비추고 있었다. 뒤에서 트럭의 굉음이 들려왔다. 나는 전속력으로 달렸으나 당연히 트럭은 거리를 좁혀오고 있었다. 나는 지그재그로 뛰기도 하고 빙빙 돌다가 어둠 속으로 뛰어들기도 했다. 운전사는 나를 거듭 놓치더니 결국 포기하고 도로로 돌아갔다.

나는 쫓기는 짐승처럼 사막을 가로질러 갔다. 사막을 가로지르고 정글을 헤치고 가다가 다시 사막을 가로질러 갔다. 태양이 떠올랐고 나는 계속 뛰었다. 그러다 마침내 다른 길을 만났다. 나는 또 무슨 일이 일어날지 몰라 두려움에 떨면서도 또 차를 얻어 타기로 했다. 트럭 운전사와 그 친구로부터 되도록 멀리 도망쳐야 했기 때문이다. 내가 돌로 친 사람이 어떻게 되었는지 알지는 못했지만 그 두 사내를 다시는 만나고 싶지 않았다.

아침 햇살을 받으며 길가에 서 있는 내 모습은 가관이었을 것이다. 내가 하고 있던 목도리는 더러운 누더기가 되어 있었다. 며칠 동안 모래 속을 달린 탓에 살갗과 머리카락은 온통 먼지로 뒤덮여 있었다. 팔과 다리는 바람이 세게 불면 부러져버릴 듯한 마른 나뭇가지 같았고 발은 온통 상처투성이인 것이 문둥이 못지않았다. 손을 흔들었더니 벤츠가 한 대 멈추었다. 잘 차려입은 한 사내가 길가에 차를 세우더니 물었다.

"어디로 가니?"

"저쪽으로요."

나는 벤츠가 가던 방향을 가리키며 말했다. 사내는 입을 벌리더니 희고 가지런한 이빨을 내보이며 웃기 시작했다.

동물과 벗하던
어린시절

집 나오기 전, 내 인생에서 가장 소중했던 것은 자연과 가족, 그리고 우리를 먹여 살린 가축들과 나눈 깊은 정이었다. 아주 어렸을 때로 되돌아가 보면 나는 이 세상 여느 어린이들과 다름없이 동물을 사랑했다. 동물에 관한 가장 오래된 추억은 애완 염소 빌리에 대한 것이다. 빌리는 내 특별한 보물, 나의 전부였다. 그건 아마도 빌리가 나처럼 어렸기 때문인 듯하다. 나는 먹을 것만 보면 몰래 숨겨 놓았다가 빌리에게 갖다 주곤 했다. 오래지 않아 빌리는 무리에서 가장 통통하고 행복한 아기염소가 되었다. 엄마는 늘 묻곤 했다.

"다른 염소들은 다 말라비틀어졌는데 어째 이놈만 뚱뚱한 거냐?"

나는 염소를 정성스럽게 돌보았다. 털을 빗어주고, 쓰다듬어주고 몇 시간 동안 이야기도 해주었다.

나와 빌리의 관계는 소말리아에 사는 우리들의 삶을 잘 나타내준다. 우리 가족의 운명은 우리가 매일 돌보는 가축들의 운명과 얽혀 있었다. 가축에게 의존해야 했던 우리들은 동물에 대한 대단한 경외심을 가지고 있었고 무슨 일을 하든 그 마음가짐을 잃지 않았다. 아이들은 모두 가축을 돌보았다. 걸음마를 떼자마자 도와야 하는 일이었다. 우리는 가축들과 함께 자랐다. 가축들이 여유로우면 우리도 여유로웠고, 가축들이 고통 받으면 우리도 고통 받았으며, 가축들이 죽으면 우리도 죽었다. 우리는 소와 양 그리고 염소를 길렀다. 나는 빌리를 무척 사랑했지만 우리가 기르는 가축 중에서 제일 중요한 것이 낙타라는 데는 이의가 없었다.

낙타는 소말리아에서 없어서는 안 될 존재다. 소말리아는 지구상에서 낙타가 제일 많은 곳이다. 소말리아에는 사람보다 낙타가 더 많다. 우리나라에는 입으로 전해져 내려오는 노래가 많은데 그 중 대부분이 낙타에 대한 가르침을 후대에 전하기 위해서 만들어진 것들이다. 모두가 우리 문화 속에서 낙타가 지니는 중요한 가치를 전하는 것이다. 엄마가 불러주곤 하던 노래가 기억난다.

"내 낙타가 못된 놈 손에 들어갔는데, 보나마나 그 놈은 낙타를 죽이든지 빼앗든지 할 겁니다. 그러니까 애원합니다. 기도합니다. 제 낙타를 돌려주세요."

나는 아주 어렸을 때부터 가축의 중요성을 알았다. 소말리아에서 가축은 황금과 같다. 그리고 사막에서는 가축이 없으면 살아갈 수가 없다.

인간의 목숨도 낙타로 잰다. 살인하면 낙타 백 마리로 보상한다. 가해자의 가족은 죽은 자의 가족에게 낙타 백 마리를 주어야 한다. 그러지 않으면 죽은 자의 가족이 가해자에게 복수를 한다. 신부를 맞을 때도 낙타와 바꾼다. 그러나 일상적인 수준에서 낙타는 생존의 수단이다. 낙타만큼 사막에서 사는 데 적합한 가축은 없다. 낙타는 일주일에 한 번씩 물을 먹고 싶어 하지만 물이 없어도 한 달은 살 수 있다. 그러면서도 암컷들은 우리의 배를 채우고 목을 적셔 줄 젖을 만들어낸다. 물이 멀리 있을 때는 엄청난 재산이 아닐 수 없다. 온도가 아주 높을 때도 낙타는 수분을 저장하고 살아남는다. 게다가 낙타는 메마른 땅에 돋은 까칠한 덤불만을 먹기 때문에 부드러운 풀은 다른 가축들의 차지가 된다.

우리는 낙타를 키워 사막에서 타고 다니거나 초라한 살림살이를 등에 지워 이동했다. 낙타로 빚을 갚기도 했다. 다른 나라에서는 차에 올라타면 될지 몰라도 우리에게 두 다리 말고 유일한 교통수단은 낙타였다.

낙타는 말과 성격이 아주 비슷해서 주인과 매우 가까워진다. 한 번 가까워지면 주인이 시키는 것은 다 하고 다른 사람 말은 듣지 않는다. 어린 낙타를 길들이는 것은 보통 위험한 일이 아니다. 사람들은 낙타를 길들여 고삐를 묶어 타고 다니는데 이 때 절도 있게 다루지 않으면 안 된다. 살살 다루면 떨어지거나 발에 차이기 때문이다.

여느 소말리아 사람들처럼 우리도 유목을 하며 살았다. 우리는 살아남기 위해 끊임없이 발버둥쳐야 했지만 우리가 가지고 있던 낙타와 소, 양, 염소로 보면 우리 가족은 부유한 축에 속했다. 소말리아 기준에서 그랬다는 말이다. 옛 법을 따라 남자 아이들은 소와 낙타 같은 큰 가축들을 돌보았고 우리 여자들은 작은 동물들을 돌보았다.

유목민들은 늘 이동하며 살아간다. 한 곳에서 삼사 주 이상 머무는 법이 없다. 이렇게 잦은 이동은 오로지 가축들을 돌보기 위해서일 뿐 다른 이유가 없다. 가축들을 먹여 살리려면 풀과 물이 있어야 하는데, 그런 곳은 기후가 건조한 소말리아 땅에서는 찾기 힘들었기 때문이다.

우리 집은 풀로 엮은 움막이었다. 이동이 가능한 움막이었는데 천막과 비슷하다고 보면 된다. 우리가 나뭇가지로 뼈대를 만들면 엄마가 풀을 엮어 만든 돗자리를 휘어진 가지 위에 얹는데 그러면 지름이 약 6미터 가량인 둥근 천막이 만들어진다. 이동할 때가 되면 움막을 철거하고 나뭇가지와 돗자리, 그리고 얼마 되지 않는 살림살이를 낙타 등에 지운다. 낙타는 아주 힘이 센 동물이다. 갓난아기와 어린 애들을 맨 위에 태우고 나머지는 옆에서 걸으면서 가축들을 데리고 새 보금자리를 찾아간다. 그러다가 물과 가축들 먹일 풀이 있는 곳을 찾으면 다시 짐을 푸는 것이다.

움막은 갓난아기들의 방이 되고, 한낮의 태양을 가려주는 그늘이 되고 신선한 젖을 저장하는 창고도 되었다. 그러나 밤이 되면 우리 아이들은 움막에서 자지 않고, 별들을 이불 삼아 멍석 위에서 서로 끌어안고 자곤 했다. 해가 지면 사막은 춥다. 이불이 충분하지 않았고 입고 있는 옷도 별로 없었기 때문에 우리는 서로의 체온으로 몸을 녹이곤 했다. 집안의 가장이자 보호자인 아버지는 다른 편에서 잤다.

아침 해가 뜨면 일어났다. 제일 먼저 할 일은 가축들이 있는 우리로 가서 젖을 짜는 것이다. 우리는 가는 곳마다 어린 나무들을 잘라 가축 우리를 만들었다. 가축들이 밤에 길을 잃고 헤매는 걸 막기 위해서였다. 새끼들은 어미와 다른 우리에 넣어 놓는데, 젖을 한꺼번에 다 먹어버리면 안 되기 때문이다. 내가 맡은 일 중 하나가 젖을 짜는 것이었는데 버터를 만들 신선한 젖을 짜고 난 나머지는 어린 새끼들이 먹게 남겨 두어야 했다. 젖을 짜고 나면 새끼들을 우리에 넣어 젖을 물린다.

아침식사는 낙타 젖으로 대신한다. 낙타 젖은 다른 어떤 젖보다 영양분이 풍부하다. 비타민 C도 들어 있다. 우리가 살던 지역은 몹시 건조해서 곡식을 키우기엔 물이 부족했다. 그래서 채소나 빵은 없었다. 때때로 아프리카에 사는 큰 야생 혹멧돼지들을 뒤쫓아 가서 식물을 찾기도 했다. 혹멧돼지들은, 먹을 수 있는 뿌리식물의 냄새를 코로 맡아

발굽과 코로 파헤쳐서 신나게 먹는다. 우리 가족은 혹멧돼지들이 찾은 것들을 나눠가지고 집으로 가서 식탁에 올리곤 했다.

우리는 먹기 위해 가축을 잡는 것을 낭비라고 여겼다. 그래서 비상시나, 또는 결혼식과 같은 특별한 행사가 있을 때만 가축을 잡았다. 가축들은 잡아서 먹기엔 너무 귀한 것이었다. 젖을 먹거나 다른 물건과 교환하기 위해서 길렀기 때문이다. 우리는 아침엔 낙타 젖을 먹고 저녁 한 끼를 먹으며 연명했다. 모두에게 돌아갈 만한 양의 음식이 없으면 먼저 제일 어린 아이들부터 먹인 다음 큰 애들을 먹이는 식으로 했다. 엄마는 다른 사람들이 다 먹기 전까지 한 입도 먹지 않았다. 실제로, 나는 엄마가 먹는 걸 본 기억이 없다. 물론 굶었을 리는 없다. 저녁 식사거리가 없다고 해도 큰일은 아니었다. 아무도 동요하지 않았다. 울거나 불평할 필요도 없었다. 갓난아기들은 울곤 했지만 우리들은 그러면 안 된다는 걸 알았기 때문에 그냥 잠자리에 들었다. 우리는 기운을 잃지 않으려고, 말없이 차분하게 있으려고 노력했다. 그러면 다음날, 알라 신의 뜻에 따라 길이 보일 터였다. "알라 신의 뜻에 따라 이루어지리라"는 의미의 '인샬라'는 바로 우리들의 철학이었다. 우리는 목숨이 자연의 힘에 달려 있다는 것을 알았고 그 힘을 다스리는 것은 알라 신이라는 걸 알고 있었다.

우리에게도 특별한 날이 있었는데 다른 나라로 치면 명절과 같은 날이다. 바로 아버지가 집으로 쌀 한 자루를 가지고 오는 날이었다. 그런 날은, 엄마가 짠 바구니에 우유를 넣고 흔들어 버터를 만들어 썼다. 때로는, 소말리아에서 상대적으로 비가 많이 내리는 지역에서 난 옥수수를 염소와 바꾸기도 했다. 옥수수를 갈아서 그 가루로 죽을 쑤거나 통째로 냄비에 넣고 불에 굽기도 했다. 주변에 다른 가족들이 있으면, 우리는 가진 걸 모두 나누었다. 우리 중 누군가가 뿌리채소나 대추야자 열매와 같은 먹을거리를 찾거나 사냥을 해서 고기를 얻으면, 요리를 해서 나누어 먹었다. 기껏해야 한 두 가족과 함께 이동하며 대부분의 시간을 외부에서 고립된 채 보내는 우리였지만, 여전히 더 큰 공동체의 일원이었기 때문에 좋은 일이 생기면 함께 즐기는 것이 당연했다. 게다가, 냉장고가 없는 까닭에 고기와 같이 금방 상하는 것들은 그 자리에서 먹어치워야 한다는 실용적인 이유도 있었다.

매일 아침, 식사가 끝나고 나면 동물들을 우리에서 내보냈다. 나는 여섯 살 때 이미 60에서 70마리 정도의 양과 염소를 몰고 사막으로 나가 풀을 뜯기는 일을 맡고 있었다. 긴 막대기를 가지고 혼자 동물들을 몰고 다녔다. 길을 안내하는 노래도 불렀다. 한 마리가 무리에서 떨어지면 막대기를 이용해서 제자리로 보냈다. 동물들은 신이 나서 움직였다. 우리에서 나온다는 것은 곧 먹을 시간이 되었다는 뜻이기 때문이다. 아침 일찍 출발해야 맑은 물이 있고 풀이 무성한 최적의 장소를 찾을 수 있었다. 나는 매일 아침 물을 찾아 서둘렀다. 경쟁자들을 물리쳐야 했기 때문이다. 그러지 않으면 다른 사람이 가축들을 몰고 와서 얼마 없는 물을 다 먹인다. 그게 아니라도 태양이 점점 더 뜨거워지면 땅이 마르면서 물을 모두 빨아들였다. 나는 가축들이 가능한 한 많은 물을 마시게 하곤 했다. 왜냐하면 물이 있는 곳을 다시 찾기 전까지 일주일이 걸릴지, 2주, 3주가 걸릴지 아무도 모르기 때문이다. 가뭄이 들면 가축들이 죽어가는 걸 보는 게 제일 가슴 아팠다. 물을 찾아 매일, 조금 더 멀리 이동하는데 가축들은 물이 있는 곳에 닿기 위해 애를 쓰지만 결국 그 전에 쓰러지고 만다. 가축들이 쓰러지면 눈앞이 캄캄해졌다. 왜냐하면 그것이 마지막이고 더 이상 아무것도 할 수 없었기 때문이다.

소말리아의 들판은 그 누구의 소유도 아니다. 그래서 나는 머리를 써서 풀이 많은 곳을 찾아 양과 염소들을 몰고 다녀야 했다. 내 생존본능은 비가 올 징후를 포착하는 데 뛰어났다. 나는 구름이 있는지 하늘을 살펴보곤 했다. 다른 감각도 이용했다. 비가 오기 전에는 어떤 냄새가 나거나 이상한 기운이 느껴지기도 했기 때문이다.

가축들이 풀을 뜯는 동안 나는 맹수들이 없는지 살펴보았다. 아프리카에는 맹수가 많다. 하이에나가 몰래 나타나 무리에서 떨어진 어린 양이나 염소를 잡아갈 때도 있다. 그뿐 아니라 사자도 있고 야생 개들도 있다. 그런 맹수들은 무리를 지어 활동하지만 나는 늘 혼자였다.

나는 하늘을 보고, 어둠이 오기 전에 집에 도착하려면 얼마나 걸어야 할 것인지 조심스레 계산해 보곤 했다. 그러나 종종 계산을 잘못해서 문제가 생기곤 했다. 집에 가려고 밤길을 헤매다 보면 하이에나가 공격을 할 때도 있다. 보이지 않는다는 걸 알기 때문이다. 한 마리를 쫓으면 또 한 마리가 뒤에서 습격한다. 그 녀석을 쫓아 보내면 안 보는 사이에 또 다른 한 마리가 달려온다. 하이에나들은 정말 끔찍하다. 포기할 줄 모르기 때문이다. 뭐라도 얻기 전에는 결코 멈추지 않는다. 저녁 때 집으로 돌아가 동물들을 우리에 넣고 나면 잃어버린 녀석이 없는지 머릿수를 세고 또 센다. 하루는 집으로 돌아와서 염소들을 세었는데 한 마리가 모자랐다. 나는 다시 세고 또 세었다. 순간 빌리가 보이지 않는다는 생각을 했다. 서둘러 빌리를 찾으러 염소들 사이를 헤집었다. 나는 소리를 지르며 엄마에게 뛰어갔다.

"엄마, 빌리가 없어졌어! 어떡해!"

그러나 엎질러진 물이었다. 엄마는 말없이 내 머리를 쓰다듬었다. 나는 하이에나들이 통통한 내 염소를 잡아먹었다는 사실을 깨닫고 마냥 울었다.

우리에게 무슨 일이 일어나도 가축을 돌보는 의무는 계속되었다. 가뭄이 들어도, 전염병이 돌아도, 전쟁이 나도 멈출 수 없는 최우선의 의무였다. 소말리아의 끝없는 정치 분쟁으로 도시에서는 엄청난 문제들이 불거지고 있었지만 우리는 심하게 고립되어 있어서 그런 분쟁에서 다소 자유로웠다. 그런데 내가 아홉 살쯤 되었을 때 규모가 큰 부대가 와서 우리와 가까운 곳에 자리를 잡았다. 군인들은 혼자 다니는 여자들을 강간한다고 했다. 실제로 내 친구도 그런 일을 당했다. 그들이 소말리아 군인이건 화성에서 온 군인이건 상관없었다. 우리네 사람이 아니었다. 유목민이 아니었으므로 우리는 될 수 있으면 군인들을 피했다.

어느 날 아침 아버지가 내게 낙타들에게 물을 먹이라고 했다. 그래서 낙타들을 데리고 길을 나섰다. 보아하니 밤새 군인들이 와서 길가에 온통 천막을 친 것 같았다. 천막과 트럭의 행렬 끝이 보이지 않을 지경이었다. 나는 나무 뒤에 숨어서 군복을 입고 서성이는 군인들을 지켜보았다. 친구의 이야기가 생각나 무서웠다. 나는 철저히 혼자였으므로 군인들은 나를 마음먹은 대로 할 수 있었다. 첫눈에 혐오감이 느껴졌다. 군복이 싫었고 트럭이 싫었고 총도 싫었다. 나는 그 군인들이 뭘 하는 사람들인지도 몰랐다. 조국을 구하는 중인지도 모르는 일이었지만 그래도 나는 상관하기 싫었다. 그러나 낙타들은 물이 필요했다. 군 부대를 피해 돌아가는 길은 너무 멀어서 낙타들을 데리고 가기에는 무리였다. 그래서 나는 낙타들을 풀어서 저희들끼리 부대를 통과하게 만들기로 했다. 낙타들은 내가 생각했던 대로 군인들 사이를 가로질러 곧장 물을 향해 갔다. 나는 덤불과 나무 뒤로 몸을 숨기며 부대를 빙 돌아 물웅덩이 반대편에서 낙타들과 만났다. 어두워지기 시작하자 나는 같은 방법으로 낙타들을 집에 안전하게 데려올 수 있었다.

매일 밤 집으로 돌아와 동물들을 우리에 넣으면 다시 우유를 짤 시간이다. 낙타의 목에는 나무로 만든 종을 걸어놓는데 해질녘에 우유를 짜면서 듣는 은은한 나무 종소리는 유목민들에게 아름다운 음악과 다름없다. 종소리는 어둠이 내린 후 집을 찾아야 하는 나그네에게 늘 등대 같은 역할을 한다. 하루도 빠짐없이 저녁 일을 하다보면 크고 둥근 사막의 하늘이 어두워지고 밝은 별이 떠오른다. 양을 우리에 몰아넣을 시간인 것이다. 어떤 나라에서는 이 별을 '사랑의 별(금성^{Venus})'이라고 부르지만 우리나라에서는 '양을 감추는 별[maqual hidhid]'이라고 부른다.

나는 이때 종종 사고를 치곤했다. 해가 뜨자마자 일을 시작했기 때문에 저녁때가 되면 도저히 눈을 뜨고 있을 수가 없었다. 저녁노을 속을 걸어가다가 잠이 들어 염소와 부딪치거나 쪼그리고 앉아 우유를 짜면서 꾸벅 꾸벅 졸기도 했다. 졸다가 아버지에게 들키면 큰일이 났다. 아버지는 좋은 분이었지만 때로는 고약했다. 일하다가 조는 걸 들키면 아버지에게 맞았다. 일을 가볍게 여기지 않고 일에 집중하게 만들기 위해서였다. 일이 끝나면 저녁 식사로 낙타 젖을 먹었다. 그리고 나무를 해서 큰 불을 피우고 따뜻한 불 주위에 둘러앉아 웃고 떠들다가 잠이 들곤 했다.

엄마, 아버지, 형제, 자매들과 함께 배를 든든히 채우고 앉아 웃던 밤은 소말리아에 대한 가장 소중한 추억으로 남아 있다. 우리는 늘 즐겁고 명랑하게 살고자 노력했다. 아무도 짜증을 내거나 불평을 하지 않았고 죽음을 대화의 주제로 삼는 일도 없었다. 사막의 삶은 쉽지 않았다. 우리는 살기 위해 젖 먹던 힘까지 다 해야 했는데 부정적인 생각은 우리의 생명력을 빼앗아갔다.

마을에서 멀리 떨어져 있어도 외롭지는 않았다. 언니, 오빠와 동생들이 있었기 때문이다. 내 위로는 언니 둘과 오빠 한 명이 있고 아래로는 동생이 여럿 있었다. 우리는 끊임없이 서로를 따라다녔다. 원숭이들처럼 나무를 오르기도 하고 모래 위에 손가락으로 판을 그려 틱 택 토(삼목 놓기: 오목과 비슷한 놀이)도 했다. 조약돌도 줍고 망칼라라고 하는 아프리카 놀이를 하기 위해 땅을 파기도 했다. 잭스(공기 비슷한 놀이)와 비슷한 놀이도 했지만 고무공과 금속으로 된 공깃돌 대신 진짜 돌을 던지고 받고 했다. 실력이 좋았던 나는 그 놀이를 제일 좋아했다. 나는 항상 동생 알리에게 같이 하자고 졸라대곤 했다.

더욱 즐거웠던 것은, 우리가 황무지를 뛰노는 천진난만한 아이들이었기 때문이다. 우리는 자연의 일부가 되어 풍경과 소리와 냄새를 느끼는 자유를 누렸다. 우리는 하루 종일 빈둥대는 사자의 무리를 보기도 했다. 사자들은 햇볕을 쬐기도 하고 벌렁 드러누워 허공에 다리를 내밀고 코를 골기도 했다. 새끼들은 우리들처럼 서로를 쫓아다니며 놀았다. 우리는 기린과 얼룩말, 여우들과 함께 뛰어 놀았다. 크기는 토끼만 하지만 실제로는 코끼리의 후손인 바위너구리는 우리가 특별히 좋아하는 동물이었다. 우리는 바위너구리의 굴 앞에서 가만히 기다리다가 바위너구리가 그 조그만 얼굴을 내밀면 모래 위로 쫓아다녔다.

하루는 어디론가 가던 길에 타조 알을 발견했다. 나는 새끼 타조가 부화하는 것도 보고 싶고, 애완용으로 기르고 싶기도 해서 알을 집으로 가져가려고 했다. 타조 알은 볼링공만하다. 모래 속 구멍에 있는 알을 꺼내 가져가려는데 엄마 타조가 날 쫓아오는 것이 보였다. 타조는 날 뒤쫓고 있었다. 타조는 정말로 빠르다. 시속 64킬로로 달릴 수도 있다. 타조는 날 재빨리 따라잡더니 부리로 내 머리를 쪼기 시작했다. 콕 콕콕. 타조가 내 머리를 계란 깨 듯 깨부술 것 같았기 때문에 나는 알을 내려놓고 죽기 살기로 달렸다.

자주는 아니지만 숲이 있는 곳으로 갈 일이 있으면 코끼리 보는 걸 무척 즐겼다. 멀리서 코끼리들의 쩌렁쩌렁한 울음소리가 들려오면 나무 위로 올라가서 구경했다. 사자와 원숭이, 인간들처럼 코끼리도 집단생활을 한다. 무리 중에 아기가 있으면 사촌이건, 삼촌이건, 이모건, 언니건, 엄마건, 할아버지건 모든 어른 코끼리들이 아기를 돌보며 아무도 근처에 가지 못하게 했다. 우리들은 나무 높이 올라 코끼리들의 세상을 몇 시간이고 구경하면서 웃고 떠들곤 했다.

그러나 가족과 행복한 시간은 점점 줄어들기 시작했다. 언니가 가출했고 오빠는 도시로 유학을 갔다. 나는 가족과 인생에 대한 슬픈 진실을 배웠다. 비는 더 이상 오지 않았고 가축을 돌보는 것도 점점 어려워져갔다. 사는 게 더욱 힘들어졌다. 그래서 나는 더욱 무디어졌다.

내가 무뎌진 이유 중에 하나는 형제들이 죽는 걸 보았기 때문이다. 원래 우리 가족은 애들이 열 두 명이었지만 여섯으로 줄었다. 엄마는 쌍둥이를 낳았지만 둘은 태어나자마자 죽었다. 그리고 나서 아주 예쁜 딸을 낳았다. 여섯 달 된 아기는 건강했다. 그러던 어느 날 엄마가 나를 부르는 소리가 들렸다.

"와리스!!"

나는 엄마한테 달려갔다. 엄마가 아기 옆에 무릎을 꿇고 있는 것이 보였다. 어린 나이였지만 나는 뭐가 잘못돼도 크게 잘못되었다는 걸 알았다. 아기는 정상적으로 보이지 않았다.

"와리스, 가서 낙타 젖을 가져와!"

엄마가 외쳤지만 움직일 수가 없었다.

"뛰어, 서둘러야 해!"

두려움에 떨며 여동생을 멍하니 바라보고만 있자니 엄마가 꽥하고 소리를 질렀다.

"너 왜 그래?"

나는 마침내 발길을 옮겼지만 돌아가면 어떤 일이 벌어져 있을지 뻔했다. 나는 우유를 가지고 돌아갔지만 아기는 꿈쩍도 하지 않았다. 죽은 것이다. 내가 다시 동생을 쳐다보자 엄마가 내 뺨을 세게 후려쳤다. 오랫동안 엄마는 동생의 죽음이 내 탓이라고 생각했다. 내게 마력이 있다고, 내가 아기를 멍하니 바라보았기 때문에 아기가 죽었다고 생각했다.

내겐 그런 힘이 없었지만 내 남동생은 초자연적인 능력이 있었다. 동생이 보통 아이가 아니라는 데 모두가 수긍했다. 우리는 동생을 '영감'이라고 불렀는데 그 이유는 동생이 여섯 살쯤 되었을 때 머리가 난데없이 백발이 되어버렸기 때문이다. 동생은 매우 똑똑했고 주변 사람들은 늘 조언을 구하러 왔다. 사람들은 집으로 와서 묻곤 했다.

"영감님 계세요?"

그러고는 차례대로 백발의 어린 소년을 무릎에 앉히고 물었다.

"올해는 비가 좀 올까요?"

하늘에 맹세코 동생은 어린 나이에도 어린 아이같이 행동한 적이 단 한 번도 없었다. 동생은 현명한 노인처럼 앉아서 말하고 행동했다. 사람들은 동생을 존중하는 동시에 두려워했다. 동생은 어딜 봐도 우리와 달랐기 때문이다. 그렇지만 내 동생 '영감'은 어린 나이에 죽었다. 마치 얼마 안 되는 시간에 긴 생애를 쑤셔 넣은 듯 했다. 아무도 그 이유를 몰랐지만 모두 동생이 죽었다는 사실을 인정하고 있었다.

"아무리 봐도 이 세상 사람은 아니었으니까……."

다른 대가족이 대부분 그랬듯이 우리 가족도 식구마다 역할이 있었다. 나는 반항아의 역할을 맡게 되었다. 내 판단으로는 충분히 타당하고 일리 있는 행동이었으나 어른들, 특히 아버지가 보기에는 얼토당토않은 짓을 연이어 저지른 결과로 얻게 된 역할이다. 하루는 남동생 알리와 같이 나무 아래에서 흰 쌀밥과 낙타 젖을 먹고 있었다. 게걸스럽게 먹던 알리와 달리, 쌀밥이 흔치 않다는 걸 알고 있던 나는 한 입 한 입 천천히 먹었다. 음식은 하늘에서 떨어지는 것이 아니었다. 나는 늘 감사하는 마음으로 한 입 한 입 음미하면서 먹었다. 어느새 그릇에 남은 밥과 우유는 얼마 되지 않았다. 너무 아쉬웠다. 그런데 순간 알리가 내 밥그릇에 숟가락을 넣더니 남은 밥을 한 톨도 남기지 않고 퍼가 버렸다. 나는 아무 생각 없이 내 옆에 있던 칼을 쥐어 알리의 허벅지를 찔러 복수를 해주었다. 알리는 비명을 질렀지만 곧 칼을 꺼내더니 내 다리의 같은 곳에 칼을 찔러 넣었다. 둘 다 상처를 입었지만 내가 먼저 찔렀기 때문에 벌은 내가 받았다. 아직도 우리 둘에게는 이때 생긴 똑같은 흉터가 있다. 이 같은 내 반항아 기질이 처음 불거져 나오기 시작한 것은 신발을 갖고 싶은 간절한 마음 때문이었다. 나는 평생 신발에 집착해왔다. 모델이 된 지금도 옷은 별로 없다. 청바지 하나, 티셔츠 몇 장뿐이다. 하지만 신발장은 하이힐과 샌들, 운동화, 단화와 부츠로 가득 차 있다. 신발에 맞춰 입을 옷이 없다는 것도 아이러니이다. 어렸을 때는 신발을 간절히 갖고 싶었지만 옷이 없는 애들도 있는 형편에 신발을 살 돈은 더욱 없었다. 하지만 나는 엄마가 신고 있는 것처럼 예쁜 가죽 샌들을 신어보는 게 소원이었다. 편안한 신발을 신고 돌부리나 가시, 뱀이나 전갈 걱정 없이 걸으며 가축들을 돌보는 게 소원이었다. 내 발은 늘 멍이 들어 있거나 상처 나 있었다. 그때 생긴 검은 흉터가 아직도 여럿 남아 있다. 한 번은 가시가 발을 꿰뚫고 나온 적도 있었다. 발에 박힌 가시가 부러지는 경우도 있었다. 사막에는 의사도 없고 상처를 치료할 약도 없지만, 가축을 돌보아야 하기 때문에 계속 걸어야 했다. 아파서 못 걷겠다는 소리는 아무도 하지 않았다. 그냥 걷는다. 매일 아침 어김없이 일어나 최선을 다 해, 절뚝거리면서도 걷는 것이다.

아버지 형제 중에 아주 부자인 사람이 있었다. 아메드 삼촌은 갈카요라는 도시에 살았는데 우리가 삼촌의 가축과 낙타를 돌봐주고 있었다. 삼촌은 내가 삼촌의 염소 돌보는 걸 좋아했다. 나는 열심히 일했다. 염소들이 늘 잘 먹고 잘 마시게 돌보았고 맹수들이 해치지 않도록 최선을 다했다. 나는 일곱 살쯤 되었을 때, 우리 집에 온 아메드 삼촌에게 이렇게 말했다.

"삼촌, 신발 좀 사주셔야겠어요."

삼촌은 날 보고 웃으면서 말했다.

"그래, 그래 알았다. 신발 사줄게."

보나마나 삼촌은 놀랐을 것이다. 여자 애가 뭘 사달라고 하는 것도 드문 일이지만 신발처럼 사치스러운 걸 사달라고 하는 것은 더더욱 드문 일이었다.

다음에 아버지와 함께 삼촌을 보러 가게 되자 나는 신이 났다. 태어나서 처음으로 내 신발이 생기는 날이었다. 나는 기회가 생기자마자 들뜬 목소리로 물어보았다.

"사 오셨어요?"

"그럼, 여기 사 왔지."

삼촌은 꾸러미를 건네주었다. 나는 신발을 손에 놓고 자세히 살펴보았다. 고무로 된 슬리퍼였다. 엄마가 가지고 있는 것처럼 예쁜 가죽 샌들이 아니라 노란 싸구려 슬리퍼였다. 믿을 수가 없었다.

"이게 저 주려고 사 오신 신발이에요?"

나는 울면서 신발을 삼촌에게 던졌다. 슬리퍼가 삼촌의 얼굴에 맞고 떨어지자 아버지는 성난 표정을 지으려고 했지만 웃음을 참지 못하고 나동그라졌다. 삼촌이 말했다.

"믿을 수가 없군. 아이 교육을 어떻게 시키는 거야?"

나는 삼촌을 때리기 시작했다. 너무 실망한 나머지 화가 치밀어 올랐다.

"이 따위 때문에 그렇게 열심히 일했다니!"

나는 고래고래 소리를 질렀다.

"내가 그렇게 열심히 일을 했는데 준다는 게 고작 싸구려 고무 슬리퍼예요? 차라리 맨발로 다니겠다. 맨발로 다니다가 발에서 피가 나는 한이 있어도 이 따위 쓰레기는 안 신어요!"

나는 슬리퍼를 가리키며 말했다.

아메드 삼촌은 나를 바라보다가 하늘로 눈을 돌려 한탄을 했다.

"알라 신이시여."

삼촌은 한숨을 쉬며 몸을 숙여 슬리퍼를 집어 들더니 집으로 돌아갔다.

그러나 나는 쉽게 포기하지 않았다. 그날 이후로 갈카요에 가는 사람이 있으면 친척이건, 친구건, 낯선 사람들이건 붙잡고 삼촌에게 소식을 전해달라고 했다.

"와리스가 신발을 사달라고 한다고 전해주세요!"

그러나 그 이후로 내가 신발을 갖는 소원을 이루기까지는 몇 년이 더 흘렀다. 그 동안에도 나는 아메드 삼촌의 염소를 키우고 가족을 도와 가축을 돌보며 수천 킬로를 맨발로 걸었다.

아메드 삼촌과 신발 사건이 있기 몇 해 전, 그러니까 내가 네 살짜리 어린 아이였을 때 일이다. 하루는 손님이 찾아왔다. 아버지의 절친

한 친구 구반 씨였는데 그 아저씨는 우리 집에 자주 놀러오곤 했다. 해질녘에 구반 씨가 부모님과 이야기를 하고 있었는데 엄마는 하늘을 보다가 '양이 숨는 별'이 뜨는 걸 본 모양이었다. 양들을 우리에 넣을 시간이었다. 구반 씨가 말했다.

"그건 제가 할게요. 와리스가 도와주면 돼요."

나는 다른 남자들을 제치고 아버지 친구를 도와 양을 몰게 된 게 자랑스러웠다. 나는 구반 씨 손을 잡고 우리로 가서 양을 몰아넣기 시작했다. 평소 같으면 길들지 않은 짐승처럼 이리저리 뛰어다니며 야단법석을 피웠겠지만 어두워지고 있었기 때문에 무서워서 그 사람 곁을 떠나지 않았다. 갑자기 그 사람은 웃옷을 벗더니 모래 위에 깔고 그 위에 앉았다. 나는 어리둥절해서 물었다.

"왜 앉는 거예요? 어두워지고 있잖아요. 어서 양들을 우리에 넣어야지요."

"시간은 충분해. 조금 있다가 하자."

한쪽으로 움직이더니 빈자리를 손으로 토닥거리며 말했다.

"여기 와 앉아."

나는 내키지 않았지만 다가갔다. 어렸을 때 이야기를 좋아했던 나는 구반 씨로부터 이야기를 들을 좋은 기회라고 생각했다.

"이야기 해주실 거예요?"

그 사람은 다시 빈자리를 토닥거리며 말했다.

"여기 앉으면 해줄게."

내가 자리에 앉자마자 그 사람은 나를 옷 위에 눕히려고 했다.

"눕기 싫어요. 그냥 이야기 해주세요."

나는 고집스럽게 몸부림을 치며 일어나 앉았다.

"괜찮아, 어서."

남자는 내 어깨를 세게 눌렀다.

"누워서 별을 보고 있으면 이야기를 해줄게."

나는 깔려 있는 옷에 머리를 대고 누워 차가운 모래 속에 발가락을 넣고 은은히 빛나는 은하수를 바라보았다. 하늘이 쪽빛에서 검은색으로 바뀌는 동안 양들은 우리 주변을 맴돌며 어둠 속에서 울고 있었다. 나는 이야기를 시작하길 기대하고 있었다. 그런데 갑자기 아저씨의 얼굴이 은하수를 가렸다. 남자는 내 다리 사이에 쪼그리고 앉아 내 허리춤에 있던 작은 허리띠를 풀었다. 어느새 나는 차갑고 딱딱한 것이 내 밑을 누르고 있는 걸 느꼈다. 처음에는 꼼짝하지 않았다. 무슨 일이 일어나고 있는지 이해할 수 없었지만 아주 나쁜 일이라는 것만은 알았다. 날 누르던 힘은 점점 커지더니 이내 날카로운 고통으로 바뀌었다.

"엄마!"

나는 순간 따뜻한 액체로 뒤덮였고 메스꺼운 악취가 밤공기를 휘저었다.

"나한테 쉬했어!"

나는 두려운 나머지 비명을 질렀다. 그리고 벌떡 일어나서 허리띠로 다리 사이에 묻은 고약한 냄새의 액체를 닦았다.

"괜찮아, 아무것도 아니야."

남자는 차분한 목소리로 속삭이며 내 팔을 잡았다.

"그냥 이야기를 해주려고 했을 뿐이야."

나는 팔을 뿌리치고 엄마한테 뛰어갔다. 남자는 나를 잡으려고 따라왔다. 엄마는 불가에 서 있었다. 불빛을 받아 붉은 얼굴을 하고 있는 엄마를 보자마자 나는 다리를 부여잡았다.

"왜 그러니, 와리스?"

엄마는 걱정스러운 목소리로 물었다. 구반 씨가 숨을 헐떡이며 뒤따라왔다. 엄마는 구반 씨를 보며 물었다.

"얘가 왜 이러는 거예요?"

구반 씨는 아무렇지도 않다는 듯 웃으며 내 쪽으로 손을 흔들었다.

"이야기를 해주려고 했는데 겁을 먹었나 봐요."

나는 온 힘을 다해 엄마를 붙잡고 있었다. 아버지의 친구가 내게 무슨 짓을 했는지 말하고 싶었지만 표현할 수가 없었다. 실제로 나는 그자가 내게 무슨 짓을 했는지 몰랐다. 나는 불빛에 비친 그자의 웃는 얼굴을 보았다. 그 후로도 보고 또 보게 될 얼굴이었지만 그 순간 나는 그자를 영원히 미워하리라 생각했다.

내가 엄마의 다리에 얼굴을 파묻자 엄마는 내 머리를 쓰다듬으며 말했다.

"와리스, 괜찮아. 이야기일 뿐이야, 우리 아기. 사실이 아니란다."

그리고 구반 씨에게 물었다.

"양들은 어디 있어요?"

유목민의 삶

아프리카에 사는 내겐 다른 나라 사람들이 그토록 중요하게 여기는 역사의식이 없었다. 소말리아 글은 1973년에 생겼으므로 우리는 읽기 쓰기도 배우지 않았다. 지식은 노래나 이야기를 통해 입으로 전해졌으며 그보다 중요한 생존에 필요한 기술은 부모로부터 배웠다. 예를 들면, 엄마는 내게 마른 풀을 이용하여 우유를 담을 만큼 촘촘한 그릇을 엮는 법을, 아버지는 가축들을 돌보고 건강하게 관리하는 법을 가르쳐 줬다. 과거에 대해 이야기하며 보내는 시간은 많지 않았다. 그럴 시간이 없었다. 중요한 건 오늘이었다. 오늘 무엇을 할 것인가? 아이들은 다 집으로 돌아왔는가? 가축들은 안전한가? 무얼 먹을 것인가? 어디서 물을 찾을 것인가?

우리 소말리아 사람들은 수천 년 전 조상들이 살던 대로 살고 있다. 크게 달라진 것은 없다. 유목민들은 전기도 전화도 자동차도 없고 컴퓨터나 텔레비전, 우주여행은 꿈도 못 꾼다. 이러한 사실과 더불어, 오늘만을 위해 살아가는 생활 방식으로 인해서 우리의 시간 관념은 서구 세계의 시간 관념과 차이가 있었다.

다른 식구들과 마찬가지로 나는 내가 몇 살인지 사실 잘 모른다. 추측할 뿐이다. 우리나라에서 태어난 아기는 1년 후 살아 있으리라는 보장이 없기 때문에 생일을 따지는 건 그만큼 중요하지도 않다. 내가 어렸을 때는 시간표나 시계, 달력과 같이 인위적으로 시간을 나누는 체계가 없었다. 대신 계절에 따라, 뜨고 지는 태양에 따라 살았다. 비의 양에 따라 이동하고, 낮의 길이에 따라 하루 계획을 짰다. 우리는 태양을 보고 시간을 알았다. 내 그림자가 서쪽에 있으면 아침이었고 바로 밑에 있으면 정오였다. 그림자가 반대편으로 이동하면 오후였다. 해질녘이 가까워질수록 그림자가 길어졌는데 그걸 보고 해 지기 전, 집으로 돌아갈 때를 정했다.

아침에 일어나면 그제야 그날 할 일을 정했다. 그리고 그 일이 끝날 때까지, 또는 너무 어두워서 아무것도 보이지 않을 때까지 최선을 다해서 했다. 하루의 계획이 미리 짜인 상태에서 아침을 맞는다는 것은 상상도 못할 일이다. 뉴욕 사람들은 종종 수첩을 꺼내서 묻는다.

"14일에 점심 같이 할까요? 아니면 15일은 어때요?"

그러면 나는 대답한다.

"그냥 만나기 전날 전화하세요."

아무리 열심히 약속을 기록해 놓아도 적응이 되질 않는다. 처음 런던에 갔을 때는 왜 사람들이 팔목을 노려보다가 "빨리 가봐야 해!"라고 말하는지 이해할 수가 없었다. 사람들은 늘 서둘렀고 모든 일은 정해진 시간 안에 이루어져야만 하는 것 같아 보였다. 아프리카에서는 서두를 필요도 없고 스트레스도 없다. 아프리카 시간은 아주, 아주 느리고 매우 차분하다. "내일 정오쯤 보자"라고 말하면 네 시나 다섯 시에 보자는 말이다. 나는 지금도 시계를 차지 않는다.

소말리아에서 어린 시절을 보내면서 나는 한 번도 미래를 상상해 보거나 과거를 파헤쳐 보려고 하지 않았다. 엄마가 어렸을 때는 어땠는지 물어볼 필요를 느끼지 않았다. 결과적으로 나는 가족사에 대해 아는 것이 없다. 어린 나이에 집을 떠나서 더욱 그런지도 모른다. 지금이라도 돌아가서 물어보고 싶다는 생각이 끊이지 않는다. 엄마가 어린 소녀였을 때는 어떻게 살았는지, 엄마의 엄마는 어디 사람인지, 엄마의 아버지는 어떻게 죽었는지 묻고 싶다. 영영 모를 수도 있다고 생각하면 기분이 착잡하다.

엄마에 대해서 아는 것이 있다면 엄마는 아주 아름다웠다는 것이다. 엄마를 사랑하는 여느 딸의 틀에 박힌 말처럼 들릴 수 있겠지만 엄마는 아름다웠다. 얼굴은 모딜리아니의 조각 같았다. 피부가 검고 부드러워서 마치 검은 대리석으로 조각한 걸작품 같았다. 피부는 칠흑같이 검었고 이빨은 눈부시게 희었기 때문에 밤에 웃기라도 하면 보이는 것은 빛나는 이빨뿐이었다. 마치 이빨이 공중에 둥둥 떠다니는 것 같았다. 긴 생머리는 아주 부드러웠다. 엄마는 빗을 가져본 적이 없었기 때문에 늘 손으로 머리를 다듬곤 했다. 엄마는 키가 크고 날씬했다. 우리 딸들은 모두 엄마를 닮았다.

성격은 매우 조용하고 차분했다. 그러나 말을 하기 시작하면 자지러지게 우스웠고 웃기도 잘 했다. 농담을 좋아했는데 재미있는 농담, 야한 농담과 더불어 우리를 웃기려고 어처구니없는 농담도 했다. 날 보고 이렇게 말한 적도 있다.

"와리스, 눈이 얼굴에 파묻혀 버리겠다."

그런데 엄마가 제일 좋아하는 장난은 날 아브도홀^{Avdohol}이라고 부르는 것이었는데 입이 작다는 뜻이다. 엄마는 날 보면 아무 이유 없이 말하곤 했다.

"아브도홀, 넌 왜 입이 그렇게 작니?"

아버지는 아주 잘 생겼었는데 자신도 그걸 알고 있었다. 약 180cm 정도 되는 키에 호리호리해서 엄마보다 몸무게가 덜 나갔다. 머리는 갈색이었고 눈은 밝은 갈색이었다. 아버지는 잘 생긴 걸 알았기 때문에 잘난 체하며 필요한 게 있을 때마다 엄마를 놀리곤 했다.

"안 해주면 가서 다른 여자랑 살 거야."

아니면 이렇게 말했다.

"슬슬 지겨워지는군. 다른 여자나 만나 봐야겠는걸."

그러면 엄마도 맞받아치곤 했다.

"가봐. 능력 있으면 해봐."

두 사람은 진정 사랑했지만 불행하게도 두 사람의 으름장은 사실이 되어버렸다.

엄마는 소말리아의 수도 모가디슈에서 자랐다. 하지만 아버지는 어렸을 때부터 사막을 떠돌던 유목민이었다. 엄마가 아버지를 만났을 때 엄마는 아버지가 너무 잘 생겨서 유목민이 되어 떠도는 것이 낭만적이라고 생각했다. 그리고 서둘러 결혼하기로 했다. 아버지는 외할머니께 갔다. 할아버지는 돌아가시고 안 계실 때였다. 그리고 결혼을 허락해 달라고 했다. 할머니는 절대로 안 된다고 하셨다. 그리고 엄마한테는 아버지가 바람둥이일 뿐이라고 말씀하셨다. 할머니는 아름다운 딸을 보잘 것 없는 유목민과 함께 황야로 보내 낙타나 키우며 살게 하고 싶지 않았다. 하지만 엄마는 열여섯 살쯤 되었을 때 집을 나와 아버지와 결혼했다.

엄마는 아버지와 함께 소말리아 반대편으로 가서 시댁 식구들과 사막에서 살기 시작했다. 그러나 엄마는 연이어 문제에 부딪히기 시작했다. 엄마는 돈과 권력이 있는 가문의 딸이었기 때문에 유목민의 적

막한 삶에 대해 알 리가 없었다. 그보다 더 큰 문제는 아버지가 다아로오드 속 사람이고 어머니가 하위예 족 사람이라는 것이었다. 아메리칸 인디언들처럼 소말리아 사람들도 개별적인 부족으로 나뉘어져 있고 부족의 일원은 그 부족에게 절대적으로 충성해야 한다. 역사적으로 자기 부족에 대한 자부심은 전쟁의 씨앗이 되어 왔다.

다아로오드 족과 하위예 족은 굉장한 경쟁 관계에 있었기 때문에 아버지의 가족들은 엄마를 함부로 대했다. 다른 부족 사람이라고 인간 취급도 하지 않았다. 엄마는 아주 오랫동안 외로움에 시달렸지만 적응할 수밖에 없었다. 내가 집을 나와 가족과 멀어지게 되었을 때 나는 비로소 다아로오드 사람들 가운데 홀로 떨어진 엄마의 삶이 어땠을지 상상할 수 있게 되었다.

엄마는 아이를 갖기 시작했고 아이들을 키우면서 그 동안 가족들과 떨어져 살면서 받지 못한 사랑을 다시 느끼게 되었다. 그러나 열 두 번의 출산 또한 얼마나 힘든 일이었을지 철이 든 지금에야 깨닫는다. 엄마가 임신했을 때가 기억난다. 엄마는 갑자기 사라져 며칠 간 나타나지 않곤 했다. 그러다가 작은 아기를 품에 안고 다시 나타났다. 엄마는 아이를 낳기 위해 홀로 사막 한 가운데로 간 것이다. 탯줄을 자를 날카로운 도구를 가지고. 한 번은 엄마가 사라졌는데 우리는 물을 찾아 이동을 해야 했다. 엄마가 우리를 다시 찾는 데 나흘이 걸렸다. 엄마는 갓난아기를 품에 안고 남편을 찾아 사막을 가로질러 걸어야 했던 것이다.

나는 엄마가 아이들 중에서 나를 가장 예쁘게 여긴다는 것을 의심하지 않았다. 엄마와 나는 서로의 마음을 잘 알고 있었다. 나는 아직도 매일 엄마 생각을 한다. 내가 엄마를 돌볼 수 있을 때까지 하늘이 돌보아 주길 기도한다. 어렸을 때는 늘 엄마 곁에 있고 싶어 했고, 그래서 하루 종일 밤이 되기만을 기다렸다. 매일 밤 집으로 돌아가면 엄마 곁에 앉았고 엄마는 내 머리를 쓰다듬어 주었다.

엄마는 바구니를 참 잘 엮었다. 바구니를 엮는 일은 수년을 연마해야 제대로 할 수 있는 일이다. 엄마는 많은 시간을 들여 내게 우유 마실 컵 만드는 법을 가르쳐 주었다. 그러나 그보다 더 큰 물건을 만들려고 하면 엄마처럼 되지 않았다. 내 바구니는 늘 구멍이 숭숭 뚫려 너덜너덜했다.

하루는 몰래 엄마 뒤를 밟게 되었다. 엄마와 함께 있고 싶은 마음과, 어린 시절 누구나 가지고 있는 호기심이 겹쳤던 것이다. 엄마는 한 달에 한 번 집을 떠나 오후 내내 어디론가 다녀오곤 했다. 나는 엄마한테 말했다.

"엄마가 뭘 하러 가는지 꼭 알아낼 거야. 매달 어디로 가는 거야?"

그러면 엄마는 내가 상관할 일이 아니라고 말했다. 아프리카에서는 자식이 부모가 하는 일에 간섭하면 안 된다. 그날도 엄마는 평소와 같이 나에게 집에서 동생들을 돌보라고 했다. 그러나 엄마가 저만치 갔을 때 나는 적당한 거리를 두고 서둘러 뒤따라갔다. 눈에 띄지 않으려고 덤불 뒤에 숨기도 했다. 엄마는 멀리서 온 듯한 다섯 명의 여자들을 만났다. 그리고 그 사람들과 크고 아름다운 나무 밑에 앉았다. 태양이 너무 뜨거워 아무 일도 하지 못하는 낮잠 시간이었다. 그 시간 동안에는 가축들도 식구들도 모두 쉬고 있었기 때문에 여자들은 자신을 위한 시간을 가질 수 있었다. 멀리 보이는 여자들은 꼭 개미처럼, 까만 머리를 옹기종기 맞대고 튀긴 옥수수와 차를 즐기고 있었다. 무슨 얘기를 하고 있었는지는 아직도 모른다. 너무 멀리 있어 들리지 않았다. 그러나 나는 결국 위험을 감수하고 모습을 드러내기로 했다. 음식이 먹고 싶었기 때문이다. 나는 얌전히 다가가서 엄마 옆에 섰다.

"너 여긴 어떻게 왔니?"

"엄마 따라 왔어."

"너 정말 못됐구나."

엄마는 날 혼냈지만 다른 여자들은 웃으면서 말을 했다.

"정말 예쁘고 귀여운 아이네. 애기야, 이리 와라."

그래서 엄마도 포기한 채 옥수수를 먹게 해줬다.

그렇게 어린 시절에 나는 염소, 낙타와 함께 사는 세상이 아닌 다른 세상이 있으리라곤 생각조차 하지 못했다. 책도 TV도 영화도 없고, 다른 나라는 구경도 못한 나의 우주는 단지 내가 매일 눈으로 보는 세상일뿐이었다. 물론 엄마가 예전에 살았던 삶에 대한 개념도 전혀 없었다. 소말리아가 독립한 1960년 이전에는 이탈리아가 남부지방을 점령하고 있었다. 따라서 모가디슈의 문화와 건축, 사회는 모두 이탈리아의 영향을 받았다. 그래서 엄마는 이탈리아 말을 할 줄 알았다. 때때로 화가 나면 이탈리아 욕을 줄줄이 내뱉곤 했다. 그럴 때면 나는 걱정스러운 얼굴로 엄마를 보고 말했다.

"엄마, 그게 무슨 말이야?"

"응, 이탈리아 말이야."

"이탈리아가 뭐야? 무슨 뜻이야?"

"아무것도 아니야. 네 할 일이나 해."

엄마는 귀찮다는 듯이 대답하곤 했다.

자동차와 건물들을 나중에 발견했듯이 나중에 안 사실이지만 이탈리아는 우물 밖 큰 세상의 일부였다. 우리는 종종 엄마에게 아버지와 결혼한 것에 대해 물었다.

"왜 아버지랑 결혼했어? 왜 이런 데서 살아. 엄마 형제들은 전 세계에 퍼져 살잖아. 엄마 형제 중에는 외교관도 있는데 엄마는 뭐야! 왜 아버지 같은 못난 사람이랑 도망쳤어?"

그러면 엄마는 대답했다. 아버지와 사랑에 빠졌었다고. 같이 있고 싶어서 도망치기로 결심했다고. 그러나 엄마는 강한, 강인한 사람이었다. 수많은 역경에 부딪치는 걸 보아왔지만 불평은 들어본 적이 없다. 엄마는 한 번도 "이제 지겹다."거나 "더 이상 하기 싫다."는 말을 입 밖에 꺼내 본 적이 없었다. 엄마는 그저 말이 없었고 무쇠와 같이 단단했다. 그러다가 예고도 없이 엉뚱한 장난으로 우리를 웃기곤 했다. 나의 목표는 언젠가 엄마처럼 강인해지는 것이었다. 그러면 내 인생은 성공했다고 할 수 있을 것 같았다.

소말리아 인구의 60퍼센트 이상이 가축을 치며 먹고 사는 유목민이니 우리 가족이 하는 일은 평범한 축에 속했다. 아버지는 주기적으로 마을로 가서 가축을 팔아 쌀 한 자루, 옷 지을 옷감, 또는 이불 같은 것을 사오곤 했다. 때로는 마을에 볼 일이 있는 사람에게 부탁해 대신 가축을 팔아달라고 하고 그 돈으로 목록에 적힌 것들을 사오게 했다.

우리는 유향을 재배해 돈을 벌기도 했다. 유향은 성경에 나오는 향료로 동방박사들이 아기 예수에게 가져온 선물 중 하나다. 그 향은 예로부터 지금까지 귀한 상품으로 여겨져 오고 있다. 유향은 소말리아 북서부 산지에 있는 보스웰리아 나무에서 난다. 보스웰리아 나무는 키가 150cm 정도 되는 아름다운 나무인데 가지는 열린 우산처럼 둥그렇게 나 있다. 유향을 얻으려면 우선 도끼를 가지고 나무를 살짝 쳐야 한다. 나무가 상할 정도가 아니라 껍질이 벗겨질 정도로. 그러면 나무에서 우윳빛 액체가 흘러나온다. 하루를 기다리면 그 하얀 액체가 껌처럼 딱딱해진다. 실제로 우리는 씁쓸한 맛에 그걸 껌처럼 씹기도 했다. 그렇게 생긴 덩어리들을 바구니에 모아 가면 아버지가 팔았다. 밤에 모닥불을 피울 때 유향을 함께 태우기도 했는데 아직도 그 냄새를 맡으면 어린 시절의 밤으로 돌아가곤 한다. 가끔 맨해튼에서 유향이라고 광고하는 향을 보곤 하는데 그럴 때마다 옛 생각이 간절해서 구입한다. 그렇지만 그렇게 구입한 향은 대개 비슷하긴 하지만 너무 약했다. 사막의 밤을 밝히는 모닥불에서 나던 그 강렬하고 매혹적인 향에는 견줄 수가 없다.

우리처럼 식구가 많은 것도 소말리아에서는 평범한 축에 속한다. 소말리아 여자는 평균 일곱 명의 아이를 출산한다. 자식들은 어른들의 미래를 보장하는 연금보험과도 같다. 부모가 늙으면 자식들이 돌보기 때문이다. 소말리아 아이들은 부모와 조부모에게 매우 공손하고 감히 윗사람의 뜻을 거스르지 않는다. 언니와 오빠를 포함한 모든 윗사람들에게 공손해야 하고 윗사람들이 시키는 대로 해야 한다. 그래서 어른들이 나의 반항적인 행동을 그렇게 괘씸하게 여긴 것이다.

식구가 많은 것은 피임법이 발달하지 않아서 만은 아니다. 식구가 많으면 많을수록 일을 분담할 수 있기 때문에 살기가 편해진다. 물을 구하는 기본적인 일만 해도 그렇다. 많지도 않고 충분하지도 않은 아주 적은 양의 물을 구하려고 해도 뼈 빠지게 일을 해야 한다. 근방이 메마르면 아버지는 물을 찾아 나섰다. 엄마가 풀로 엮어 준 큰 망태를 나귀에 지우고 집을 떠나곤 했다. 그리고 며칠을 헤매다 물을 찾으면 망태에 물을 담아 집으로 돌아왔다. 우리는 아버지를 기다리며 한 곳에 머물기 위해 노력했지만 날이 갈수록 더 힘들어졌다. 가축들에게 물을 먹이려면 갈수록 멀리 이동해야 했기 때문이다. 때로는 아버지 없이 이동해야 할 경우도 있었는데 그래도 아버지는 늘 우리를 찾았다. 길도 표지판도 지도도 없이 말이다. 그러나 아버지가 먹을 것을 구하러 마을로 가거나 하면 우리 중 하나가 그 일을 대신해야 했다. 엄마는 집에 남아 전체 살림을 돌봐야했기 때문이다.

때로는 내가 그 일을 맡기도 했다. 나는 물을 찾을 때까지 며칠을 걷고 또 걷곤 했다. 물이 없이는 돌아가 보았자 아무 소용이 없었기 때문이다. 빈손으로 집으로 돌아가면 안 된다는 사실을 우리는 알고 있었다. 그러면 희망이 없어져 버린다. 우리는 뭐라도 찾을 때까지 멈출 수 없었다. 할 수 없다는 핑계는 아무도 들어주지 않았다. 엄마가 물을 찾아오라고 하면 물을 찾아야했다. 내가 처음 서구에 왔을 때 가장 놀란 것은 사람들이 "두통 때문에 일을 못 하겠다."는 식의 불평을 늘어놓는 것이었다. 나는 그런 사람들을 보면 말한다.

"정말 힘든 일이 뭔지 보여줄까요. 그러면 다시는 이 일이 힘들다고 불평하지 않을 텐데……."

일의 양을 줄이기 위해서는 일손이 많아야 한다. 즉 여자와 아이들이 많아야 한다는 뜻이다. 그래서 아프리카에는 일부다처제가 흔하다. 우리 부모님처럼 둘이서만 수년을 살아온 경우는 드물다. 그런데 아이를 열 둘 낳은 엄마가 하루는 아버지한테 말했다.

"난 이제 너무 늙었어. 여보, 나는 이만 쉴 테니까 새 장가 가서 잘 살아."

엄마가 진심이었는지는 모르지만 아버지가 엄마 말대로 하리라곤 꿈에도 생각지 못했을 것이다.

어느 날 아버지는 사라졌다. 처음에는 아버지가 물이나 먹을 것을 찾으러 갔다고 생각했다. 엄마는 혼자서 모든 일을 돌보았다. 아버지가 사라진 지 두 달이 되자 우리는 아버지가 죽었다고 생각했다. 그러나 갑자기 사라졌던 아버지가 어느 날 갑자기 다시 나타났다. 우리들이 움막 앞에 모여 앉아 있는데 아버지가 오더니 물었다.

"엄마는 어디 갔니?"

우리는 엄마가 가축들을 데리고 나갔는데 아직 돌아오지 않았다고 대답했다. 아버지는 히죽거리며 말했다.

"너희 새엄마다."

아버지는 열일곱쯤 되어 보이는 어린 아이를 앞으로 데려와 말했다. 나보다 나이가 아주 조금 많을 뿐이었다. 우리는 멍하니 쳐다보고만 있었다. 대꾸를 해서도 안 되었거니와 대체 무슨 말을 해야 할지 몰랐다.

엄마가 집으로 돌아오자 끔찍한 순간이 시작되었다. 우리들은 팽팽한 긴장감 속에 무슨 일이 일어날지 지켜보고 있었다. 엄마는 어둠 속에 서 있던 여자는 보지 못 한 채 아버지를 노려보며 말했다.

"이제야 나타나기로 한 거야?"

아버지는 한쪽 발에 무게를 싣고 서 있다가 다른 쪽으로 옮기더니 주위를 둘러보았다.

"그래, 그래. 그건 그렇고, 우리 결혼했어, 인사해."

아버지는 둘째 부인을 팔로 감싸 안으며 말했다. 나는 그 순간 불빛에 비친 엄마의 얼굴을 잊을 수가 없다. 엄마의 표정은 갑자기 어두워졌다. 엄마는 그제야 깨달은 것이다.

"저 어린 것한테 내 남편을 빼앗기다니!"

질투가 나 죽을 지경이었지만 불쌍한 엄마는 드러내지 않으려고 애쓰고 있었다.

우리는 새엄마가 어디서 왔는지 전혀 알 수 없었다. 사실 새엄마에 대해 아는 것이 전혀 없었다. 그럼에도 새엄마는 오자마자 우릴 부려먹으려고 들었다. 그리고 열일곱밖에 안 된 주제에 엄마까지 부려먹기 시작했다. 엄마한테 이걸 하라는 둥, 저걸 갖다 달라는 둥, 뭐가 먹고 싶다는 둥. 상황이 날로 심각해져가고 있던 어느 날 새엄마는 치명적인 실수를 저질렀다. 내 동생 '영감'의 뺨을 때린 것이다.

그 일이 있던 날 우리들은 집 근처 아지트에 있었다. 우리는 집을 옮길 때마다 움막 근처에 있는 나무를 우리들의 아지트로 삼았다. 나는 동생들과 그 나무 아래 앉아 있었는데 '영감'이 우는 소리가 들렸다. 일어나서 보니 동생이 울면서 다가오고 있었다.

"왜 그래? 무슨 일이야?"

동생의 눈물을 닦아주기 위해 몸을 숙이면서 물었다.

"맞았어. 아주 세게 맞았어."

누구 짓인지 물어볼 필요도 없었다. 우리 식구들은 한 번도 영감을 때린 적이 없었다. 엄마도, 우리 누나들이나 형들도 때린 적이 없었다. 심지어는, 주기적으로 매를 드는 아버지도 영감에겐 손을 대지 않았다. 영감은 맞을 필요가 없었다. 우리 중 제일 현명한 영감은 맞을 짓을 하지 않았다. 영감을 때리다니. 거기까지가 나의 한계였다. 더 이상 참을 수 없었다. 나는 그 생각 없는 여자를 찾아가 대답을 요구했다.

"왜 내 동생을 때렸어요?"

"내 우유를 마시잖아."

여자는 자기가 왕비라도 되는 듯, 가축에서 나온 우유가 모두 자기 소유라는 듯 거들먹거리며 말했다.

"내 우유라고? 움막에 우유를 갖다 놓은 건 나에요. 동생이 목이 말라 우유가 먹고 싶으면 먹는 거지 때리긴 왜 때려요!"

"아유, 시끄러우니까 상관 말고 나가!"

여자는 나가라고 손을 휘저으며 소리쳤다. 나는 여자를 노려보며 고개를 저었다. 왜냐하면 열세 살밖에 안 된 나도 여자가 큰 실수를 했다는 사실을 알았기 때문이다.

한편, 동생들은 나무 밑에서 기다리며 새엄마와 나 사이의 대화를 엿들으려고 애쓰고 있었다. 나는 다가가서, 궁금해 하는 동생들의 얼굴을 가리키며 말했다.

"내일이야."

동생들은 고개를 끄덕였다.

다음날은 운이 좋았다. 아버지가 며칠 동안 어딜 다녀오기로 했기 때문이다. 낮잠 시간이 되자 나는 가축들을 집으로 데리고 와서 동생들을 찾았다. 먼저 당연한 말로 시작했다.

"새엄마가 멋모르고 설치고 있어. 그러니까 본때를 보여주자. 이대로는 안 되겠어."

알리가 물었다.

"그건 그렇지만 뭘 어떻게 할 건데?"

"다 방법이 있어. 우선 날 따라와서 좀 도와줘."

나는 굵고 튼튼한 밧줄을 준비했다. 이동하기 위해 낙타에 짐을 실을 때 쓰는 밧줄이었다. 우리는 겁먹은 새엄마를 데리고, 집에서 멀리 떨어진 곳에 있는 덤불 속에 들어가 옷을 다 벗게 했다. 그리고 밧줄 한쪽은 아름드리나무에 묶고 다른 한쪽은 잘난 새엄마의 발목에 묶었다. 새엄마가 욕도 하고 비명도 지르고 흐느끼기도 하는 동안 우리는 밧줄을 당겨 새엄마를 공중에 매달았다. 우리는 밧줄을 잘 조정해서 새엄마의 머리가 땅에서 약 2.5 미터 정도 떨어지게 했다. 그래야 사자 밥을 면할 수 있기 때문이다. 그리고 밧줄을 고정시킨 다음 집으로 돌아갔다. 사막 한가운데서 몸을 비틀며 절규하는 채로 놔두고.

다음날 오후. 아버지가 하루 일찍 집에 도착했다. 아버지는 새엄마가 어디 있느냐고 물었다. 우리는 모두 어깨를 으쓱하며 보지 못했다고 대답했다. 다행히도 새엄마가 묶여 있는 곳은 꽤 멀어서 비명소리는 들리지 않았다.

"그러니?"

아버지는 미심쩍은 얼굴이었다. 밤이 되어도 새엄마가 흔적도 보이지 않자, 아버지는 뭐가 잘못돼도 크게 잘못되었다고 생각하고 우리에게 따져 묻기 시작했다.

"새엄마를 마지막으로 본 게 언제니? 오늘은 보지 못했어? 어제는?"

우리는 새엄마가 전날 밤부터 보이지 않았다고 대답했는데 그건 물론 사실이었다.

아버지는 당황한 기색을 보이더니 새엄마를 찾아 미친 듯이 온 사방을 뒤지기 시작했다. 그러나 새엄마를 찾은 건 다음날 아침이 되어서였다. 새엄마는 거의 이틀 동안 거꾸로 매달려 있었고 아버지가 발견했을 때 새엄마는 만신창이가 된 상태였다. 집으로 돌아온 아버지는 몹시 화가 나서 물었다.

"누구 짓이냐?"

우리는 말없이 서로의 얼굴만 바라보고 있었다. 물론 새엄마가 가만 있지 않았다.

"와리스가 일을 꾸몄어요. 제일 먼저 덤벼든 것도 와리스에요!"

아버지가 쫓아와 날 때리기 시작했다. 하지만 동생들이 끼어들었다. 아버지에게 덤비면 안 된다는 걸 알았지만 더 이상 참을 수 없었던 것이다.

그날 이후로 새엄마는 새사람이 되어 있었다. 우리가 의도했던 대로 새엄마는 따끔한 맛을 본 것이다. 이틀 내내 피가 머리로만 쏠리다 보니까 정신을 차린 모양이었다. 새엄마는 상냥하고 예의바르게 변했다. 그 이후로 새엄마는 엄마의 발에 입을 맞추는가 하면 노예처럼 엄마 시중을 들었다.

"필요한 것 없으세요? 뭘 해드릴까요? 아니, 놔두세요. 제가 할게요. 앉아서 쉬세요."

나는 생각했다

"그럼 그렇지. 처음부터 그렇게 나올 것이지. 못된 년. 괜히 쓸데없이 마음고생만 했잖아."

유목민의 삶은 고역이다. 그러나 엄마보다 스무 살이나 어린 새엄마는 엄마만큼 힘이 세지 않았다. 엄마는 그 어린 것을 두려워 할 필요가 없다는 사실을 마침내 깨닫게 되었다.

유목민의 삶은 비록 고역이지만 아름다운 것들로 가득하고 자연과 매우 친밀한 관계에 있다. 엄마가 지어 준 내 이름은 신비로운 자연 현상에서 따 온 것이다. '와리스'는 사막의 꽃이라는 뜻이다. 사막의 꽃은 그 어떤 생물도 살아남기 힘든 메마른 땅에서 피어난다. 우리나라에는 일 년 내내 비가 오지 않을 때도 있다. 그러나 마침내 비가 내려 먼지 자욱한 땅을 씻어 내리면 기적처럼 꽃이 피어난다. 사막의 꽃은 붉은 빛이 도는 화사한 노랑인데 그래서 내가 좋아하는 색깔은 늘 노랑이다.

여자가 결혼을 하게 되면 그 부족의 여자들은 사막으로 나가 꽃을 모은다. 꽃을 말렸다가 다시 물에 적셔서 반죽을 만드는데 그걸 신부의 얼굴에 바르면 피부가 금빛으로 빛난다. 손과 발은 헤나로 화려하게 장식한다. 눈 주변에는 먹을 발라 깊고 섹시해 보이게 한다. 이와 같은 화장품은 식물과 약초로 만든 순수한 천연 화장품이다. 그리고 여자들은 신부에게 빨강, 분홍, 주황, 노랑의 밝은 색 스카프를 둘러주는데 스카프가 많으면 많을수록 좋다. 스카프가 많지 않은 경우도 있다. 가난에 허덕이는 사람들도 많기 때문이다. 하지만 그건 부끄러워 할 일이 아니다. 신부는 엄마나 자매, 친구들을 통해 구할 수 있는 가장 좋은 옷을 입는다. 그러고는 소말리아 사람들의 특징인 강한 자존심을 내세우는 것이다. 혼인날이 되면 신부는 눈부시게 아름다운 모습으로 걸어 나가 신랑을 맞는다. 그럴 때 보면 신부가 너무 아깝다!

결혼식 날, 부족 사람들은 선물을 가지고 온다. 이때도 마찬가지로 꼭 사야 할 물건은 없으며 더 나은 선물을 줄 형편이 안 된다고 해서 걱정할 필요도 없다. 가진 것만큼 주면 된다. 깔고 잘 수 있는 돗자리나 그릇을 선물해도 된다. 그것도 없다면 피로연 때 먹을 음식을 가지고 와도 된다. 우리 문화에는 신혼여행이 없기 때문에 결혼식 다음날은 신혼부부가 일을 시작하는 날이다. 신혼부부는 결혼식 때 받은 선물들을 가지고 결혼 생활을 시작한다.

결혼식 말고는 잔치가 거의 없다. 임의로 달력에 표시해 놓은 명절은 없다. 대신 오래간 만에 비가 내리면 그게 잔치를 벌일 만한 이유가 된다. 우리나라에는 물이 거의 없지만, 물은 생의 필수 요소이기 때문이다. 그래서 사막에 사는 유목민들은 물에 대해 깊고 깊은 경외심을 가지고 단 한 방울의 물이라도 소중하게 여긴다. 오늘날까지도 나는 물을 귀하게 여기고 좋아한다. 바라만 보고 있어도 매우 기쁘다.

가뭄이 몇 달째 계속되면 절박해지기 시작한다. 그러면 사람들은 모여서 비를 내려달라고 하늘에 기도한다. 한 번은 우기가 올 때가 되었는데도 비가 한 방울도 내리지 않았다. 가축의 반이 죽었고 나머지 반은 갈증 때문에 약해져 있었다. 엄마는 모두 모여서 비를 기원하는 기도를 할 거라고 말했다. 어디서 나타났는지도 모르는 사람들이 모여들고 있었다. 우리는 모두 기도하고 노래하며 춤을 추었다. 즐거운 마음을 가지고 기운을 차리기 위해서였다.

다음날 아침, 구름이 모여들더니 비가 쏟아지기 시작했다. 비가 오면 늘 그렇듯 우리는 그제야 진정한 잔치를 벌인다. 옷을 다 벗고 빗속으로 뛰어들어 물을 튀기며 논다. 몇 달 만에 몸을 씻는 것이다. 사람들은 전통춤을 추며 기쁨을 표현한다. 여자들은 손뼉을 치며 노래를 부르는데 낮고 은은한 목소리는 온 사막으로 울려 퍼진다. 그리고 남자들은 공중으로 높이 뛰어 오른다. 각자 음식을 가지고 오면 우리는 생명의 선물을 찬양하는 뜻에서 임금님처럼 먹는다.

비가 오고 난 뒤, 초원에는 금빛 꽃이 피어나고 잔디는 푸르러진다. 동물들도 마음껏 먹고 마시니 우리들은 여유를 가지고 인생을 즐길 수 있다. 우리는 비가 오고 나서 새로 생긴 호수로 가서 먹을 감고 수영을 한다. 산뜻한 바람 속에서 새들은 노래하고 유목민들의 사막은 천국이 된다.

여자 되기

　큰 언니 아만이 할례를 받을 때가 왔다. 다른 동생들과 마찬가지로 나도 언니가 부러웠다. 내가 들어갈 수 없는 어른들만의 세계로 들어가게 된 언니를 질투한 것이다. 당시 언니는 십대였는데 할례를 받기에는 나이가 너무 많았다. 하지만 때맞춰 받기란 쉽지 않았다. 우리 가족은 끊임없이 아프리카를 돌고 돌았기 때문에 할례라는 고대 의식을 행하는 집시 여인을 쉬 만날 수가 없었다. 집시 여인을 찾은 아버지는 여인을 데려와 두 언니 아만과 할례모에게 할례를 베풀도록 했다. 그런데 그 집시 여인이 집으로 왔을 때 아만 언니는 물을 찾으러 떠난 뒤였다. 그래서 할례모 언니만 할례를 받았다. 아만 언니가 결혼 할 나이가 되자 아버지는 걱정이 태산이었다. 제대로 '꿰메기' 전에는 결혼을 할 수가 없었기 때문이다. 소말리아에서는 여자의 다리 사이에 나쁜 것들이 있다고 믿는다. 그 믿음에 따르면 여자의 성기는 태어날 때부터 있지만 청결하지가 않다. 그래서 제거해야 한다. 음핵과 소음순, 대부분의 대음순이 잘려나간다. 남은 부분은 꿰매어 봉한다. 그러면 여성의 성기가 있던 부분에는 흉터만 남게 된다. 그러나 할례 의식의 자세한 부분은 비밀로 남아 있다. 의식을 받게 되는 소녀들도 모른다. 단지 때가 되면 어떤 특별한 일이 일어난다고만 알고 있을 뿐이다.

그래서 소말리아 소녀들은 어린 아이에서 여성으로의 변화를 의미하는 할례 의식을 손꼽아 기다린다. 원래 할례는 사춘기 때 이루어졌다. 여자가 아기를 가질 수 있게 되면 행해지는 이유 있는 의식이었다. 그러나 시간이 지날수록, 점점 더 어린 나이의 소녀들이 할례를 받기 시작했다. 그 이유 중 하나는 소녀들에게 있었다. 서구의 아이들이 생일 파티, 또는 크리스마스이브에 오는 산타 할아버지를 기다리듯, 아프리카의 소녀들도 '특별한 순간'을 간절히 기다리기 때문이다.

늙은 집시 여인이 아만 언니에게 할례를 해주러 온다는 걸 알았을 때 나도 할례를 받고 싶었다. 아름다운 아만 언니는 나의 우상이었고 언니가 가지고 있거나, 가지고 싶어 하는 것은 나도 가지고 싶었다. 큰일을 치르기 전날, 나는 엄마 팔을 잡아당기며 졸랐다.

"엄마, 나도 해줘. 나도 내일 해줘, 엄마!"

엄마는 나를 밀어내며 말했다.

"조용히 있어, 아가야."

하지만 언니는 그다지 기대하지 않는 듯했다. 언니가 이렇게 중얼거렸던 걸로 기억한다.

"할레모처럼 되지 않길 바랄 뿐이야."

그러나 당시 나는 너무 어려 그 뜻을 알 수 없었다. 언니에게 물어보았더니 언니는 상관없는 소리를 하기 시작했다.

다음날 아침 일찍, 엄마와 엄마 친구는 언니를 데리고 할례 의식을 베풀 여자를 찾아갔다. 나는 평소와 다름없이 같이 가게 해달라고 졸랐지만 엄마는 동생들과 함께 집에 있으라고 했다. 그러나 나는 예전에 친구들을 만나러 가는 엄마를 따라갔을 때와 같이 몰래 따라갔다. 앞서가는 여자들과 적당한 거리를 두고 덤불과 나무 뒤에 몸을 숨기며.

집시 여인이 도착했다. 집시 여인은 소말리아 사회에서 매우 중요한 일원으로 꼽힌다. 전문적인 지식뿐만 아니라 할례를 통해 많은 돈을 벌기 때문이다. 이 의식을 치르는 데 드는 돈은 가정에서 지출하는 돈 중 가장 많은 편에 속하지만 아깝다고 생각하는 사람은 없다. 의식을 치르지 않으면 딸들의 혼삿길이 막히기 때문이다. 성기가 그대로이면 결혼을 할 수 없다. 음탕한 매춘부로 여겨져 누구도 아내로 맞고 싶어 하지 않기 때문이다. 그래서 사람들이 집시 여인이라고 부르는 여자는 공동체의 중요한 일꾼이지만 나는 여자를 죽음의 여인이라고 부른다. 그 여자의 손에 수많은 어린 소녀들이 죽어갔기 때문이다.

나무 뒤에 숨어 있던 나는 언니가 땅에 앉는 걸 보았다. 그러더니 엄마와 엄마 친구가 같이 언니의 어깨를 잡고 꽉 눌렀다. 집시 여인이 언니 다리 사이에서 무언가를 하기 시작했고 언니 얼굴에 고통스러운 기색이 비쳤다. 크고 힘 센 언니는 갑자기 집시 여인의 가슴을 발로 퍽 찼다. 집시 여인은 발라당 뒤집어졌다. 언니는 언니를 붙잡고 있던 두 사람을 떨쳐내더니 벌떡 일어섰다. 언니의 다리를 타고 피가 철철 흘러내리고 있었고 나는 두려움을 금할 수 없었다. 뛰어가는 언니 뒤로 핏자국이 길게 남았다. 모두 언니를 따라 뛰었지만 쉽게 따라잡지 못했다. 그러다가 언니가 땅바닥에 쓰러졌다. 여자들은 쓰러진 언니를 바로 눕히고 하던 일을 계속 했다. 나는 구역질이 나 더 이상 보고 있을 수가 없어서 집으로 달려갔다.

알고 싶지 않은 사실을 알게 되었던 것이다. 정확히 무슨 일이 일어났는지 납득할 수는 없었지만 나도 그 일을 당해야 한다는 사실에 소름이 끼쳤다. 엄마에게 물어볼 수도 없었다. 보지 말아야 할 광경을 보았기 때문이다. 언니는 상처가 아물 동안 우리들과 떨어져 있어야 했다. 이틀 후, 나는 언니에게 물을 갖다 주러 갔다. 그리고 언니 옆에 무릎을 꿇고 앉아 나직이 물었다.

"어땠어?"

"끔찍했어……."

언니는 입을 뗐지만 곧 사실을 말하지 않기로 결심했던 것 같다. 나도 언젠가는 할례를 받아야 하는데 사실을 알면 할례를 기다리는 대신 두려움에 떨었을 테니까.

"어쨌든 너도 곧 받을 거야. 받으면 알게 돼."

그게 전부였다.

그 이후로 나는 소녀에서 여성이 되는 의식을 몹시 염려하며 기다렸다. 나는 끔찍한 광경을 잊으려고 노력했고 시간이 지나자 언니 얼굴에서 보았던 고통에 대한 기억도 사라져 갔다. 마침내 나는 마음을 바꾸어, 다른 언니들처럼 여성이 되고 싶다는 어리석은 생각을 하기 시작했다.

우리와 늘 동행하는 아버지 친구의 가족이 있었다. 아버지 친구는 늘 불평, 불만이 많은 노인네였는데 내 동생이나 내가 귀찮게 할 때면 파리를 쫓듯 손을 휘저으며 이렇게 놀리곤 했다.

"저리 가, 이 깨끗하지 못한 녀석들, 추잡스러운 녀석들. 너희들 아직 할례도 안 받았잖아!"

아버지 친구는 할례를 받지 않은 우리가 너무 역겨워서 쳐다볼 수도 없다는 듯 말을 뱉곤 했다. 나는 그렇게 모욕을 당할 때마다 기분이 나빠서 곧 그 주둥아리를 닥치게 하는 법을 찾기로 작정했다.

아버지 친구의 아들은 자마라고 하는 사춘기 소년이었는데 나는 그 애를 짝사랑하고 있었다. 그러나 자마는 내겐 신경도 안 쓰고 아만 언니에게만 관심을 보였다. 서서히, 나는 나름대로의 결론을 내릴 수 있었다. 자마에게는 할례를 마친 아만 언니가 나보다 나아 보였던 것이다. 아버지처럼 자마도, 할례를 치르지 않은 더러운 어린 애들과는 상대하고 싶지 않았을 것이다. 다섯 살쯤 되던 해에 엄마한테 가서 졸랐다.

"엄마, 집시 여인을 찾아줘. 빨리. 언제 찾아줄 거야?"

나는 그 비밀스런 의식을 서둘러 치러야 한다고 생각했다. 운 좋게도 며칠 지나지 않아 집시 여인이 다시 나타났다.

어느 날 저녁, 엄마가 말했다.

"참, 아버지가 집시 여인을 만났단다. 곧 오신다고 해서 기다리는 중이야."

할례가 있기 전날 밤, 엄마는 오줌을 많이 누면 안 되니까 우유나 물을 되도록 마시지 말라고 했다. 까닭이 궁금했지만 묻는 대신 고개만 끄덕였다. 떨렸지만 서둘러 해치우고 싶었다. 그날 밤 식구들은 나를 특별히 대우해 주었고 저녁식사 때도 나는 남들보다 더 많은 음식을 먹었다. 그 동안 되풀이 되어 온 그러한 전통 때문에 언니들을 더 부러워했던 것이다. 잠자리에 들기 전에 엄마가 말했다.

"때가 되면 엄마가 널 깨워줄게."

집시 여인이 오는 시각을 어떻게 엄마가 알았는지는 모른다. 하지만 엄마는 늘 그런 것들을 알고 있었다. 엄마는 누가 오는지 직감적으로 느낄 수 있었고, 어떤 일이 벌어질 때가 무르익었는지 알고 있었다.

그날 밤, 들뜬 마음에 뜬눈으로 밤을 새고 있는데 어느 순간 엄마가 나를 내려다보고 있었다. 하늘은 여전히 어두웠다. 동 트기 바로 전, 하늘이 알아차릴 수 없을 정도로 살짝 검정에서 잿빛으로 변하는 바로 그 순간이었다. 조용히 하라고 손짓하며 엄마는 내 손을 잡았다. 나는 내 조그만 담요를 들고 잠이 덜 깬 채로 비틀거리며 엄마 뒤를 쫓아갔다. 왜 소녀들을 그렇게 아침 일찍 데리고 나가는지 이제는 안다. 모두가 잠든 시간에 잘라내야 비명 소리가 들리지 않기 때문이다. 그때는 아무것도 모르고, 조금 혼란스럽기는 했지만, 그저 시키는 대로 했다. 우리는 집을 나와 근처 풀숲으로 갔다. 엄마가 말했다.

"여기서 기다리자."

차가운 땅바닥에 앉았다. 날이 차츰 밝아오고 있었다. 사물의 윤곽만을 겨우 구분할 수 있을 때쯤 집시 여인의 딱딱거리는 신발 소리가 들렸다. 엄마는 집시 여인의 이름을 부른 다음, 덧붙여 물었다.

"오셨어요?"

"네, 여기 왔어요."

목소리가 들렸다. 여전히 아무 것도 보이지 않았다. 다가오는 것도 보지 못했는데 어느새 여인은 내 옆에 와 있었다.

"저기 앉아라."

여인은 평평한 돌을 가리켰다. 대화라곤 없었다. 인사도 없었다. "잘 있었니?"라는 인사도 없었고, "오늘 받을 수술은 아주 아플 테니까 꾹 참아야 해"라는 말도 없었다. 죽음의 여인은 용건에만 관심이 있었다.

엄마는 고목에서 뿌리 하나를 꺾더니 나를 바위 위에 앉혔다. 그리고 내 뒤에 앉아서 두 다리 사이에 나를 눕히고 내 머리를 가슴에 붙였다. 나는 팔로 엄마 허벅지를 감았다. 엄마는 뿌리를 이빨 사이에 껴주면서 말했다.

"이걸 물고 있어."

괴로워하던 아만 언니의 얼굴을 본 기억이 불현듯 밀려오자, 두려움에 온몸이 얼어붙었다. 뿌리를 물고 중얼거렸다.

"아프겠다!"

엄마가 몸을 숙여 내게 속삭였다.

"엄마 혼자서 널 붙잡을 수 없다는 것 알지. 그러니까 착하게 굴어. 엄마를 봐서 꾹 참아라. 금방 끝날 거야."

다리 사이로 집시 여인이 준비하고 있는 모습이 보였다. 여인은 전형적인 소말리아 할머니의 모습이었다. 머리에는 다채로운 스카프를 두르고 선명한 빛깔의 면으로 만든 원피스를 입고 있었다. 냉정한 얼굴로 나를 보는 집시 여인의 눈에는 생기가 없었다. 여인은 낡은 천 가방을 뒤졌다. 나는 여인에게서 눈을 떼지 않았다. 무엇을 이용할지 궁금했기 때문이다. 나는 큰 칼을 떠올렸지만 여인이 가방에서 꺼낸 것은 작은 면 주머니였다. 여인은 긴 손가락을 뻗어 면 주머니 안에 넣더니 부러진 면도날을 꺼냈다. 그리고 면도날을 뒤집으며 양면을 자세히 살펴보았다. 태양이 막 떠오른 후라 색깔은 보였지만 자세한 것은 구별하기 어려웠다. 그러나 들쭉날쭉한 면도날에는 피가 말라 붙어있는 것이 보였다. 여인은 면도날에 침을 뱉더니 옷에 닦았다. 여인이 면도날을 닦는 동안 엄마는 스카프로 내 눈을 가렸고 눈앞은 캄캄해졌다.

그리고 곧 내 살이, 내 성기가 잘려가는 것을 느꼈다. 무딘 칼날에 쓱싹쓱싹 살이 잘려나가는 소리가 들렸다. 이제와 생각해 보면 내게 그런 일이 일어났다는 것을 믿을 수가 없다. 남의 얘길 하는 듯하다. 그 느낌을 말로 설명하는 것은 불가능하다. 누군가가 허벅지의 살이나 팔을 자르는 듯한 느낌과 비슷하다. 잘려나가는 부분이 온 몸을 통틀어 가장 민감한 부분이라는 것을 제외하고는. 그러나 나는 조금도 움직이지 않았다. 아만 언니 때 보았듯, 도망쳐봐야 소용없었기 때문이다. 게다가 엄마를 기쁘게 하고 싶었다. 나는 돌로 된 사람처럼 움직이지 않고 있었다. 움직일수록 고통은 더 오래 이어질 거라고 되뇌고 있었다. 불행히도 내 다리는 스스로 떨기 시작하더니 곧 걷잡을 수 없이 흔들렸다. 나는 기도했다.

"신이시여, 빨리 끝나게 해주세요."

그랬더니 금방 끝났다. 기절한 것이다.

정신을 차렸을 때는 다 끝난 줄 알았지만 가장 끔찍한 부분이 남아 있었다. 안대가 벗겨지자 죽음의 여인 옆에 쌓인 아카시아 나무의 가시들이 보였다. 가시로 살에 구멍을 여러 개 뚫은 다음 그 구멍을 희고 질긴 실로 엮어 꿰맸다. 다리에는 느낌이 없었다. 다리 사이의 고통은 죽고 싶을 정도로 심했다. 나는 고통을 뒤로 하고 공중으로 두둥실 떠오른다는 느낌을 받았다. 허공에 떠서 밑에서 벌어지는 광경을 보고 있었다. 여인이 내 몸을 꿰매는 동안 불쌍한 우리 엄마는 날 두 팔로 안고 있었다. 그 순간 나는 마음의 평안을 되찾았다. 더 이상 걱정하거나 두려워하지 않았다.

내 기억은 그 순간까지다. 내가 다시 눈을 떴을 때 집시 여인은 가고 없었다. 여인과 엄마가 나를 옮겨 놓은 것 같았다. 나는 바위 근처 땅바닥에 누워 있었다. 내 다리는 움직이지 않도록 발목에서 골반까지 천으로 꽁꽁 묶여 있었다. 엄마를 찾아보았지만 엄마도 가고 없었다. 그래서 나는 홀로 누워 앞으로 무슨 일이 벌어질까 생각했다. 나는 고개를 돌려 바위 쪽을 보았다. 마치 바위 위에서 가축을 도살한 것처럼 피가 흥건히 고여 있었다. 잘려나간 내 살, 내 성기가 바위 위에서 가만히 햇빛을 받으며 말라가고 있었다.

나는 거기 누워서 태양이 머리 위로 떠오르는 것을 보았다. 근처에는 그늘도 없었다. 뜨거운 열기가 얼굴을 때리고 있는데 엄마와 언니가 왔다. 두 사람은 나를 덤불 아래 그늘에 끌어다 놓고, 내가 머물 자리를 마련했다. 나무 밑에 특별히 작은 움막을 만들고는, 다 나을 때까지 몇 주일이고 쉬면서 기운을 차리게 하는 게 전통이었다. 엄마와 언니는 일을 끝내고 움막 안으로 나를 데리고 들어갔다.

고통은 끝난 것이 아니었다. 오줌을 눌 때가 되자 물이나 우유를 마시지 말라는 엄마의 말이 이해가 갔다. 몇 시간 동안 참았지만 더 이상은 견딜 수가 없었다. 그러나 다리가 묶여 있어서 움직일 수가 없었다. 엄마는 상처가 터질 수 있으니 걷지 말라고 했다. 한 번 터지면 다시 한 번 꿰매야 하기 때문이다. 그건 정말 싫었다. 나는 언니에게 말했다.

"나 오줌 누고 싶어."

언니의 표정을 보니 쉬운 일이 아님을 알 수 있었다. 언니는 나를 옆으로 눕히더니 모래에 작은 구멍을 팠다.

"이제 눠."

오줌을 누기 시작하자 피부가 타들어가는 듯이 따가웠다. 집시 여인은 오줌과 월경이 빠져나올 구멍을 겨우 성냥개비 들어갈 만큼만 남겨두고 꿰맨 것이다. 결혼하기 전까지 성행위를 막는 기막힌 착상이다. 그럼 남자는 신부가 처녀라는 것을 보장받을 수 있다. 오줌은 피투성이가 된 상처에 고여 천천히 다리를 타고 모래 위로 흘러내렸다. 나는 흐느끼기 시작했다. 죽음의 여인이 나를 갈기갈기 찢어놓았을 때도 울지 않았지만 너무 따가워서 더는 견딜 수 없었다.

밤이 되고 어둠이 내리자 엄마와 아만 언니는 가족이 있는 집으로 가고 나는 움막에 홀로 남았다. 그러나 발이 묶여 있어 꼼짝도 못하고 누워 있던 그때만큼은 어둠도, 사자도, 뱀도 무섭지 않았다. 허공으로 떠올라 내 성기를 꿰매는 집시 여인을 본 이후로 아무것도 무섭지 않았다. 나는 두려움도 모르고, 고통으로 온 몸이 마비된 채 그저 딱딱한 바닥에 나무토막처럼 누워 있었다. 앞으로 죽을지 살지는 관심 밖이었다. 내가 어둠 속에 홀로 누워 있는 동안 다른 식구들은 불가에 둘러앉아 웃고 있다는 사실조차 아무 상관없었다.

움막에 누워 있는 동안 시간은 더디게 흘렀다. 상처가 곪아서 고열에 시달리며 의식을 잃고 찾기를 반복했다. 오줌 눌 때의 고통이 너무 두려워서 오줌을 참았더니 엄마가 말했다.

"아가야, 오줌을 참으면 죽을지도 몰라."

그래서 나는 억지로라도 누기로 했다. 오줌이 마렵고 근처에 아무도 없으면 나는 조금 움직여 자리를 바꾼 다음 옆으로 누워, 틀림없이 찾아 올, 살을 지지는 듯한 고통에 맞설 준비를 했다. 그러나 한 번은 상처가 너무 곪아 들어가 오줌을 눌 수도 없던 적이 있었다. 엄마는 두 주 동안 음식과 물을 가져다주었다. 그때를 제외하면 나는 늘 두 다리가 묶인 채로 홀로 누워 있었다. 나는 상처가 아물기를 기다렸다. 열병을 앓아 기진맥진한 몸으로 따분한 시간을 보내던 나는 궁금해 할 수밖에 없었다. 왜? 왜 이렇게까지 해야 하는가? 어린 나는 섹스에 대해 전혀 알지 못했다. 내가 아는 한 나는 엄마의 동의 아래 고기처럼 썰린 것이었다. 이해할 수가 없었다.

마침내, 엄마가 날 데리러 왔고 나는 여전히 다리가 묶인 채 발을 질질 끌며 집으로 갔다. 가족이 있는 움막으로 돌아간 첫날 밤, 아버지가 물었다.

"기분이 어떠니?"

여성이 된 소감을 묻는 듯 했지만 나는 다리 사이의 고통밖에 생각할 수 없었다. 나는 많아 봤자 다섯 살이었으므로 미소만 짓고 아무 말도 하지 않았다. 내가 여성이 되는 것에 대해서 무얼 알았겠는가? 그때는 몰랐지만 나는 아프리카에서 여성이 된다는 것에 대해 많은 걸 알았다. 나는 힘없는 어린아이와 다름없이 수동적인 입장에서 고통을 감내하며 조용히 살아가는 법을 깨달은 것이다.

상처가 아물 때까지 한 달이 넘도록 내 다리는 묶여 있었다. 엄마가 뛰어다니지 말라고 귀가 닳도록 잔소리했기 때문에 나는 늘 조심스레 작은 보폭으로 걸었다. 언제나 힘이 넘쳐 치타처럼 달리고, 나무를 오르고, 바위를 뛰어넘고 하던 내게, 가만히 앉아서 뛰노는 동생들을 바라보는 것은 또 다른 고역이었다. 그러나 나는 그 고통을 다시는 당하고 싶지 않았기 때문에 옴짝달싹하지 않았다. 엄마는 매주 상처가 제대로 아물어가고 있는지 확인했다. 다리를 묶고 있던 끈이 풀리자, 그제야 처음으로 상처를 볼 수 있었다. 가운데로 난 지퍼 같은 흉터를 제외하고는 매끈한 살로 덮여있었다. 지퍼는 물론 닫혀 있었다. 내 성기는 어떤 남자도 뚫고 들어올 수 없는 장벽 같았다. 그러나 결혼 첫날밤이 되면 남편은 칼로 그 장벽을 찢거나 강제로 들이밀 것이다.

다시 걸을 수 있게 되자 할 일이 있었다. 누워 있는 동안 매일 생각한 일이다. 집시 여인이 나를 칼질한 순간부터 몇 주 동안. 그것은 바로 내 성기가 잘려나간 그 바위로 돌아가서 살 조각이 남아 있나 보는 것이었다. 그러나 아무것도 없었다. 아프리카 먹이 사슬에서 청소부 역할을 하는 독수리나 하이에나가 먹었음이 분명하다. 그들의 역할은 썩은 고기를, 사막의 고된 삶의 음울한 증거물을 깨끗이 먹어치우는 것이다.

할례 때문에 많이 아팠지만 나는 운이 좋은 편에 속한다. 많은 여자 아이들의 경우 더 심각한 문제가 생기기도 했다. 소말리아를 누비면서 많은 가족을 만나 그 딸들과 놀곤 했다. 그러나 다시 만나면 딸들이 보이지 않기가 일쑤였다. 아무도 그 이유에 대해 말하지 않았고, 딸들이 없어진 사실조차 언급하지 않았다. 성기 훼손으로 인해 죽은 것이다. 출혈과다나, 쇼크, 감염, 또는 파상풍으로 인해. 할례가 행해지는 그 열악한 조건을 생각해보면 놀랄 일도 아니다. 오히려 우리처럼 살아남은 여자들이 놀라운 것이다.

나는 할레모 언니를 거의 기억하지 못한다. 세 살 때쯤 언니가 있었다는 것은 기억하지만 갑자기 사라졌을 때는 무슨 일이 일어났는지 이해할 수가 없었다. 나중에 안 사실이지만 언니의 '특별한 순간'이 오자 집시 여인이 할례를 했고, 언니는 출혈 과다로 죽었다.

열 살쯤 되었을 때, 나보다 어린 사촌동생의 이야기를 들었다. 그 애는 여섯 살쯤 되었을 때 할례를 받았는데, 우리 집에서 머무르던 그 애의 오빠가 동생에게 일어난 일을 말해주었다. 한 여인이 와서 동생을 수술하고, 회복하는 동안 움막에 넣어놨는데, 오빠의 말에 따르면 동생의 '그곳'이 붓기 시작했다는 것이다. 게다가 움막에서 나는 냄새가 견딜 수 없이 고약했다고 한다. 당시에는 그 이야기를 믿을 수가 없었다. 고약한 냄새가 날 리가 없지 않은가? 나와 아만 언니는 괜찮았는데? 그러나 이제 그 이야기가 사실임을 안다. 할례 의식이 덤불 속과 같이 불결한 환경에서 행해지기 때문에 사촌동생의 상처가 균에 감염된 것이다. 지독한 냄새는 괴저壞疽의 증상이었다. 어느 날 아침, 평소와 다름없이 홀로 밤을 보낸 딸을 만나러, 아이의 엄마는 움막으로 들어갔다. 그러나 어린 딸은 차갑고 검푸른 시체가 되어 있었다. 사막의 청소부들이 그 음울한 증거물을 치우기 전에, 가족은 아이를 땅에 묻었다.

결혼 약속

　어느 날 아침, 나는 두런거리는 소리에 잠이 깼다. 잠자리 위에 서서 봐도 아무도 보이지 않기에 무슨 일인지 알아보기로 했다. 이른 아침의 고요를 헤치고 목소리를 따라 갔다. 1km 정도 뛰어가니 엄마와 아버지가 어떤 사람들을 배웅하고 있는 것이 보였다.
　"누구야, 엄마?"
　나는 머리에 스카프를 쓴 한 가냘픈 여자의 뒷모습을 가리키며 말했다.
　"네 친구 슈크린이다."
　"가족이 여길 떠난대?"
　"아니, 그게 아니라 결혼한대."
　나는 어안이 벙벙한 얼굴로, 멀어져가는 뒷모습을 바라보았다. 당시 나는 약 열 세 살이었는데 슈크린은 나보다 나이가 그리 많지 않았다. 겨우 열 네 살쯤이었는데 결혼을 한다니 믿을 수가 없었다.
　"누구랑?"

아무도 내 물음에 대답하지 않았다. 내가 상관할 일이 아니었기 때문이다.

"누구랑?"

반복해서 물었지만 대답은 여전히 침묵뿐이었다.

"결혼하면 여길 떠난대?"

결혼하고 친정을 떠나는 것은 흔한 일이다. 나는 다만 친구를 영영 볼 수 없을까봐 몹시 걱정이 되었을 뿐이다.

아버지는 퉁명스럽게 말했다.

"걱정마라. 다음은 네 차례다."

부모님은 뒤돌아 집으로 걸어갔고 나는 그 자리에 서서 조금 전에 들은 소식을 곱씹었다. 슈크린이 결혼을 하다니! 결혼을! 그 동안 수없이 들어온 말이었지만 진지하게 생각해본 건 그날 아침이 처음이었다.

소말리아에 살면서 한 번도 결혼이나 섹스에 대해서 생각해 본 적이 없었다. 우리 집안에서, 아니 우리 사회에서 그런 이야기는 금물이었다. 나는 생각조차 하시 않았다. 내가 남자에 대해서 생각할 때라곤 누가 더 가축을 잘 돌보는지 겨룰 때하고, 달리기 내기를 할 때, 그리고 남자들을 패 줄 때뿐이었다. 섹스에 관해서 들은 유일한 말이라고는 "처녀가 아니면 결혼을 못 하니까 아무하고나 함부로 놀아나지 마." 정도였다. 소녀들은 처녀의 몸으로, 단 한 남자와 결혼할 수 있다는 걸 안다. 그게 인생의 전부다.

아버지는 딸들을 '우리 왕비마마들'이라 불렀다. 근방에서는 가장 미모가 뛰어난 딸들을 두는 복을 누리고 있었기 때문이다.

"아무도 우리 왕비마마들을 건드리지 못할 거다. 혹시 건드리려고 하면 아버지한테 말만 해라. 아버지가 목숨을 걸고 너희들을 지켜줄게."

실제로 아버지가 '왕비마마'들을 지켜야 할 때가 종종 있었다. 큰 언니 아만이 가축을 돌보고 있는데 한 남자가 다가왔다. 그 남자가 쉬지 않고 집적대자 언니는 계속 똑같은 말만 반복했다.

"귀찮게 하지 마. 관심 없으니까."

말로 해서 먹혀들지 않자, 남자는 언니를 붙잡고 힘으로 밀어붙였다. 그것은 큰 실수였다. 언니는 키가 180cm도 넘고 힘도 남자 못지않아, 아마존 전사와 다름없었다. 언니는 남자를 흠씬 두들겨 주고 집으로 돌아와서 아버지에게 일러바쳤다. 아버지는 그 남자를 찾으러 갔다. 그리고 또 다시 흠씬 두들겨 주었다. 누구도 아버지의 딸을 넘볼 수 없었다.

하루는 여동생 파지야의 찢어지는 비명 소리에 잠을 깼다. 우리는 평소와 다름없이 바깥에서 자고 있었는데 파지야는 우리와 조금 떨어져 한쪽에 치우쳐 자고 있었다. 일어나 앉은 나는 우리 집으로부터 도망치는 한 남자의 모습을 어렴풋이 볼 수 있었다. 파지야는 계속 소리를 질렀고 아버지가 벌떡 일어나 침입자를 쫓기 시작했다. 우리는 파지야가 있는 곳으로 갔다. 파지야는 다리를 더듬고 있었는데 거기에는 희고 끈적끈적한 정액이 묻어 있었다. 아버지는 남자를 놓쳤지만 아침에 보니 파지야의 잠자리 옆에 그 변태 놈의 샌들 자국이 찍혀 있었다. 아버지는 범인이 누구인지 짐작은 갔지만 확신할 수 없었다.

시간이 어느 정도 흘러 심한 가뭄이 찾아왔을 때, 아버지는 물을 길으러 가까운 우물에 갔다. 아버지가 축축한 우물 바닥에 서 있는데 한 남자가 왔다. 그 남자는 물을 길을 차례를 기다리다가 지쳤는지 아빠한테 소리쳤다.

"서둘러요! 나도 물을 길어야 한단 말이에요!"

소말리아의 우물은 누군가가 지하수를 받으려고, 확 트인 공간에

파 놓은 웅덩이인데 때로는 깊이가 30m가 넘기도 한다. 물이 부족할수록, 가축에게 물을 먹여야 하는 사람들은 눈이 벌게져서 경쟁적으로 설쳐댄다. 아버지는 그 남자에게 내려와서 물을 길어도 좋다고 말했다.

"당연하죠."

남자는 지체 없이 우물 속으로 기어 들어갔다. 그리고 가방에 물을 긷느라 분주하게 돌아다녔다. 아버지는 진흙 위에 찍힌 남자의 샌들 자국을 알아보았다.

"네 놈이구나, 그렇지?"

아빠는 남자의 어깨를 잡고 흔들면서 말했다.

"이 변태 자식, 네가 내 딸을 건드렸지!"

아버지는 맞아도 싼 그 개 같은 자식을 패주었다. 그런데 그 개자식이 칼을 꺼낸 것이다. 그것도 의례용 단검과 같이 화려한 장식이 된 커다란 도살용 칼을. 남자에게 늑골을 너댓 번 찔리고 나서 아버지는 겨우 칼을 빼앗아, 칼의 주인을 찔렀다. 두 사람은 모두 심한 상처를 입었다. 아버지는 간신히 우물 밖으로 기어 나와 집으로 돌아왔다. 피투성이가 되어 돌아온 아버지는 기력이 없었다. 아버지는 긴 투병 끝에 간신히 회복했고, 나는 아버지의 말이 진실이었음을 깨달았다. 아버지는 딸을 위해 죽을 각오가 되어 있었던 것이다.

아버지가 늘 우리에게 농담처럼 하던 말이 있다.

"보배 같은 우리 왕비마마들, 아무데도 가지 말라고 아빠가 자물쇠를 채워놨단다. 열쇠는 아빠한테 있지!"

열쇠를 어디 두었냐고 내가 물으면 아빠는 미친 듯이 웃으면서 이렇게 말하곤 했다.

"갖다 버렸지!"

"그럼 어떻게 밖으로 나와요?"

내가 그렇게 말하고 울음보를 터뜨리면 모두가 웃곤 했다.

"못 나오지. 아버지가 나와도 된다고 할 때까지."

아버지는 제일 큰언니 아만에서부터 막내한테까지 같은 농담을 했다. 하지만 그건 농담이 아니었다. 아버지의 허락 없이는 아무도 우리에게 접근할 수 없었다. 그러나 아버지가, 치근거리는 남자들로부터 우리를 보호하는 데는 또 다른 이유가 있었다. 숫처녀들은 아프리카의 중매시장에서 인기 있는 상품이다. 드러내고 말하지는 않아도 그것이 여성할례의 가장 큰 이유 중 하나다. 딸이 어여쁜 숫처녀라면 부모는 비싼 값을 기대할 수 있지만, 다른 남자와 관계를 맺은 딸은 치울 수가 없었다. 그러나 어린 내게, 그 따위 사실은 상관없었다. 나는 단지 어린 애였고 결혼이나 섹스에 대해서는 생각조차 해본 적이 없었다.

물론 그것은 슈크린의 결혼 소식을 듣기 전까지였다. 며칠 후 저녁, 집으로 돌아온 아버지가 나를 찾는 소리가 들렸다.

"와리스, 어디 있니?"

"여기 있어요, 아버지."

"이리 와."

늘 엄하고 무섭던 아버지가 나직한 목소리로 나를 부르자 심상치 않은 일임을 알 수 있었다. 내게 부탁을 하려는 것 같았다. 내일 가축을 어떻게 하라든지, 물을 찾아오라든지, 먹을 것을 찾아오라든지 하는 심부름 말이다. 그래서 나는 꼼짝하지 않고 아버지 얼굴을 찬찬히 뜯어보면서 아버지가 어떤 심부름을 시킬지 짐작해보려고 했다. 아버지가 재촉했다.

"어서 와, 어서, 어서."

나는 의심스러운 눈을 하고 몇 걸음 다가갔다. 말은 하지 않았다.

아버지는 나를 붙잡더니 무릎에 앉혔다. 그리고 말을 꺼냈다.
"넌 말이지, 참 괜찮은 아이야."
바로 그 때, 나는 사태의 심각성을 깨달았다.
"참 괜찮은 아이야. 여자가 아니라 남자 아이 같지. 아들 같아."
그것은 최고의 칭찬이었다. 난데없는 칭찬에 어리둥절해진 나는 이렇게 대답할 수밖에 없었다.
"그래요……."
"너는 정말 아들과 다름없었단다. 남자 못지않게 가축도 잘 돌보았지. 이 말은 꼭 해주고 싶구나. 아버지는 네가 많이 보고 싶을 거다."
들자하니 아버지는 내가 아만 언니처럼 도망갈까 봐 걱정하고 있는 듯 했다. 아만 언니는 결혼 상대가 정해지자 도망을 쳤다. 아버지는 내가 아만 언니처럼 도망을 칠까봐, 그래서 힘든 일을 엄마와 둘이서만 해야 할까봐 두려웠던 것이다.
갑자기 애틋한 감정이 밀려왔다. 나는 아버지를 의심한 것이 미안해서 꼭 안아 주었다.
"아버지, 전 아무데도 안 가요."
아버지는 몸을 움츠리더니 날 뚫어지게 쳐다보았다. 그리고 부드러운 목소리로 말했다.
"가게 된단다."
"어딜 가요? 전 엄마, 아버지 놔두고 아무데도 안 가요."
"간다니까. 아버지가 네 신랑감을 구했어."
"싫어요, 아버지. 싫어요!"
나는 벌떡 일어섰고 아버지는 나를 진정시키려고 애썼다. 내 팔을 붙잡고 놔주질 않았다.
"가기 싫어요. 집 떠나기 싫어요. 엄마, 아버지랑 같이 살래요!"

"쉿, 괜찮을 거야. 아주 괜찮은 신랑감이야."

"누군데요?"

어느새 궁금해진 내가 물었다.

"만나 보면 알 거야."

참으려고 애썼지만 눈에 눈물이 가득 고였다. 나는 아버지를 때리며 소리쳤다.

"결혼하기 싫어요!"

"와리스, 이걸 봐."

아버지는 땅에 있던 돌을 집어 들더니 등 뒤로 가져가서 두 손에 번갈아가며 쥐었다. 그리고 돌이 어느 손에 있는지 모르게 두 주먹을 굳게 쥐고 앞으로 내밀었다.

"왼손이나 오른손이나 돌이 있는 손을 골라. 만약 네가 돌이 있는 손을 맞추면 너는 아버지 뜻대로 결혼을 해서 평생 행복하게 잘 살 테고, 못 맞추면 이 집에서 쫓겨 나서 평생 고달플 거다."

나는 아버지를 뚫어져라 쳐다보았다. 틀리면 어떻게 될까? 죽게 될까? 그리고 아버지의 왼 주먹에 손을 가져다 댔다. 하늘로 향해 펼친 손바닥은 비어 있었다.

"아버지 뜻대로 되지 않겠네요."

나는 우울한 목소리로 중얼거렸다.

"다시 할 수도 있어."

"아니요."

나는 천천히 고개를 저으며 말했다.

"싫어요, 아버지. 전 결혼 안 할래요."

그랬더니 아버지가 외쳤다.

"좋은 사람이라니까! 아버지 말 들어라. 아버지는 사람 보는 눈이 있어. 아버지 말 들어!"

나는 어깨를 움츠린 채 서 있었다. 두려움에 속이 메스꺼웠다. 나는 고개를 저었다. 아버지는 오른손에 숨겨 놓았던 돌을 어둠 속으로 높이 집어던지면서 소리쳤다.

"안 그럼 평생 불행할거야!"

"그건 내 문제잖아요, 안 그래요?"

아버지가 내 뺨을 후려쳤다. 감히 말대꾸를 했기 때문이다. 아버지가 나를 서둘러 결혼시키려고 한 데는 관습뿐만 아니라 그러한 내 태도도 한몫을 했다. 나는 반항아에다 선머슴이었다. 건방지고 겁이 없기로 악명이 높았다. 아버지는 내 가치가 더 떨어지기 전에 남편감을 찾아야 했던 것이다. 아프리카 남자들은 말대답하는 아내를 원치 않으니까.

다음날 아침, 평소와 다름없이 가축들을 몰고 나가 풀을 뜯겼다. 가축들을 지키면서 결혼이라는 새로운 개념에 대해 생각해 보았다. 집에 있게 해 달라고 아버지를 설득하는 방법을 생각해 보려고 했지만 속으로는 소용없는 짓임을 알았다. 나는 신랑감이 누군지 궁금했다. 그때까지 내가 어린 마음에 관심을 가졌던 이성이라고는 아버지 친구 아들인 자마 오빠뿐이었다. 자마 오빠네 가족과 우리 가족은 종종 함께 이동했기 때문에 자주 볼 수 있었다. 자마 오빠는 나보다 나이가 꽤 많았고 내 눈에는 아주 잘 생겨보였다. 게다가 총각이었다. 아버지는 자마 오빠를 아들처럼 사랑했고 자마 오빠가 효자라고 생각했다. 그러나 내가 자마 오빠를 짝사랑한 가장 큰 이유는 오빠가 한때 아만 언니를 좋아했고 나는 거들떠도 보지 않았기 때문일 것이다. 오빠에게 나는 한낱 코흘리개에 불과했고 언니는 매력적인 숙녀였다. 내가 자마 오빠의 속마음을 슬쩍 귀띔해 주었을 때 언니는 손을 가로저으며 코웃음

쳤었다. 두 번 눈길도 주지 않았다. 유목민의 삶을 겪을 만큼 겪은 언니는 아버지 같은 남자와는 결혼할 생각이 없었다. 언니는 늘 도시로 가서 돈 많은 남자와 결혼하고 싶다고 했다. 아버지가 같은 유목민에게 언니를 주려고 하자 언니는 대도시의 꿈을 찾아 도망을 쳤다. 그리고 지금까지 소식이 없다.

그날, 나는 하루 종일 가축을 지키며 결혼이란 것이 그다지 나쁘지 않을지도 모른다고 스스로 위로했다. 그리고 우리 부모님처럼 사는 자마 오빠와 내 모습을 상상했다. 해가 질 무렵, 가축을 몰고 집으로 돌아갔는데 여동생이 마중 나와 일러주었다.

"아버지가 누굴 데려 왔는데 언니를 기다리는 것 같아."

동생은 내가 갑자기 관심의 대상이 된 걸 미심쩍게 여기고, 뭔가 흥미로운 사실을 자신만 모르고 있다고 생각하는 것 같았다. 그러나 나는 소름이 끼쳤다. 아버지는 내가 언제 반대했냐는 듯 예정대로 결혼을 밀어붙이고 있었다.

"어디 계셔?"

나는 동생이 가리킨 반대 방향으로 향해 갔다.

"언니를 기다리고 있다니까!"

"시끄러워! 저리 가!"

나는 염소들을 우리에 넣고 젖을 짜기 시작했다. 일이 반쯤 끝나가는데 아버지가 부르는 소리가 들렸다.

"네, 아버지. 갈게요."

억지로 일어섰지만 늦장을 부린다고 피할 수 있는 일이 아니었다. 아버지와 함께 있는 사람이 자마 오빠일지도 모른다는 작은 희망이 일었다. 나는 눈을 감고 자마 오빠의 매끈하게 잘 생긴 얼굴을 그리며 휘청 휘청 걸어갔다. 그러면서 중얼거렸다.

"제발 자마 오빠이게 해주세요."

집을 떠나 낯선 남자와 살아야 한다는 불쾌한 생각에서 날 구해줄 사람은 자마 오빠뿐이었다.

마침내 눈을 떠 핏빛 하늘을 바라보았다. 태양이 지평선 아래로 녹아들고 있었다. 눈앞에 두 남자의 윤곽이 드러났다. 아버지가 말했다.

"이제 왔구나. 어서 와라, 우리 딸. 여기는……"

아무것도 들리지 않았다. 내 시선은 지팡이를 짚고 앉아 있는 한 남자에 꽂혀 있었다. 백발의 긴 수염을 가진 남자는 적어도 예순은 되어 보였다.

"와리스!"

나는 뒤늦게 아버지가 말을 하던 중이라는 걸 깨달았다.

"갈룰 씨께 인사드려라."

"안녕하세요."

나는 될 수 있는 대로 싸늘한 목소리로 인사했다. 예의는 지켜야 했지만 열렬한 반응을 보일 필요는 없었다. 그 못난 노인은 지팡이에 온 힘을 싣고 기대어 앉아 대답도 않고 히죽거리기만 했다. 잔뜩 겁먹은 어린 신부가 빤히 쳐다보고 있는데 무슨 할 말이 있었겠는가. 나는 눈빛을 감추려고 고개를 숙이고 바닥만 쳐다보았다. 아버지가 말했다.

"와리스, 수줍어하지 마라."

나는 아버지를 쳐다보았다. 그랬더니 아버지는 내 얼굴을 보고 장래의 남편감이 놀래 도망치리라고 생각했는지 나를 먼저 쫓아 보내는 방법을 택했다.

"그래, 됐다. 가서 하던 일, 마저 해라."

그리고 갈룰 씨에게 설명했다.

"저 애가 말이 없고 수줍음이 좀 많아요."

나는 조금도 꾸물거리지 않고 염소 우리로 뛰어갔다.

그날 저녁 내내 나는 갈룰 씨와 결혼하면 어떻게 살게 될까 생각해 보았다. 부모님과 한 번도 떨어져 지내 본 적이 없는 나는 부모님 대신 알지도 못하는 사람과 사는 상상을 해보고 있었다. 다행히도 그 역겨운 노인과 섹스를 해야 한다는 생각을 미처 못 했기 때문에 덜 끔찍했다. 당시 열세 살이었던 나는 너무 순진해서 그런 조건이 따라붙는지도 몰랐다. 나는 결혼 문제를 잠시 잊고자 애꿎은 남동생만 패주었다.

다음날 이른 아침, 아버지가 날 불러 말했다.

"어젯밤 만난 사람이 누군지 아니?"

"뻔하죠."

"네 남편 될 사람이다."

"하지만 너무 늙었잖아요, 아버지!"

여전히 아버지를 믿을 수 없었다. 그런 노인과 결혼시킬 만큼 나를 하찮게 여기다니.

"그런 신랑이 최고란다! 바람을 피우기엔 너무 늙었으니 다른 부인을 데리고 올 염려도 없어. 아무데도 안 가고 널 돌봐줄 거라고. 게다가······."

아버지는 의기양양해서 씩 웃으며 말을 계속했다.

"얼마를 주기로 했는지 아니?"

"얼마요?"

"낙타 다섯 마리다! 낙타 다섯 마리를 준대."

그리고 내 팔을 두드렸다.

"네가 자랑스럽구나."

나는 아버지를 외면하고 아침 해의 황금 빛줄기가 사막의 풍경을 깨우는 모습을 지켜보았다. 눈을 감았더니 얼굴에 온기가 느껴졌다. 나는 쉽게 잠을 이루지 못한 전날 밤을 생각했다. 식구들 사이에 누워 하늘의 별들이 뜨고 지는 걸 보면서 결정을 내렸다. 내가 그 노인과 결혼하지 않겠다고 해서 상황이 종료되는 것은 아니었다. 아버지는 또 다른 신랑을 구해 올 것이 분명했다. 그래도 안 되면 또 다른 신랑을 계속해서 데려 올 터였다. 무슨 일이 있어도 날 시집 보내고…… 낙타를 받아야 했으니까. 나는 고개를 끄덕였다.

"네, 아버지. 이제 가서 풀을 찾아야 해요."

아버지는 만족스러운 표정으로 나를 바라보며, 속으로는 이렇게 생각하고 있었을 것이다.

"그것 참, 생각보다 쉽네."

뛰노는 염소들을 지켜보던 나는, 그 날이 아버지의 가축을 돌보는 마지막 날이 되리란 걸 알았다. 나는 인적 없는 외딴 곳에서 노인과 보낼 인생을 그려 보았다. 노인이 지팡이나 짚고 절룩거릴 동안 일은 모두 내 차지가 될 것이다. 노인이 심장 마비로 죽고 과부로 살 수도 있다. 더 심한 경우 아이 네댓을 혼자서 키워야 할 수도 있다. 소말리아 여자들은 과부가 되어도 재혼을 할 수 없다. 그래서 마음을 먹었다. 그렇게 살 수는 없었다. 그날 밤, 집에 갔더니 엄마가 괜찮은지 물었다. 내가 쏘아붙였다.

"그 남자 봤어?"

엄마는 누구냐고 묻지도 않고 대답했다.

"응, 며칠 전에 봤어."

나는 아버지가 듣지 못하도록 다급히 속삭였다.

"엄마, 나 그 남자랑 결혼하기 싫어!"

엄마는 어깨를 으쓱했다.

"얘야, 엄마도 어쩔 수 없단다. 어쩌겠니? 아버지 결정인데."

나는 다음날, 아니면 그 다음날, 새신랑이 낙타 다섯 마리와 나를 바꾸러 오리라는 걸 알았다. 나는 더 늦기 전에 도망치기 위한 계획을 세웠다.

그날 밤, 모두 잠이 들자, 나는 아버지의 익숙한 코고는 소리를 기다렸다. 그리고 일어나서, 그때까지도 불 옆에 앉아 있던 엄마에게 다가가 속삭였다.

"엄마, 나 결혼 못 해. 도망칠 거야."

"쉿, 조용! 어디로? 어디로 간단 말이야?"

"모가디슈로 가서 이모를 찾을 거야."

"이모가 어디 있는 줄 알고? 엄마도 모르는데!"

"걱정 마, 찾을 수 있어!"

"지금은 어둡잖아."

엄마는 핑계를 댔다. 그러나 운명이란 막을 수 없는 것이다. 나는 다시 속삭였다.

"지금은 안 가, 아침에 갈 거야. 해가 뜨기 직전에 깨워 줘."

나는 엄마의 도움이 필요하다는 걸 알았다. 자명종 시계를 맞춰 놓을 수도 없는 노릇이었으니까. 긴 여행을 앞두고 눈을 붙여야 했지만 아버지가 깨기 전에 길을 떠나야 하기도 했다.

"안 돼."

엄마는 고개를 저었다.

"너무 위험해."

"엄마, 제발! 난 결혼 못 해! 내가 어떻게 그 남자랑 살아! 제발, 제발. 엄마 보러 돌아올게. 엄마 나 믿지."

"잠이나 자."

엄마의 얼굴이 굳어 있었다. 더 이상 말을 해도 소용없다는 뜻이었다.

고단한 모습으로 모닥불을 바라보고 있는 엄마를 뒤로 하고 몸을 따뜻하게 하기 위해 동생들의 뒤얽힌 팔과 다리를 비집고 들어갔다.

잠을 자고 있는데 엄마가 내 팔을 가볍게 두드리는 것이 느껴졌다. 엄마는 내 옆에 무릎을 꿇고 앉아 있었다.

"어서 가."

나는 정신이 번쩍 들었다. 곧 내게 벌어질 일에 대한 불안감이 닥쳐왔다. 나는 따뜻한 동생들 몸을 비집고 나와서 아버지가 여전히 같은 곳에서 식구들을 지키고 있는지 확인했다. 아버지는 여전히 코를 골고 있었다.

나는 몸서리를 치며 일어나 엄마와 함께 움막 밖으로 나갔다.

"깨워줘서 고마워, 엄마."

희미한 불빛 아래 엄마의 얼굴을 보려고 애썼다. 오랫동안 다시 보지 못할 엄마 얼굴의 특징을 기억해 두고 싶었다. 씩씩하게 가려고 했으나 눈물에 목 메인 나는 엄마를 꼭 껴안았다. 엄마는 내 귀에 대고 나직이 속삭였다.

"가라. 아버지 깨시기 전에."

엄마의 두 팔이 나를 꼭 감싸는 게 느껴졌다.

"다 잘 될 거야. 걱정하지 마라. 조심해야 된다. 조심해!"

엄마가 나를 놓아주었다.

"그리고 와리스, 한 가지만 더. 부디 엄마를 잊지 말아라."

"잊지 않을게, 엄마."

나는 몸을 돌려 어둠 속으로 뛰어 들어갔다.

여행길에서

잘 차려입은 남자는 몇 킬로미터도 가지 않아 길가에 벤츠를 세웠다.

"미안하지만 다 왔단다. 다른 차를 잡아탈 수 있도록 여기에서 내려줄게."

"그래요……."

참으로 실망스러운 소식이었다. 그 동안 아버지에게 쫓기고, 며칠을 굶으며 사막을 가로질러 걷다가 사자 밥이 될 뻔하고, 낙타몰이에게 채찍으로 맞고, 트럭 운전사에게 폭행당한 나에게 벤츠를 탄 신사는 집 떠난 이후로 내가 만난 최대의 행운이었던 것이다.

"여행 잘 하고."

남자는 열린 창문 사이로 손을 흔들며 인사했다. 다시 하얀 이를 드러내 보였다. 나는 먼지 자욱한 길가에 햇볕을 쬐고 서서 심드렁하게 손을 흔들었다. 벤츠는 아른거리는 아지랑이 속으로 빠르게 사라졌다. 나는 다시 걷기 시작했다. 과연 모가디슈까지 갈 수 있을지 의심스러웠다.

그날, 차를 몇번 더 얻어 타긴 했지만 얼마 못 갔다. 중간 중간에는 계속 걸었다. 해가 질 무렵, 큰 트럭 하나가 길 가에 섰다. 두려움에 온 몸이 굳어버린 나는, 지난 번 트럭 운전사와 있었던 일을 상기하고, 빨간 정지등을 빤히 쳐다보았다. 가만히 서서 생각을 하고 있는데 차 안에 있던 트럭 운전사가 몸을 돌려 나를 쳐다보았다. 서둘러 움직이지 않으면 트럭은 그냥 떠나버릴 것 같았다. 그래서 빨리 트럭으로 향했다. 트럭은 거대한 세미 트레일러였다. 운전사가 안에서 문을 열어주었고 나는 간신히 자리로 기어올랐다. 운전사가 말했다.

"어디로 가니? 나는 갈카요까지 가는데."

갈카요라는 말을 듣자 문득 아주 좋은 생각이 떠올랐다. 도시가 그토록 가까운 줄 모르고 있었다. 마침 갈카요에는 돈 많은 삼촌이 살고 있었던 것이다. 모가디슈를 찾아 온 소말리아를 헤매는 것보다 아메드 삼촌과 지내는 것이 나을 것 같았다. 나는 삼촌에게 볼 일이 남아 있었다. 가축을 돌본 대가로 준다던 신발을 못 받은 것이다. 나는 삼촌의 저택에서 배부르게 식사를 하고 나무 아래가 아닌 집 안에서 잠 잘 것을 상상했다.

"저도 거기로 가요."

나는 뿌듯한 미소를 지었다.

"저도 갈카요로 가요."

트럭의 짐칸에는 먹을 것이 잔뜩 쌓여 있었다. 노란 옥수수 더미와 설탕, 쌀가마니를 보니 다시금 배고픔이 밀려왔다.

트럭 운전사는 마흔 살쯤 되어 보였는데 치근덕거리길 좋아해서 나한테 자꾸 말을 시키려고 했다. 나는 친절하게 보이고 싶었지만 동시에 두려워서 메스꺼울 지경이었다. 나를 데리고 놀 수 있을 거라고 생각하지 않기를 바랐다. 나는 창밖을 바라보면서 삼촌 집을 찾을 수 있는 가장 좋은 방법을 생각해 내려고 노력했다. 어디가 어디인지 도통 몰랐기 때문이다. 그런데 그때 운전사의 갑작스러운 말 한마디가 내 신경을 건드렸다.

"너 가출했지, 그렇지?"

나는 놀라서 대답했다.

"왜 그런 걸 물어보세요?"

"딱 보면 알아, 가출한 거. 신고할 거야."

"뭐라고요, 안돼요! 제발, 제발 부탁드려요. 전 가야 돼요. 꼭 가야 돼요. 그냥 갈카요로 데려다 주세요. 삼촌을 만나야 돼요. 절 기다리고 계세요."

운전사의 표정으로 보아서는 내 말을 믿는 것 같지 않았지만 어쨌든 운전사는 운전을 계속했다. 내 머리는 빠르게 돌아가기 시작했다. 어디서 내려달라고 할까? 삼촌이 기다리고 있다고 했으니 집이 어딘지 모른다고 할 수는 없는 노릇이었다. 도시로 진입하자 건물과 차, 사람들로 빽빽한 거리들이 보였다. 내가 먼저 겪어 본 동네보다 훨씬 컸다. 그리고 삼촌을 찾는 일이 얼마나 어려운 일일지 처음으로 실감했다.

세미 트레일러의 높다란 조수석에 앉아 두근거리는 가슴으로 어수선한 갈카요를 내려다보았다. 내 눈에 도시는 거대한 난장판이었다. 차에서 내리고 싶지 않은 마음과, 운전사가 나를 가출 소녀라고 신고하기 전에 서둘러 내려야겠다는 생각이 날 갈등하게 만들었다. 차가 시장 골목을 지나갈 때, 나는 먹을 것이 잔뜩 쌓여 있는 가게들을 보고 내리기로 작정했다.

"아저씨, 전 여기서 내릴게요. 삼촌 집이 저쪽이에요."

나는 한 골목길을 가리키며 운전사가 손 쓸 겨를도 없이 재빨리 문밖으로 뛰어내렸다. 그리고 문을 쾅 닫으며 외쳤다.

"태워주셔서 고마워요."

내려서 시장을 둘러보자니 놀라 자빠지지 않을 수 없었다. 평생 그렇게 많은 음식을 본 적이 없었다. 산처럼 쌓아올린 옥수수와 감자 더미, 죽 걸어 놓고 말린 국수가 어찌나 아름다워 보이던지! 색깔은 또 어떻고! 통 안에는 샛노란 바나나, 초록과 황금빛의 멜론, 그리고 수천, 수만 개의 토마토가 높다랗게 쌓여 있었다. 처음 보는 것들이었다. 나는 진열해 놓은 토마토 앞에 섰다. 그때부터 달콤하고 잘 익은 토마토를 좋아하기 시작했는데 여전히 먹어도, 먹어도 질리지 않는다. 나는 먹을 것들을 쳐다보았고 시장을 보던 사람들은 나를 쳐다보았다. 가게 주인이 찡그린 얼굴을 하고 내게 다가왔다. 여자는 완벽한 '마마'(아줌마)였다. (아프리카에서 '마마'라는 말은 여성에 대한 존칭이다. 마마는 어른이 되고 나이가 들어야 붙는 호칭인데, 실제로 자식이 있어야 이 호칭을 들을 수 있는 자격이 생긴다) 마마는 색깔이 화려한 스카프를 여러 개 두르고 있었다. 마마가 물었다.

"뭘 줄까?"

"이것 좀 먹으면 안 돼요?"

나는 토마토를 가리키면서 물었다.

"돈 있니?"

"없지만 배가 너무 고파서……"

"저리 가라, 저리 가!"

여자는 한 손으로 나를 쫓으며 외쳤다.

다른 가게로 들어가려고 했더니 그 주인도 날 쫓아냈다.

"가게 앞에 너 같은 빈털터리가 있으면 장사가 안 된단 말이야. 어서 저리 비켜."

나는 그 주인에게 내 이야기를 털어 놓았다. 아메드 삼촌을 찾아야 하는데 집이 어딘지 아느냐고 물었다. 삼촌은 돈 많은 사업가니까 갈카요의 사람들도 익히 알고 있으리라 생각했다.

"이것 봐, 입 다물어. 어느 촌구석에서 왔는지 모르지만 그렇게 입을 놀리면 못 써, 쉬잇. 경우를 알아야지. 조용해. 입 다물어. 사람들 많은데서 그 따위로 이름을 외쳐 대다니."

나는 그 여자를 보면서 생각했다.

"도대체 무슨 말을 하는 거지? 대체 어떻게 해야 이 사람들과 말이 통할까?"

한쪽 담장에 기대어 서 있던 어떤 남자가 나를 불렀다.

"얘야, 이리 와봐라."

나는 기대에 부풀어 그 남자에게 가서 내 처지를 설명하려고 했다. 남자는 서른 살 정도 돼 보였고 평범하게 생긴 아프리카 남자였다. 특이한 점은 없었지만 인상은 좋았다. 남자가 침착하게 말했다.

"조용히 해라. 도와줄 수는 있지만 너부터 조심해야 해. 부족 이름을 그렇게 외치고 다니면 안 된단다. 너는 어느 부족 사람이냐?"

나는 가족과 아메드 삼촌에 대해 내가 알고 있는 걸 모두 말했다.

"그래, 네 삼촌이 어디 계시는지 알 것 같다. 아저씨가 찾는 걸 도와줄게."

"제발요 제발. 데려다 주실 수 있어요?"

"그래, 어서 와라. 걱정하지 마, 삼촌을 찾아줄게."

우리는 번잡한 시장에서 나와 그늘진 골목길을 따라 내려갔다. 남자는 어떤 집 앞에 섰다.

"배고프니?"

당연했다. 장님이 아니고서야 내 처참한 몰골을 보고 모를 리 없었다.

"네."

"여기가 우리 집이야. 잠시 들어오지 않겠니? 뭘 좀 먹고 나서 삼촌을 찾으러 가자."

나는 남자의 제안을 감사히 받아들였다.

안으로 들어가자, 특이한 냄새가 났다. 한 번도 맡아보지 못한 낯선 향기였다. 남자는 나를 앉히고 음식을 가져왔다. 음식을 다 먹자마자 남자가 말했다.

"안으로 들어와서 아저씨랑 낮잠 자지 않을래?"

"낮잠이요?"

"그래, 쉬자고."

"아니요, 전 삼촌을 찾고 싶을 뿐이에요."

"알아, 알아. 하지만 먼저 낮잠을 자자. 지금은 낮잠 시간이야. 그러고 나서 삼촌을 찾을 테니 걱정하지 마."

"아니, 괜찮아요. 가서 주무세요. 저는 여기에서 기다릴게요. 괜찮아요."

낮잠 시간이긴 했지만 알지도 못하는 남자와 누울 생각은 추호도 없었다. 바로 그때, 나는 뭐가 잘못돼도 크게 잘못됐다는 걸 알았다. 그러나 세상 물정 모르는 소녀였던 나는 뭘 어떻게 해야 할지 몰랐다.

남자는 화난 목소리로 말했다.

"이것 봐, 삼촌을 찾고 싶으면 이리 와 누워서 낮잠을 자야 돼."

나는 아메드 삼촌을 찾으려면 남자의 도움이 필요하다는 것을 알았다. 게다가 남자가 점점 무섭게 강요하기 시작했기 때문에 나는 겁을 먹은 나머지 최악의 결정을 내리기에 이르렀다. 남자가 하자는 대로 한 것이다. 물론 침대에 눕자마자 낮잠은 안중에도 없었다. 눈 깜짝할 사이에 그 나쁜 자식이 나를 덮친 것이다. 내가 몸부림을 쳐서 등을 돌렸더니 남자가 내 뒤통수를 후려쳤다. 나는 생각했다. 아무 말도 하지 말자. 대신 기회가 생기자마자 나는 그 놈한테서 빠져나와 방을 뛰쳐나갔다. 뛰어가는데 남자의 목소리가 들렸다.

"얘야, 이리 와라……."

낮은 웃음소리가 이어졌다.

나는 미친 듯이 울면서 어두운 밤길로 뛰어나왔다. 그리고 사람들이 많아서 덜 위험할 것 같은 시장 골목으로 돌아갔다. 나이 든 마마가 다가왔다. 예순 살쯤 되어 보였다.

"얘야, 무슨 일이니?"

마마는 내 팔을 단단히 붙잡고 나를 앉혔다.

"괜찮아, 괜찮아. 말을 해봐. 무슨 일인지 말을 해보렴."

나는 방금 일어난 일을 차마 말 할 수가 없었다. 누구에게 말을 하기에는 너무 창피하고 수치스러웠다. 바보 같은 짓이었다. 내가 바보같이 그 집에 들어갔기 때문에 벌어진 일이었다. 나는 계속 흐느끼면서 삼촌을 찾고 있는데 찾을 수가 없다고 말했다.

"삼촌이 누군데? 이름이 뭐야?"

"아메드 디리에요."

나이 든 마마는 앙상한 손가락을 들어 올리더니 모퉁이 대각선 방향에 있는 새파란 집을 가리켰다.

"저 집이야."

마마가 말했다.

"보이니? 네가 찾는 집이 저 집이야."

바로 거기였다. 그 나쁜 자식한테 삼촌을 찾아달라고 애원할 때, 나는 바로 그 집 건너편에 서 있었던 것이다. 돌이켜보니 그 남자는 내 얘기를 듣고 내가 누구인지, 삼촌이 누구인지 정확히 알고 있었다. 마마는 내가 원하면 같이 가줄 수도 있다고 했다. 나는 마마를 뚫어져라 쳐다보았다. 더 이상 아무도 믿을 수 없었다. 그러나 마마의 얼굴은 진짜 엄마의 얼굴이었다.

"네, 데려다 주세요."

나는 들릴 듯 말 듯한 목소리로 대답했다.

우리는 모퉁이를 돌아가서 파란 집 대문을 두드렸다. 숙모가 문을 열더니 놀란 눈으로 쳐다보았다.

"여기서 뭐 하는 거니?"

마마는 뒤돌아 가버렸다.

"숙모, 저 왔어요!"

바보 같은 대답이었다.

"세상에, 여기서 뭐 하는 거니? 너 가출했구나, 그렇지?"

"그게……."

"집으로 돌려 보내주마."

숙모는 단호하게 말했다.

아버지의 형제인 아메드 삼촌도 나를 보고 놀란 듯했다. 내가 삼촌 집을 찾아 왔다는 사실에 특히 놀란 듯했다. 나는 트럭 운전사를 돌로 때린 일과 삼촌의 이웃에게 강간을 당할 뻔한 사건을 빼 놓고 그 동안의 여정을 이야기했다. 사막을 가로질러 자신을 찾아온 용기를 가상하게 여긴 삼촌도 나를 머물게 할 생각은 조금도 없었다. 삼촌은 누가 가축을 돌볼지가 걱정이었다. 몇 년 동안 내가 맡아온 일이었다. 대가로 플라스틱 슬리퍼를 받은 바로 그 일 말이다. 당시 언니 오빠들은 모두 집을 떠나 있었다. 삼촌에게는 내가 제일 나이가 많고 씩씩한 질녀였다. 어린 동생들보다 훨씬 믿음직스러웠을 것이다.

"집으로 가야 돼. 어머니 아버지 일은 누가 돕니? 여기서 뭘 어쩌겠다고 그래? 놀고먹을래?"

불행히도 내겐 마땅한 대답이 없었다. 아버지가 나를 백발의 노인과 결혼시키려고 해서 가출했다고 할 수도 없었다. 삼촌은 나를 정신 나간 애로 취급하면서 이렇게 말했을 게 분명했다. "그게 뭐 어때서? 어때서? 결혼 해야지, 와리스. 아버지는 낙타가 필요해……." 나는 다른 식구들과 다르다고, 부모님을 사랑하지만 부모님이 바라는 바는 내게 충분치 않다고 말해도 소용없었을 것이다. 그러나 나는, 모르긴 몰라도, 더 나은 인생을 살 수 있을 거라 믿었다. 며칠 후, 나는 삼촌이 아버지를 부르러 사람을 보냈으며, 아버지가 오고 있다는 걸 알게 되었다.

나는 아메드 삼촌의 두 아들을 잘 알고 있었다. 둘은 학교에 가지 않는 공휴일이면 우리 가족과 함께 지내곤 했다. 우리를 도와 가축을 돌보고, 글씨를 쓰는 법을 가르쳐 주기도 했다. 당시에는 그것이 전통이었다. 도시에서 학교에 다니는 아이들이 방학이 되면 사막으로 나와서 유목민 아이들을 가르쳤다. 내가 갈카요에 갔더니 그 둘은 내게 아만 언니가 있는 곳을 가르쳐 주었다. 집을 나온 아만 언니는 모가디슈로 가서 결혼을 했다는 것이다. 그 소식을 들은 나는 기뻐서 어쩔 줄 몰랐다. 언니가 가출한 뒤로 감감무소식이었기에 나는 언니가 죽었는지 살았는지도 모르고 있었다. 그러나 사촌들의 말에 따르면 우리 부모님은 아만 언니의 행방을 알고 있었다. 그러나 언니는 이미 우리 가문에서 내쳐진 상태였기 때문에 부모님은 언니 이야기를 꺼내지도 않은 것이다.

아버지가 나를 데리러 오고 있다는 소식이 들려오자 우리는 작전을 짰다. 사촌들은, 내가 모가디슈로 도착하면 어떻게 언니를 찾아야 할지 알려주었다. 그리고 어느 날 아침, 도시 외곽으로 향하는 도로로 나를 안내했다. 얼마 되지 않지만 가지고 있던 돈도 모두 주었다. 그리고 한쪽을 가리키며 말했다.

"저기야, 와리스. 저기로 가면 모가디슈가 나와."

"내가 어디로 갔는지 아무한테도 말하지 마. 잊지 말기다. 아버지가 오면 내가 어떻게 된 건지 무조건 모르는 거다. 오늘 아침, 집에서 나를 마지막으로 보았다고 해. 알았지?"

두 사람은 고개를 끄덕였다. 그리고 발길을 옮기는 나에게 손을 흔들어 주었다.

모가디슈로 가는 길은 대단히 멀었다. 며칠이 걸릴 테지만, 적어도 내겐 돈이 좀 있었기 때문에 가면서 먹을 것을 살 수도 있었다. 간간이 차를 얻어 탔지만 사이사이 수십 킬로를 걸었다. 좀처럼 속도가 나지 않아 짜증스러웠던 나는 결국 아프리카 부시 택시를 타기로 했다. 부시 택시란 40여 명 정도 태울 수 있는 큰 트럭을 말하는데 아프리카에서 흔히 볼 수 있다. 이 트럭들은 곡식이나 사탕수수 같은 짐을 내리고 나서 빈 짐칸에 승객을 태운다. 짐칸의 가장자리에는 나무로 만든 난간이 울타리처럼 둘러쳐져 있는데 그 곁에 서 있거나 앉아 있는 승객들은 마치 거대한 유아용 놀이 울에 들어가 있는 아이들 같아 보인다. 부시 택시 안에는 아기들도 있고, 짐짝, 가재도구, 가구, 염소, 닭장 속의 닭도 있다. 기사는 될 수 있는 대로 많은 손님을 꾸역꾸역 태운다. 그동안의 경험들로 미루어 보아, 나는 낯선 남자와 단둘이 가느니, 복잡할망정 여러 사람들 속에 끼어 있는 편이 나을 것 같았다. 어느새 모가디슈의 외곽에 다다른 트럭은 한 우물가에 승객들을 내려주었다. 가축에게 물을 먹이러 온 사람들이 있는 곳이었다. 나는 오므린 두 손에 물을 받아 마신 후, 얼굴에 물을 뿌렸다. 그러고 보니 그 지점에서 모가디슈로 들어가는 길은 한 둘이 아니었다. 모가디슈는 인구가 70만이나 되는, 소말리아 최대의 도시이기 때문이다. 나는 낙타를 데리고 서 있는 두 유목민들에게 다가가 물었다.

"어느 길로 가야 모가디슈가 나오죠?"

"저쪽이야."

남자가 손짓을 하며 말했다. 나는 남자가 가리킨 방향으로 도심을 향해 걸어갔다. 모가디슈는 인도양에 있는 항구도시다. 그때는 참 아름다웠다. 나는 걸어가면서, 목을 길게 빼고 야자수와 색상이 화려한 꽃으로 둘러싸여 있는 눈부시게 흰 건축물들을 구경했다. 대부분의 건축물은 소말리아가 이탈리아의 식민지일 때 지어진 터라 도시는 지중해 분위기가 났다. 곁을 스쳐가는 여인들은 노랗고 파랗고 붉은 색깔의 매혹적인 스카프를 두르고 있었다. 얼굴을 빙 두른 긴 스카프의 끝이 바닷바람에 날리면 여인들은 턱 밑의 스카프를 꼭 붙잡곤 했다. 하늘하늘한 스카프는 거리를 거니는 여인들 뒤로 우아하게 흐르고 있었다. 머리 위로 스카프를 뒤집어 쓴 이슬람 여인들도 보았다. 짙은 베일로 얼굴을 완전히 가리고 있었는데, 어떻게 길을 찾아가는지 궁금해서 한참 쳐다보았다. 도시는 밝은 태양 아래 반짝였고 모든 빛깔은 한층 더 강렬해 보였다.

나는 걷다가, 길 가는 사람들에게 언니네 동네로 가는 길을 물었다. 정확한 주소는 없었지만 갈카요에서 아메드 삼촌을 찾는데 쓴 방법을 반복할 생각이었다. 일단 언니가 사는 동네로 간 다음 시장으로 가서 언니를 아는지 묻는 것이다. 하지만 '도움'을 준다는 낯선 남자가 있어도 지난번처럼 쉽게 속아 넘어가지는 않을 터였다.

언니가 사는 동네에 다다르자 나는 서둘러 시장을 찾았다. 그리고 얼마 남지 않은 소중한 돈으로 무얼 사 먹을까 요리조리 궁리하며 시장을 거닐었다. 마침 나는 두 여자가 하는 우유가게에서 우유를 샀다. 가격이 제일 쌌기 때문이다. 그런데 한 모금 마시자마자 수상했다. 맛이 이상했다. 나는 물었다.

"맛이 왜 이래요?"

"뭐가 어때서? 우리 우유가 뭐가 어때서?"

"무슨 소리에요. 내가 우유 맛 하나는 잘 알아요. 맛이 이상해요. 혹시 물 탔어요?"

결국 두 여자는 우유를 더 싸게 팔기 위해서 물을 탔다는 사실을 시인했다. 다른 손님들은 상관하지 않는다고 했다. 우리는 계속 대화를 나누었다. 나는 언니를 찾으러 모가디슈에 왔다고 말하고 아만 언니를 아는지 물었다.

"어쩐지 낯이 익다고 했지!"

한 여자가 소리쳤다. 나는 웃을 수밖에 없었다. 어린 시절의 나는 언니와 빼닮았다는 소리를 자주 들었다. 두 여자는 매일 시장에 들르는 언니를 잘 알고 있었다. 우유 가게 주인은 어린 아들을 불러서 나를 언니가 사는 곳에 데려다 주라고 했다.

"이 누나를 아만 아줌마네 데려다 주고 곧장 돌아와!"

우리는 한산한 거리를 따라 걸었다. 뜨거운 한낮의 열기로부터 몸을 피하는 낮잠시간이었다. 아이는 작은 움막을 가리켰다. 나는 집 안으로 걸어 들어가서 잠들어 있는 언니를 발견했다. 그리고 팔을 흔들어 깨웠다.

"너 여기서 뭐하는 거야?……"

언니는 기진맥진한 목소리로 말하면서 마치 꿈을 꾸듯 나를 바라보았다. 나는 침대 위에 걸터앉아 이야기를 풀어 놓았다. 수년 전 언니가 그랬듯이 집을 나왔다고 했다. 마침내 나를 이해하는 사람에게 속을 털어 놓을 수 있게 된 것이다. 아버지를 돕자고 차마 열세 살의 나이에 그 망할 노인과 결혼할 수는 없었다는 사실을 언니는 이해할 것 같았다.

아만 언니는 어떻게 모가디슈로 와서 지금의 남편을 만나게 되었는지 이야기해 주었다. 남편은 과묵하고 성실한, 좋은 남자라고 했다. 그리고 한 달 후에 첫아이를 출산할 거라고 했다. 그러나 자리에서 일어선 언니의 모습은 만삭의 여인의 모습이 아니었다. 키가 188cm나 되는 언니는 헐렁한 아프리카 드레스를 입고 있었는데 훤칠하고 우아해 보일 뿐 임신한 것 같지 않았다. 언니가 정말 아름답다고 생각했다. 나중에 내가 임신을 해도 언니처럼 보이길 바랐다.

한참 이야기를 나눈 뒤, 나는 겨우 용기를 내서 그 동안 간절히 물어보고 싶었던 질문을 했다.

"언니, 나 집으로 돌아가고 싶지 않아. 여기서 언니랑 살면 안 돼?"

"그러니까 엄마한테 일을 다 떠맡기고 집을 나왔단 말이지."

언니는 안타깝다는 듯이 말했다. 하지만 필요한 만큼 머물러도 좋다고 했다. 비좁은 집에는 방이 두 개 있었다. 내가 작은 방에서 자고 다른 방에서 언니와 형부가 잤다. 형부는 자주 볼 수 없었다. 아침 일찍 일하러 갔다가 점심 때 돌아와서 점심을 먹고 낮잠을 잔 다음 다시 일하러 갔는데 퇴근하면 늦은 밤이었다. 집에 있을 때도 말 수가 매우 적었던 형부에 대해서는 기억하는 것이 거의 없다. 이름도, 직업도 기억나지 않는다.

아만 언니는 아주 예쁜 딸을 낳았고 나는 언니를 도와 아기를 돌보았다. 집도 청소하고 빨랫감을 가지고 나가서 빨고, 빨랫줄에 널기도 했다.

장을 보면서 상인들과 가격을 흥정하는 법도 터득했다. 나는 그 지역 사람들을 흉내 내어 가판대 앞에 서자마자 묻곤 했다.

"얼마에요?"

매일 매일 똑같은 일이 반복되었기 때문에 마치 대본을 외우는 듯 했다. 아줌마는 앞에 큰 토마토 하나와 작은 토마토 두개를 놓고 낙타 세 마리를 사도 충분할 값을 부른다.

"너무 비싸네."

나는 성가신 얼굴로 손을 내저으며 말한다.

"글쎄, 그럼, 그럼 얼마 줄 건데?"

"250"

"안 돼, 안 돼! 정말 이러기야……."

이쯤 되면 나는 야단법석을 떨며 발길을 옮긴 다음, 다른 상인들한테로 가서 물건에 무척 관심 있는 듯이 이야기를 나누는데, 이 모든 것은 목표물의 시야에 잘 들어오는 곳에서 이루어져야 한다. 그러고 난 뒤 다시 돌아가서 못 다한 흥정을 계속하는데 우리 둘 중 하나가 지쳐 포기할 때까지 말싸움은 이어진다.

언니는 끊임없이 엄마 걱정을 했다. 내가 집을 나온 후 어쩔 수 없이 엄마 혼자 일을 떠맡게 되었다고 걱정했다. 언니는 엄마 얘기를 꺼내면 늘 내게만 책임이 있다는 듯이 말하곤 했다. 나도 엄마가 걱정됐지만 언니는 단 한 번도 자신이 집을 나온 것은 언급하지 않았다. 우리가 함께 보냈던 어린 시절의 잊혀진 기억이 되돌아오고 있었다. 아만 언니가 집을 나간 지 5년 정도가 흘렀고 그 동안 많은 것이 변했지만 언니에게 나는 여전히 집에 두고 떠나온 엉뚱한 어린 여동생이었던 것이다. 반면에, 자신은 늘, 항상, 나이 많고 현명한 언니였다. 우리가 겉모습은 닮았지만 성격은 전혀 그렇지 않은 것으로 드러났다. 나는 점점 언니의 잔소리가 싫어졌다. 아버지가 나를 노인과 결혼시키려고 했을 때 내가 집을 나온 것은 더 나은 삶이 있으리라고 생각했기 때문이다. 음식을 장만하고 빨래하고 아이를 돌보는 것은, 동생들을 돌보면서 수없이 해 온 일이었으며 내가 생각했던 더 나은 삶은 아니었다.

어느 날, 나는 아만 언니를 떠나, 날 기다리고 있을 운명을 찾아가 보기로 했다. 언니와 의논하지도 않았다. 간다는 말도 하지 않았다. 어느 날 아침, 집을 나와 들어가지 않았을 뿐이다. 당시에는 좋은 생각 같았지만 그때는 언니를 다시 볼 수 없으리란 사실을 물론 알지 못했다.

모가디슈

아만 언니와 살 때, 언니는 나를 데리고 모가디슈에 사는 다른 친척들 집을 방문한 적이 있었다. 나는 난생 처음으로 외갓집 식구들을 만날 수 있었다. 엄마는 홀어머니 아래 남자 형제 넷, 여자 형제 넷과 함께 모가디슈에서 자랐다.

모가디슈에 머물면서 외할머니를 알게 된 걸 감사히 여긴다. 지금은 연세가 아흔도 넘었지만 처음 만났을 때만 해도 일흔 정도였다. 외할머니는 진정한 마마였다. 옅은 피부의 얼굴만 봐도 할머니가 굳은 의지와 강한 개성의 만만치 않은 여인임을 알 수 있었다. 할머니의 두 손은 마치 흙을 너무 오래 파서 악어가죽처럼 변한 것 같아 보였다.

할머니는 아랍 국가에서 자랐지만 정확히 어딘지는 모르겠다. 독실한 이슬람교도인 할머니는 하루에 다섯 번씩 메카를 향해 기도했다. 그리고 집을 나설 때는 늘 짙은 베일로 얼굴을 가렸다. 머리끝에서 발끝까지 가렸다. 그럴 때면 나는 할머니를 놀리곤 했다.

"할머니, 괜찮아? 잘 찾아 갈 수 있겠어? 그걸 쓰고 앞이 보여?"

그러면 할머니가 외친다.

"무슨 소리야. 다 비치는 거야."

"다행이네. 숨도 쉴 수 있지?"

나는 그러고 웃곤 했다.

외할머니네 머물면서 나는 엄마의 강인함이 어디서 오는지 깨달았다. 아주 오래 전에 할아버지가 돌아가신 후 할머니는 혼자 살면서 모든 걸 혼자서 해결했다. 그래서 내가 할머니 댁에 가면 할머니는 늘 나를 지치게 만들곤 했다. 보자마자 이렇게 재촉했기 때문이다.

"어서 가자. 서둘러, 와리스. 어서 가자."

할머니가 사는 동네는 모가디슈 내에 있었지만 시장이 가깝지 않았다. 매일 장을 보러 갈 때마다 나는 이렇게 말하곤 했다.

"할머니, 괜히 힘 들이지 말고 버스 타자. 날씨도 덥고 시장까지 걷기에는 너무 멀잖아."

"뭐라고? 버스를 타자고! 괜한 소리 말아라. 어서 가자. 너같이 젊은 애가 버스를 타자고 하다니. 와리스, 너 요즘 점점 게을러지고 있구나. 요즘 애들은 정말 왜 그런지 모르겠다. 내가 네 나이 때는 아무리 멀어도 다 걸어서 다녔단다…… 얘, 너 오는 거니?"

그렇게 나는 할머니를 따라 갔다. 더 늑장 부렸다간 날 떼놓고 할머니 혼자 갔을 게 분명했다. 집에 오는 길에는 장바구니를 들고 할머니 뒤를 따라 터벅터벅 걸어오곤 했다.

내가 모가디슈를 떠난 후 이모 한 분이 돌아가셨다. 슬하에 자식이 아홉이었는데 모두 할머니가 거두어 친자식처럼 돌보았다. 할머니는 마마였고 할 일을 하는 사람이었다.

나는 할머니의 아들, 그러니까 엄마의 남자 형제인 월데압 삼촌도 만났다. 어느 날 시장에 갔다 집으로 돌아오니 삼촌이 무릎 위에 내 사촌동생을 앉히고 있었다. 나는 삼촌을 처음 봤지만 주저 없이 달려갔다. 삼촌 얼굴이 엄마와 꼭 닮았기 때문이다. 나는 엄마를 떠오르게 하는 것이라면 무엇이든 간절히 원하고 있었다. 나는 달려갔다. 나 또한 엄마를 꼭 닮은 터라 우리 사이에는 순간 멋지지만 묘한 분위기가 흘렀다. 마치 멋대로 휘어진 거울 속을 들여다보는 것 같았다. 삼촌은 내가 집을 나와서 모가디슈에서 살고 있다는 걸 알고 있었다. 내가 가까이 다가가자 삼촌이 말했다.

"네가 바로 그 애니?"

그날 오후, 나는 집을 떠난 뒤로 제일 많이 웃었다. 월데압 삼촌은 엄마를 닮았을 뿐만 아니라 굉장히 엉뚱하고 재미있는 사람이었다. 엄마와 삼촌은 어렸을 때 죽이 굉장히 잘 맞아서 식구들이 눈물 날 때까지 웃게 만들었을 것 같았다. 두 사람이 같이 있는 걸 못 본 게 아쉽다.

하지만 아만 언니네 집을 나온 아침, 내가 간 곳은 르울 숙모네 집이었다. 내가 모가디슈에 도착한 지 얼마 되지 않았을 때 언니와 함께 그 집에 들른 적이 있었다. 아만 언니 집을 나온 날 나는 르울 숙모네로 가서 머물게 해달라고 부탁할 참이었다. 르울 숙모는 사이드 삼촌의 부인이었다. 삼촌은 사우디아라비아에 살고 있었고 숙모는 혼자서 아이 셋을 돌보아야 했다. 소말리아 경제가 너무 안 좋았던 탓에 삼촌은 사우디에서 번 돈으로 가족들을 먹여 살려야 했다. 안타깝게도 내가 모가디슈에 있는 동안 삼촌은 한 번도 집에 오지 않았기 때문에 만날 수 없었다.

르울 숙모는 나를 보고 놀랐지만 한편으론 진심으로 반가워하는 듯했다.

"숙모, 아만 언니랑 있기가 힘들어졌어요. 잠시 동안 여기서 지내면 안 될까요."

"그럼, 너도 알지만 나 혼자 애들을 봐야 하잖아. 삼촌도 거의 없다시피 하니 네 도움이 필요해. 그럼, 좋고말고."

나는 바로 마음이 놓였다. 아만 언니는 마지못해 나를 받아주었지만 마음에 들어 하지 않는 티가 역력했었다. 집도 좁은 데다가 언니 부부는 그 때까지만 해도 신혼이었다. 하지만 언니가 진정으로 원한 것은 내가 집으로 돌아가서, 수년 전에 엄마를 버려두고 가출한 자신의 양심의 가책을 덜어주는 것이었다.

처음엔 아만 언니네, 다음엔 르울 숙모네 살면서 점점 실내 생활에 익숙해졌다. 처음에는 집 안에 갇혀 사는 게 이상했다. 지붕에 가려 하늘이 보이지 않았고 벽에 가로막혀 자유롭게 움직일 공간이 없었다. 사막의 수풀과 가축의 냄새는 번잡한 도시의 하수구와 일산화탄소 냄새로 바뀌었다. 숙모 집은 언니 집보다는 컸지만 그다지 넓지는 않았다. 현대 서구 사회의 기준으로 보면 원시적인 집이었지만 밤에도 춥지 않았고, 비가 와도 젖지 않는 등 전에 몰랐던 호강을 누리게 해주었다. 그래도 물을 소중히 여기는 내 마음은 변하지 않았다. 물은 여전히 귀했다. 우리는 한 물장수에게서 물을 샀는데 그 사람은 나귀를 이용해 온 동네에 물을 날랐다. 물은 집 밖에 있는 통에 보관했다. 우리 식구들은 목욕이나 청소를 할 때, 차를 마시거나 요리를 할 때 물을 조금씩 퍼서 썼다. 숙모는 작은 부엌에서 가스통과 캠핑용 버너로 요리를 했다. 전기가 없었으므로 저녁때는 집 안에 석유 등불을 켜놓고 그 주위에 둘러앉아 이야기를 나누면서 시간을 보냈다. 화장실은 그 지역에서 볼 수 있는 전형적인 모습이었다. 바닥에 뚫린 구멍이 전부인데 그 속으로 떨어진 오물은 무더위 속에서 냄새를 풍겼다. 목욕을 할 때는 집 밖에 있는 통에서 물을 한 바가지 떠와서 스펀지를 적신 다음 몸을 닦고 더러운 물은 화장실 구멍으로 흘려보냈다.

르울 숙모 집에서 지내기 시작한 지 얼마 지나지 않아 나는 그 집에 머물게 된 대가로, 애초에 생각했던 것보다 훨씬 더 비싼 값을 치르고 있다는 사실을 깨닫게 되었다. 나는 버릇없는 세 아이들을 하루 종일 돌보아야 했다. 아직 갓난아기인 막내가 버릇이 없다고 하면 이상하지만, 어쨌든 아기 때문에 골치가 아프긴 마찬가지였다.

매일 아침, 숙모는 아홉시쯤 일어나서 아침을 먹자마자 친구들을 만나러 신나게 외출했다. 그러고는 하루 종일 그 친구들과 함께 좋은 사람들, 나쁜 사람들, 얼굴만 아는 사람들, 이웃에 사는 사람들에 대해 쉴 새 없이 수다를 떨었다. 그렇게 쏘다니다가 저녁이 되어야 마침내 집으로 돌아왔다. 숙모가 나간 사이 삼 개월 된 아이는 젖을 달라고 끊임없이 울어 댔다. 내가 안으면 내 젖을 빨 정도였다. 난 매일 매일 숙모에게 말했다.

"숙모, 제발 어떻게 좀 해봐요. 막내는 내가 안을 때마다 젖을 물려고 해요. 나는 젖을 줄 수가 없어요. 가슴도 없다고요!"

그러면 숙모는 여유롭게 대답했다.

"걱정 말고 우유나 줘."

집을 치우고, 아기를 돌보는 것 외에도 여섯 살과 아홉 살짜리 아이들을 챙겨야 했다. 두 아이는 마치 야생 짐승 같았다. 도대체 말을 듣지 않았다. 엄마한테 배운 게 없으니 그럴 수밖에. 나는 문제를 해결하기 위해 기회가 닿는 대로 매를 들었다. 하지만 하이에나마냥 날뛴 것이 몇 년인데 하루아침에 예쁜 천사들로 변하겠는가.

날이 갈수록 점점 짜증이 나기 시작했다. 이토록 가망 없는 상황을 얼마나 더 많이 거쳐야 살만한 날이 올까 생각했다. 나는 늘 내가 처한 상황을 호전시키려고, 늘 한 발짝 앞으로 나아가려고 애썼다. 말로는 설명할 수 없었지만 나를 기다리고 있음이 분명한 어떤 결정적 순간을 찾고 있었다. 나는 매일 궁금해 했다.

"그 날이 언제일까? 오늘일까? 내일일까? 어디로 가게 될까? 무엇을 하게 될까?"

왜 그런 생각을 했는지 아직도 모른다. 그 당시 나는, 다른 사람들도 나와 마찬가지로 머릿속을 맴도는 목소리가 있을 거라고 생각했다. 그러나 내가 기억하는 한, 나는 주위 사람들과는 다른 인생을 살게 될 것임을 늘 알고 있었다. 얼마나 많이 다를지 모를 뿐이었다.

르울 숙모와 산 지 한 달이 되었을 때 드디어 사건이 터졌다. 숙모가 여느 때처럼 수다를 떨며 돌아다니던 어느 늦은 오후, 숙모의 아홉 살짜리 큰딸이 없어졌다. 나는 우선 밖으로 나가 이름을 불렀다. 대답이 없자 아이를 찾아 골목을 뒤졌다. 마침내, 터널 속에서 어린 남자 아이와 함께 있는 사촌동생을 발견했다. 사촌동생은 고집이 세고 호기심이 많았다. 내가 다가갔을 때 사촌 동생은 이미 남자 아이의 몸을 탐색하고 있던 중이었다. 나는 터널 속으로 성큼 성큼 걸어 들어가서 사촌동생의 팔을 잡고 냅다 일으켜 세웠다. 남자 아이는 겁먹은 짐승처럼 뛰어 도망쳤다. 집으로 오는 내내 나는 회초리로 사촌동생을 때렸다. 그렇게 넌더리가 나는 아이는 처음이었다.

그날 밤, 숙모가 집에 오자 사촌동생은 내가 때린 것을 일러바쳤다. 르울 숙모는 심하게 화를 냈다.

"왜 때렸니?"

숙모가 물었다.

"우리 애한테 한 번만 더 손대면 내가 널 때려줄 테니 알아서 해!"

숙모는 이렇게 소리치며, 나를 위협하듯 다가왔다.

"내가 왜 애를 때렸는지 모르는 게 나을 걸요, 내가 아는 사실을 숙모는 차마 알고 싶지 않을 테니까! 오늘 저 애가 한 짓을 봤으면 숙모는 저 애를 쫓아냈을 거예요. 저 앤 정말 제멋대로에요. 짐승 같다고요."

내가 설명했지만 사태는 나아진 것이 없었다. 열세 살 먹은 나에게 열 살도 안 된 아이들 셋을 맡기고 나간 숙모가 난데없이 딸을 감싸고 나선 것이다. 숙모는 주먹을 흔들며 다가와서는 내가 어린 천사를 때렸으니 나도 맞아야 한다고 위협했다. 나는 더 이상 견딜 수 없었다. 숙모뿐만 아니라 세상을 견딜 수가 없었다.

"손 댈 생각도 하지 말아요!"

나는 날카롭게 소리쳤다.

"손대면 머리털을 다 뽑아 버릴 거야!"

그러고 나니 손찌검 당할 일은 없었지만, 그 집에 더 이상 머무를 수도 없었다. 이번에는 어디로 도망칠 수 있을까?

사루 이모네 문을 두드리기 위해 손을 들어 올리며 생각했다. 또 시작이다, 와리스. 이모가 문을 열자 나는 기어들어가는 목소리로 인사했다. 사루 이모는 아이가 다섯이었다. 그걸로 보면 나는 그 집에서 썩 행복할 것 같지 않았지만 선택의 여지가 없었다. 소매치기가 되거나 거리에서 구걸을 할 수는 없지 않은가? 르울 숙모 집에서 나오게 된 이야기는 자세히 하지 않고, 잠시 이모네 집에서 지내도 되는지 물었다.

"우리는 네 편이란다."

놀라운 말이었다.

"우리와 함께 지내고 싶으면 그렇게 해라. 의논하고 싶은 게 있으면 나를 찾고."

생각보다 일이 잘 풀려가고 있었다. 나는 당연히 집안일을 돕기 시작했다. 그러나 사루 이모의 큰딸, 파티마 언니는 열아홉 살이었다. 집안일을 돌보는 것은 대부분 언니 몫이었다.

불쌍한 파티마 언니는 노예처럼 일했다. 매일 아침 일찍 일어나서 대학교에 갔다가 12시 반에 점심을 차리러 집으로 왔다. 그러고는 다시 학교에 갔다가 저녁 6시쯤 집으로 와서 저녁을 차렸다. 이유는 모르지만 이모는 언니를 다르게 대하고 있었다. 다른 어떤 아이들보다 파티마 언니에게 더 많은 걸 요구했다. 파티마 언니는 내게 잘해주었다. 나를 친구처럼 대했다. 친구가 절실히 필요한 시기였다. 이모가 언니를 불공평하게 대한다고 느꼈던 나는 밤이 되면 부엌으로 가서 언니를 돕곤 했다. 요리를 할 줄은 몰랐지만 언니를 보면서 배우려고 했다. 내가 처음으로 맛 본 파스타도 파티마 언니의 솜씨였다. 황홀한 맛이었다.

내가 주로 맡은 일은 빨래였는데 사루 이모는 나처럼 빨래를 잘 하는 아이가 없었다고 오늘날까지도 말한다. 나는 집안을 쓸고 닦기도 했다. 힘든 일이었지만 지난 몇 개월 동안 겪은 수난을 생각해볼 때 아이를 보는 것보다 훨씬 나았다.

아만 언니처럼 사루 이모도 끊임없이 우리 엄마 걱정을 했다. 엄마 일을 도와 줄 수 있는 큰 아이들이 다 집을 떠났다는 것이다. 아버지는 가축을 돌볼 수는 있지만 요리를 하거나 옷을 짓거나, 바구니를 짜거나 아이를 돌보는 데는 손 하나 꿈쩍하지 않았다. 그런 건 여자의 몫이었고 엄마가 해결할 문제였다. 게다가, 아버지는 일을 도울 수 있는 둘째 아내를 데려옴으로 해서 책임을 다 하지 않았던가? 물론, 그렇다. 하지만 나 또한 그 어두컴컴한 새벽, 엄마를 마지막으로 본 이후로 같은 걱정을 하고 있었다. 집 떠나기 전날 밤, 모닥불에 비친 엄마의 얼굴은 매우 지쳐 보였는데, 엄마 생각을 하면 어김없이 그 모습이 떠올랐다.

내가 모가디슈를 찾아 사막을 가로질러 달릴 때, 머릿속에서 지울 수 없는 생각이 있었다. 나의 여정은 나의 갈등만큼이나 끝이 없었다. 무엇을 선택할 것이냐? 엄마를 돌보고자 하는 욕구냐, 아니면 노인을 떨쳐버리려고 하는 욕구냐? 해질녘 나무 아래 쓰러지듯 주저앉으면서 고민했던 기억이 있다. 이제 엄마는 누가 돌보지? 다른 식구들은 엄마가 돌보겠지만 엄마는 누가 돌보지?

그러나 돌아갈 수는 없었다. 그러면 지난 몇 개월 동안의 고생이 수포로 돌아가게 된다. 집으로 돌아가면 한 달도 지나지 않아 아버지가, 낙타를 가진 사막의 온갖 늙어빠진 바보 멍청이들에게 날 시집보내려 할 것이다. 그러면 결혼을 해야 될 뿐만 아니라 여전히 엄마를 돌보지 못하게 될 것이다. 그러던 어느 하루, 문제의 일부를 해결하는 방법을 알게 되었다. 돈을 벌어서 보내는 것이다. 그러면 엄마는 필요한 것들을 살 수 있으니 그다지 힘들게 일하지 않아도 될 터였다.

나는 일자리를 구하려고 온 시내를 돌아다녔다. 하루는 이모 심부름으로 장을 봐 오다가 공사 현장을 지나게 되었다. 나는 멈추어 서서 벽돌을 나르는 사람들과 회반죽을 만드는 사람들을 보았다. 회반죽은 구덩이에 삽으로 모래를 퍼 넣고 물을 부은 다음 괭이로 잘 저어서 만들었다. 나는 소리를 쳤다.

"저기요, 일자리 있나요?"

벽돌을 쌓던 사람이 일을 멈추고 날 보더니 웃기 시작했다.

"누가 일 할 건데?"

"제가요. 일자리가 필요해요."

"안 돼. 너처럼 비쩍 마른 애가 할 일은 없단다. 아무리 봐도 벽돌을 쌓을 수 있을 것 같진 않아 보이는데."

남자는 또 웃었다.

"안 그래요."

나는 자신 있게 말했다.

"제가 얼마나 힘이 센데요. 정말이에요."

나는 회반죽을 만들고 있는 사람들을 가리켰다. 남자들은 엉덩이까지 내려온 바지를 올리지도 않고 서 있었다.

"저 사람들을 도와줄 수 있어요. 모래도 퍼 오고 저 사람들처럼 잘 섞을 수도 있어요."

"그래, 그래. 언제부터 올 수 있니?"

"내일 아침이요."

"여섯 시에 와라. 뭘 할 수 있을지 보자꾸나."

나는 사루 이모네까지 둥둥 떠서 갔다. 일자리가 생긴 것이다! 돈을 벌게 된 것이다, 진짜 현금을! 나는 한 푼도 쓰지 않고 엄마한테 보내기로 했다. 엄마는 깜짝 놀랄 것이었다.

집으로 돌아가서 이모에게 소식을 전했다. 이모는 내 말을 믿을 수가 없었다.

"어디서 일자리를 구했다고?"

이모는 우선, 여자애가 그런 일을 원한다는 것 자체를 믿을 수 없었다.

"그리고 네가 도대체 무슨 일을 할 수 있겠니?"

게다가 이모는 공사장에서 여자에게, 게다가 아직도 반쯤 굶은 것 같아 보이는 나에게 일자리를 준다는 것을 믿을 수 없었다. 그러나 내가 사실이라고 우기자 이모는 내 말을 믿을 수밖에 없었다.

내 말을 믿기로 한 이모는, 내가 이모네 집에서 함께 살면서 집안일을 돕기는커녕 다른 사람 밑에서 일을 한다는 사실에 다시 한 번 화를 냈다. 나는 지쳐서 대답했다.

"이모, 나는 엄마한테 돈을 보내야 돼요. 그러려면 일자리를 얻어야 돼요. 공사장이 아니면 다른 데서라도 일자리를 구해야 한다고요, 아셨어요?"

"알았다."

다음날 아침, 나는 정식으로 공사장 일꾼이 되었다. 한마디로 끔찍했다. 매일 허리가 부러질 것 같은 양의 모래를 나르느라 버둥거렸다. 장갑이 없었기 때문에 양동이의 손잡이가 손을 파고들었다. 그래서 손바닥에는 거대한 물집이 생겼다. 하루 일이 끝나자 물집이 터져 손은 피범벅이 되었다. 사람들은 내가 그만 둘 거라고 생각했지만 나는 다음날 아침 기어이 다시 나타났다.

나는 한 달 동안 참고 견뎠다. 한 달이 되자 만신창이가 된 내 손은 너무 욱신거려서 굽혀지지도 않았다. 그러나 공사장 일을 그만둘 때쯤 내겐 60달러 정도의 돈이 생겼다. 나는 엄마에게 보낼 돈을 마련했다고, 이모에게 자랑스럽게 말했다. 그때 마침 이모가 아는 한 남자가 집에 왔다. 남자는 가족과 함께 사막으로 나갈 예정인데 엄마에게 돈을 갖다 주겠다고 했다. 사루 이모가 말했다.

"그 사람들을 잘 안다. 괜찮은 사람들이야. 믿고 돈을 맡겨도 될 거야."

말 할 필요도 없이, 내 60달러는 그렇게 사라졌다. 그토록 힘들게 번 돈이었건만, 엄마는 그 돈을 한 푼도 받지 못했다고 했다.

공사장 일을 마치고 나는 다시 이모 집을 청소하기 시작했다. 그리고 얼마 되지 않아, 평소와 다름없이 일을 하고 있는데 귀한 손님이 도착했다. 런던 주재 소말리아 대사였다. 모하메드 차마 파라 대사는 엄마의 또 다른 자매, 마루임 이모의 남편이었다. 옆방에서 먼지를 털고 있던 나는, 사루 이모와 대화를 하고 있는 대사의 말소리를 들었다. 런던에서 4년 임기가 시작하기 전에 가정부를 찾으러 모가디슈에 왔다는 것이다. 기회가 왔구나, 싶었다. 기다리고 있던 결정적 순간이 온 것이다.

방으로 뛰어 들어간 나는 사루 이모를 불렀다.

"이모, 드릴 말씀이 있어요."

이모는 화를 내며 물었다.

"무슨 일인데?"

"이쪽에서 얘기해요."

이모가 문 밖으로 나와서 대사의 눈에 띄지 않게 되자 나는 필사적으로 이모에게 매달렸다.

"제발, 제발 절 데려가라고 말씀해주세요. 제가 가정부 할게요."

이모는 상처를 받은 표정이 역력했다. 그러나 나는 내가 원하는 것만 알고 이모에게 받은 것은 알지 못하는 고집 센 아이였다.

"너는, 너는 아무것도 모르잖아! 런던에서 뭘 할 수 있겠니?"

"청소하면 되잖아요! 이모, 절 런던으로 데려가라고 말씀해주세요! 가고 싶어요!"

"글쎄, 모르겠다. 더 이상 귀찮게 하지 말고 가서 일이나 해라."

이모는 방으로 다시 들어가서 이모의 형부 옆에 앉았다. 이모가 조용히 말하는 소리가 들렸다.

"저 애를 데려가시죠? 괜찮은 애에요. 청소를 아주 잘 해요."

이모는 나를 방으로 불러들였고 나는 방 안으로 풀쩍 뛰어 들어갔다. 나는 한 손에 깃털로 된 먼지떨이를 들고 껌을 짝짝 씹으면서 말했다.

"전 와리스에요. 이모 남편이시죠?"

대사는 나를 보고 얼굴을 찌푸렸다.

"그 껌 좀 뱉겠니?"

나는 방 한 구석에 껌을 뱉었다. 대사는 사루 이모를 쳐다보고 말했다.

"이 아이에요? 안 돼요, 안 돼."

"저 일 잘 해요. 청소도 하고 요리도 하고 아이들도 잘 돌봐요!"

"그렇겠지."

"말 좀 해주세요."

나는 이모를 쳐다보았다.

"와리스, 이제 됐다. 가서 일해."

"일 잘 한다고 말 좀 해주세요!"

"와리스! 입 다물어!"

사루 이모는 이모부에게 말했다.

"아직 어리지만 일은 열심히 해요. 제 말 믿으세요, 잘 할 거예요."

모하메드 이모부는 불쾌한 표정으로 날 보며 잠시 동안 가만히 앉아만 있었다.

"알았다. 잘 들어. 내가 내일 널 데리러 올 거야. 알았니? 네 여권을 가지고 오후에 와서 함께 런던으로 가는 거다."

런던행

런던이라니! 런던에 대해 아는 것은 전혀 없었지만 왠지 듣기 좋은 이름이었다. 어디 있는지도 몰랐지만 아주 멀다는 것은 알았다. 실제로 나는 아주 멀리 가고 싶었다. 기도가 이루어진 듯 했지만 꿈인지 생시인지 몰랐다. 나는 소리를 질렀다.

"이모, 저 정말 가는 거예요?"

이모는 단호하게 손가락을 흔들었다.

"입 다물어. 가만히 있어."

그러나 당황한 내 표정을 보고는 이내 웃으며 말했다.

"그래. 맞아, 정말 가는 거다."

흥분한 나는 파티마 언니에게 달려갔다. 언니는 막 저녁을 준비하려고 하고 있었다. 내가 외쳤다.

"나 런던으로 가게 됐어! 런던으로!"

나는 춤을 추며 부엌을 빙빙 돌았다.

"뭐? 런던!"

언니는 돌고 있는 내 팔을 붙잡더니 자세한 내용을 이야기 해보라고 했다. 얘기를 듣고는 당연하다는 듯 말했다.

"넌 백인이 될 거야."

"뭐라고?"

"너는 백인이 될 거라고. 있잖아…… 백인."

나는 몰랐다. 무슨 소리인지 도통 몰랐다. 나는 백인을 본 적이 없었다. 사실 그런 게 있는 줄도 몰랐다. 하지만 나는 언니의 말에 조금도 신경 쓰지 않았다.

"그런 말 마."

나는 최대한 거만하게 말했다.

"나는 런던으로 가는데 언니는 못 가니까 부러워서 그런 거지."

이어서 오랜 만에 비를 본 사람처럼 몸을 흔들고 손뼉을 치며 춤을 추었다. 그리고 외쳤다.

"런던으로 간다! 와아아, 런던으로 간다!"

"와리스!"

사루 이모가 겁을 주었다.

그날 밤, 이모는 런던에 입고 갈 옷을 주었다. 나는 태어나서 처음으로 신발을 갖게 되었다. 최상급 가죽 샌들이었다. 이모는 비행기 안에서 입으라고 화려한 빛깔의 긴 원피스를 주었다. 그 위에는 헐렁한 아프리카 가운을 입기로 했다. 가방은 없었지만 상관없었다. 모하메드 이모부가 날 데리러 올 때 입고 있을 옷과 신발을 빼면 내겐 짐이 없었다.

공항으로 떠나기 전 나는 사루 이모와 파티마 언니, 그리고 예쁜 사촌 동생들 모두에게 포옹과 입맞춤을 해주었다. 파티마 언니는 내게 매우 잘 해주었던 터라 함께 가고 싶었지만 일자리는 하나뿐이었다. 상황이 그렇다 보니 내가 뽑힌 것이 여간 다행스럽게 여겨지지 않았다. 나는 모하메드 이모부가 건네준 여권을 경이롭게 살펴보았다. 나의 첫 공식 신분증이었다. 나는 출생증명서도, 내 이름이 적힌 어떤 서류도 가져본 적이 없었다. 차에 오른 나는 우쭐해져서는 손을 흔들며 식구들에게 작별 인사를 했다.

그 날이 오기까지, 나는 멀리서 날아가는 비행기를 본 것이 전부였다. 염소를 치고 있자면 때때로 비행기가 사막의 하늘 위로 지나가곤 했었다. 그래서 나는 그런 게 있다는 사실은 알았다. 그러나 모가디슈를 떠나기로 예정되어 있던 날 오후가 되어서야 처음으로 가까이에서 볼 수 있었다. 모하메드 이모부는 나를 데리고 공항 안으로 들어갔다. 우리는 비행기로 들어가는 문 앞에 잠깐 멈추었다. 활주로 위에는 거대한 영국 항공기가 아프리카의 태양 아래 반짝이며 서 있었다. 바로 그 때, 이모부는 나한테 무언가를 말하고 있었다.

"……마루임 이모가 런던에서 널 기다리고 계실 거야. 나도 며칠 후에 갈 거다. 나는 떠나기 전에 끝마쳐야 하는 일이 좀 있단다."

나는 입을 벌리며 이모부를 돌아보았다. 이모부는 내 손에 비행기 표를 쥐어주었다.

"와리스, 비행기 표 잃어버리면 안 된다. 여권도. 아주 중요한 문서들이니까 잘 챙겨야 돼."

"저랑 같이 안 가세요?"

내가 겨우 뱉을 수 있는 말은 그뿐이었다.

이모부는 성급히 대답했다.

"안 가. 나는 여기 며칠 더 있어야 돼."

나는 곧바로 울기 시작했다. 혼자 가기 무서웠다. 게다가 막상 소말리아를 떠나려니 썩 내키지가 않았다. 문제가 많아도 소말리아는 내 유일한 고향이었다. 앞으로 머물게 될 곳은 실로 불가사의한 곳이었다.

"어서 가라. 괜찮을 거다. 런던에 도착하면 마중 나온 사람이 있을 거야. 그 사람이 어떻게 해야 할지 가르쳐줄 거야."

나는 코를 훌쩍이며 작은 소리로 울먹였다. 이모부는 나를 문 쪽으로 살짝 밀었다.

"어서 가라. 비행기 놓치겠다. 어서 타. 와리스, 어서 비행기에 올라타."

잔뜩 겁을 먹고 굳은 나는 이글거리는 활주로 위를 걸어갔다. 나는 비행기 주변을 분주하게 돌아다니며 이륙을 준비하는 정비원들을 찬찬히 살펴보았다. 내 시선은 비행기에 짐을 싣는 사람들로 옮겨갔다가 다시 비행기를 점검하는 사람들에게로 갔다. 그러고는 계단을 올려다보았다. 대체 어떻게 타야 하는 건지 헷갈렸지만 결국 계단으로 올라가기로 했다. 신발을 처음 신어본 나는, 매끈한 알루미늄 계단 위를 긴 치마에 걸려 넘어지지 않고 오르기 위해 무척 애를 써야 했다. 기내에 올랐지만 어디로 가야 할지 알 수가 없었다. 바보 천치처럼 보였을 것이다. 다른 승객들은 이미 자리에 앉아 있었다. 사람들은 자리에 앉은 채 호기심 어린 눈빛으로 나를 쳐다보고 있었는데, 그 눈빛들은 이렇게 말하고 있었다.

"비행기 탈 줄도 모르는 저 멍한 촌뜨기는 대체 누굴까?"

나는 문 바로 안쪽에서 몸을 휙 돌려 빈자리에 앉았다.

그때 백인을 처음 보았다.

"여기 당신 자리 아니에요."

내 옆에 앉은 백인이 말했다. 아니, 그렇게 말했을 거라고 추측할 뿐이다. 나는 당시 영어를 한 마디도 하지 못했다. 몹시 당황한 나는 남자를 뚫어져라 쳐다보면서 속으로 생각했다. 맙소사. 이 남자가 도대체 뭐라고 하는 거지? 얼굴은 또 왜 저렇게 생긴 거지? 남자는 같은 말을 반복했고 나는 또 다시 당황했다. 그러나 고맙게도 바로 그 순간, 승무원이 와서 내 손에 있던 비행기 표를 빼앗아갔다. 말할 것도 없이, 여자는 내가 아무것도 모르고 있다는 사실을 눈치 챈 것이다. 승무원은 내 팔을 붙잡고 통로를 지나 자리로 안내해 주었다. 물론 그 자리는 내가 처음에 앉았던 1등석은 아니었다. 내가 지나가자 사람들이 고개를 돌려 나를 쳐다보았다. 승무원은 미소를 지으며 자리를 가리켰다. 나는 자리에 풀썩 앉았다. 마침내 사람들의 시야에서 벗어나게 되어 기뻤다. 멋쩍게 웃으면서 감사의 인사를 할 요량으로 고개를 까딱했다.

이륙한 지 얼마 안 되어서, 승무원은 사탕 바구니를 들고 돌아와서는 미소를 지으며 내게 내밀었다. 나는 과일을 따 모을 때처럼 한 손으로 치마 주름을 집어 주머니처럼 만들고 다른 한 손으로 사탕을 한 주먹 가득 집었다. 배가 무척 고팠기 때문에 많이 담아 놓고 싶었다. 앞으로 언제 또 음식을 보겠는가? 사탕을 한 번 더 쓸어 담으려고 손을 가져갔더니 승무원은 손이 닿지 않는 곳으로 사탕 바구니를 치웠다. 나는 점점 멀어져가는 사탕 바구니를 잡으려고 손을 뻗었다. 승무원의 얼굴이 이렇게 말하고 있었다.

"이를 어쩌나. 이 애 보통이 아니네."

나는 사탕을 까먹으면서 곁에 앉은 백인들을 관찰했다. 추위에 약하고 병약해 보였다. 내가 영어를 알았다면 이렇게 말해주었을 것이다.

"너희들은 햇볕이 필요해."

나는 피부가 하얀 것이 일시적인 증상이라고 짐작했다. 항상 그런 모습일 리는 없지 않은가? 나는 그 사람들이 햇볕을 쪼인 지 너무 오래 되어서 하얗게 변했을 거라고 생각했다. 나는 언젠가 기회가 생기면 꼭 백인을 만져 보리라 결심했다. 흰색이 묻어나올지도, 바탕은 검을지도 모르는 일이었다.

비행기를 탄 지 아홉 시간 혹은 열 시간 정도 지났을 때 나는 화장실이 무척 급했다. 곧 터질 것 같았지만 어디다 눠야 할지 감을 잡을 수가 없었다. 나는 속으로 말했다. 잘 생각해봐, 와리스. 이 정도 쯤은 알아낼 수 있잖아. 그래서 자세히 관찰했더니, 내 주변에 앉아 있던 사람들은 모두 자리에서 일어나서 어떤 문이 있는 곳으로 갔다. 바로 저기다. 나는 결론을 내렸다. 그리고 자리에서 일어나서 문으로 갔다. 마침 안에서 사람이 나오고 있었다. 들어가서 문을 닫은 나는 둘러보았다. 화장실임은 분명한데 대체 어디에다 눠야 한단 말인가? 세면대가 있었지만 아무래도 아닌 것 같았다. 나는 변기를 살피고 냄새를 킁킁 맡았다. 일을 보기에 딱 적합했다. 나는 기뻐하며 자리에 앉아 안도의 한숨을 내쉬었다.

편안한 마음으로 일어섰는데 아래를 보니 소변이 그대로 있었다. 이제 뭘 어쩌지? 다른 사람이 들어와서 볼까봐 그대로 놔 둘 수도 없었다. 하지만 어떻게 꺼낼 수 있겠는가? 영어를 말하지도 읽지도 못하는 내겐, 단추 위에 쓰인 Flush(물을 내리세요) 라는 글자도 무의미했다. 글을 이해할 수 있었다 하더라도 수세식 변기를 처음 보는 내게는 소용없는 일이었다. 나는 화장실 안에 있는 온갖 손잡이와 단추, 나사못을 자세히 살펴보았다. 무엇을 건드려야 소변이 사라질지 고민했다. 차차 가장 당연해 보이는 Flush 단추로 되돌아오게 되었다. 그러나 단추를 누르면 비행기가 터져버릴까 두려웠다. 모가디슈에 있을 때, 그런 일이 있다는 얘기를 들은 적이 있었다. 정치 분쟁이 끊이지 않는 모가디슈에서 사람들은 늘 폭탄이 여기서 터지느니 저기서 터지느니 하고 말하곤 했다. 단추를 잘못 누르는 바람에 비행기 전체가 폭발해서 모두

다 죽지 말란 법이 없지 않은가. 단추 위에 쓰인 글은 "누르지 마시오! 누르면 비행기 폭발"이라는 뜻일지도 모르는 일이었다. 나는 그깟 소변 하나 때문에 모험을 할 수는 없다는 결론에 이르렀다. 그러나 다른 사람들에게 볼일 본 흔적을 보여주고 싶지는 않았다. 그랬다간 나의 소행임이 뻔히 드러났을 것이다. 왜냐하면 사람들은 이미 밖에서 사정없이 문을 두드려 대고 있었기 때문이다.

그때 번개처럼 떠오른 영감이 있었으니 나는 남이 쓰다 버린 종이컵을 찾아 들고 수돗물로 채우기 시작했다. 그리고 물을 변기에다 부었다. 소변을 충분히 희석시키면 다음 사람은 변기에 물만 가득하다고 생각할 터였다. 나는 차근차근 일을 하기 시작했다. 컵에 물을 채우고 붓고, 채우고 붓고. 그러고 있자니 바깥에 있는 사람들은 문을 두드리는 것으로는 모자랐는지 소리를 치기 시작했다. 나는 잠깐 기다리란 말도 할 줄 몰랐다. 그래서 잠자코 하던 일을 계속 했다. 이미 축축하게 젖은 종이컵으로 흐르는 수돗물을 받아 변기 안에 붓기를 반복했다. 물이 변기 뚜껑 바로 아래까지 차오르자, 나는 일을 멈추었다. 한 방울이라도 더 부었다가는 바닥으로 넘쳐흐를 것 같았다. 그러나 적어도 변기 속 내용물은 물 같아 보였기에 나는 일어서서 옷을 정리하고 문을 열었다. 그리고 고개를 숙인 채 바깥에 모인 사람들 사이를 비집고 나갔다. 큰일을 보지 않은 게 다행이었다.

히드로 공항에 다다르자, 낯선 나라에 적응해야 한다는 불안감보다 비행기에서 내린다는 안도감이 더 컸다. 다행스럽게도 공항에는 이모가 마중 나와 있을 터였다. 비행기가 하강을 시작하자 창밖 하늘의 비누거품처럼 뽀얗던 구름은 어느새 흐릿한 잿빛 안개로 바뀌었다. 나는 다른 승객들을 따라 일어섰다. 그리고 비행기에서 내리는 사람들의 물결에 휩쓸려갔다. 어디로 가는지, 뭘 하는지도 몰랐다. 계속 전진하던 인파는 계단 밑에 이르렀다. 그런데 문제가 하나 있었다. 계단이 움직이고 있었다. 나는 우뚝 서서 계단을 바라보았다. 수많은 사람들이 나를 피해 양쪽으로 갈라졌다가 움직이는 계단을 자연스럽게 딛고 위로 올라갔다. 나도 그 사람들을 따라 발을 디뎌 에스컬레이터를 탔다. 그런데 하필 새 샌들 한 짝이 벗겨져서 계단 아래로 떨어졌다.

"내 신발! 내 신발!"

나는 소말리아 말로 외치며 신발을 찾으려고 급히 뒤돌아섰지만 빽빽이 들어선 사람들이 틈을 주지 않았다.

에스컬레이터에서 내린 나는 한쪽 샌들만 신고 절름거리며 다른 사람들을 따라갔다. 우리가 도착한 곳은 입국 심사대였다. 나는 영국 제복을 단정하게 차려입은 백인들을 쳐다보았다. 하지만 그 사람들이 누군지는 전혀 알지 못했다. 한 입국 심사관이 내게 영어로 말했고 도움을 청할 기회를 포착한 나는 에스컬레이터를 가리키며 소말리아 말로 외쳤다.

"내 신발! 내 신발!"

심사관은 귀찮다는 듯한 얼굴로 날 찬찬히 뜯어보면서 질문을 되풀이했다. 나는 신발 일은 잠시 잊고 긴장해서 웃었다. 심사관이 내 여권을 가리키는 걸 보고 여권을 건네주었다. 심사관은 여권을 자세히 살펴보고 도장을 찍더니 지나가라고 손짓했다.

입국 심사대를 지나자 운전기사 차림을 하고 있는 한 남자가 내게 다가와서 소말리아 말로 물었다.

"네가 파라 씨 댁에 일하러 온 애니?"

나는 우리말을 할 줄 아는 사람을 찾게 된 것이 실로 마음이 놓여서 힘차게 외쳤다.

"맞아요! 맞아요! 바로 저에요, 와리스에요."

나는 앞장서 걷기 시작하는 기사를 멈추게 했다.

"제 신발이요, 밑으로 내려가서 신발을 찾아와야 해요."

"네 신발?"

"네, 저 밑에 있어요."

"어디 있는데?"

"움직이는 계단 밑에 있어요."

나는 반대 방향을 가리켰다.

"계단에 탈 때 잃어버렸어요."

기사는 샌들을 한 짝밖에 신지 않은 내 발을 내려다보았다.

다행히 기사는 영어를 할 수 있었다. 그래서 허락을 받고 샌들을 가지러 다시 안쪽으로 들어갔다. 그러나 샌들을 잃어버린 지점에 가 봐도 샌들은 흔적도 없었다. 지지리도 운이 없는 날이었다. 나는 남은 샌들을 벗어서 손에 들고 위층으로 올라가면서 눈으로 바닥을 훑었다. 그러다 보니 나는 입국 심사대를 다시 한 번 통과해야 했다. 조금 전의 심사관이 처음에는 묻지 못했던 질문을 기사를 통해서 물었다.

"얼마나 머물 예정입니까?"

심사관이 물었다. 나는 어깨를 으쓱했다.

"어디로 가십니까?"

"소말리아 대사인 이모부와 함께 살러 가요."

나는 자랑스럽게 대답했다.

"여권에 보면 열여덟이라고 되어 있는데 사실입니까?"

"뭐라고요? 전 열 여덟 살 아니에요."

나는 기사에게 항변했다. 기사가 심사관에게 통역했다.

"신고할 물품 있습니까?"

이해할 수 없는 질문이었다. 기사가 설명했다.

"국내로 가지고 들어가는 물건이 뭐냐는 뜻이야."

나는 한 짝 남은 샌들을 들어 보였다. 심사관은 잠깐 샌들을 쳐다보더니 고개를 살짝 저으면서 여권을 돌려주고 우리를 보내주었다.

나를 데리고 혼잡한 공항을 나서던 운전기사가 설명했다.

"여권에 열여덟이라고 써 있어서 열여덟이라고 말했어. 다른 사람이 물어봐도 열여덟이라고 해야 돼."

"저는 열여덟이 아니에요!"

나는 화가 나서 말했다.

"저는 그렇게 안 늙었어요!"

"그럼 몇 살인데?"

"몰라요. 열네 살쯤 됐을걸요. 어쨌든 그렇게 안 늙었어요!"

"여권에 열여덟이라고 써 있으니까 열여덟이야."

"대체 무슨 소리에요? 여권에 어떻게 나와 있든 상관없어요. 그런데 사실이 아닌데 왜 그렇게 적혀 있는 거죠?"

"파라 씨가 그렇게 말했으니까."

"그럼, 이모부가 이상한 거예요. 뭘 모르시는 거라고요!"

출구에 다다랐을 때 우리는 소리를 질러대고 있었다. 모하메드 이모부의 운전기사와 나는 그 순간부터 앙숙이 되었다.

맨발로 밖으로 나섰는데 런던에는 눈이 오고 있었다. 나는 한 짝만 남은 샌들을 다시 신고 덜덜 떨며 얇은 면 가운을 여미었다. 그런 날씨는 처음이었고 눈을 본 것도 물론 처음이었다.

"이럴 수가. 여긴 너무 추워요!"

"적응하는 수밖에 없어."

기사는 차를 몰고 공항을 빠져나와 런던의 아침 거리로 나왔다. 생판 모르는 도시에서 창백하고 병약한 얼굴들에 둘러싸인 나는 슬픔과 외로움을 느꼈다. 알라 신이시여! 하늘이시여! 엄마! 여기가 어디인가요? 엄마가 몹시도 보고 싶은 순간이었다. 모하메드 이모부의 운전기사는 흑인이었지만 아무런 위로도 되지 않았다. 기사는 나를 깔보는 빛이 역력했다.

기사는 운전을 하면서 내가 들어가 살게 될 이모부 댁에 대해서 설명해주었다. 그 집에는, 이모와 이모부, 모하메드 이모부의 어머니, 나와는 안면이 없는 또 다른 삼촌(그러니까 엄마와, 마루임 이모의 남자 형제 중 한 명), 그리고 7명의 사촌들이 살고 있었다. 집에 사는 식구들을 말해준 다음, 기사는 내가 언제 일어나고, 잠자리에 들지, 무슨 일을 하게 될지, 무슨 요리를 하게 될지, 어디서 자게 될지, 하루 일과가 끝나면 얼마나 피곤한 몸으로 잠에 떨어지게 될지 알려주었다.

"안주인이신 네 이모는 집안일 돌보는 데는 인정사정없단다."

기사는 아무렇지도 않게 털어놓았다.

"미리 경고하지만, 네 이모는 누구도 봐주는 일이 없어."

"아저씨 사정은 안 봐줄지 몰라도 나한테는 이모라고요."

나는 내 좋은 쪽으로 생각하고 싶었다. 그래도 이모는 여자고 엄마와 자매지간이다. 나는 엄마가 몹시 보고 싶다고 생각했다. 사루 이모와 파티마가 내게 얼마나 잘 해주었는지도 생각했다. 아만 언니도 마음만은 착했다. 다만 나와 잘 맞지 않았을 뿐이다. 우리 집안 여자들은 서로를 아끼고 보살폈다. 긴 여행으로 인한 피로가 갑자기 몰려왔다. 나는 등을 기대고 앉았다.

눈을 가늘게 뜨고 차창 밖을 바라보았다. 눈이 어디서 내리는지 보려고 애썼다. 할리 가의 호화로운 동네를 미끄러져 가는 동안 인도는 점점 하얗게 변하고 있었다. 이모부 집 앞에 이르러 내가 머물게 될 굉장한 집을 보고 나니 거의 기절초풍할 지경이었다. 아프리카에서만 살았던 나는 경험이 부족해서 비슷하게 생긴 집도 본 적이 없었다. 대사관저는 4층짜리 저택이었는데 색깔은 내가 제일 좋아하는 노란 색이었다. 우리는 현관문으로 걸어 들어갔다. 문 위에 부채꼴의 창이 달린 인상적인 입구였다. 문으로 들어서니, 금테를 두른 커다란 거울에 건너편 서재의 벽을 메우고 있는 책들이 비쳤다. 마루임 이모가 나를 맞으러 현관으로 걸어 들어왔다. 내가 외쳤다.

"이모!"

엄마보다 약간 젊은 이모는 세련된 서구식 옷차림을 하고 복도에 서 있었다. 이모가 차분한 목소리로 말했다.

"들어와. 문 닫고."

나는 뛰어가서 이모를 껴안을 생각을 했었지만 손을 가지런히 모으고 서 있는 이모의 모습은 왠지 나를 현관에서부터 얼어붙게 만들었다.

"먼저 집을 구석구석 보여주고 나서 네가 할 일이 어떤 건지 말해주마."

"네."

나는 마지막 남은 힘이 몸에서 빠져나가는 것을 느끼며 가만히 대답했다.

"하지만 이모, 전 매우 피곤해요. 눕고 싶어요. 잠 좀 자도 돼요?"

"그럼, 안 될 것 없지. 날 따라와."

이모는 거실로 걸어 들어갔다. 계단을 오르는데 세련된 가구들이 눈에 들어왔다. 수많은 쿠션들로 뒤덮인 흰 소파와, 샹들리에, 벽난로 위에 걸린 추상화, 안에서 딱딱 소리를 내며 타들어가고 있는 통나무들. 마루임 이모는 나를 자기 방으로 데리고 들어가더니 침대 위에서 자면 된다고 했다. 네 모퉁이에 기둥이 달린 침대는 우리 가족이 살던 움막만 했고 그 위에는 아름다운 깃털 이불이 덮여 있었다. 나는 비단 같은 천을 손으로 쓰다듬으면서 그 느낌을 만끽했다.

"일어나면 집을 구경시켜줄게."

"절 깨워주실 건가요?"

"아니. 자고 싶은 만큼 자고 일어나."

이불 속으로 기어들어간 나는 생전 그렇게 보드랍고 황홀한 느낌은 처음이라고 생각했다. 이모는 조용히 문을 닫았고 나는 긴 터널 속으로 떨어지듯 잠에 빠져 들었다. 길고 어두운 터널이었다.

가정부

눈을 떴지만 여전히 꿈속 같았다. 그것도 아주 훌륭한 꿈이었다. 아름다운 방 안에 있는 거대한 침대 위에서 잠을 깬 나는 모든 게 생시라는 걸 믿을 수 없었다. 내가 그 다음날 아침까지 세상모르고 잤기에 마루임 이모는 아이들 방에서 잠을 자야 했는지도 모른다. 그런데 침대에서 나오자마자 꿈같던 나의 인생은 현실 세계로 곤두박질쳤다.

방에서 나와 집 안을 헤매다 이모를 만났다.

"잘 일어났다. 부엌으로 가자. 네가 할 일을 보여줄게."

잠이 덜 깬 채, 나는 이모를 따라 부엌이라고 하는 방으로 들어갔다. 모가디슈에 있는 이모네 부엌과는 차원이 달랐다. 크림색 찬장으로 둘러싸인 방에는 파란 자기 타일이 빛나고 있었고 중간에는 버너가 여섯 개 달린 거대한 스토브가 있었다. 이모는 서랍을 열었다 닫았다 하면서 말해 댔다.

"……이 안에 숟가락, 포크, 나이프, 냅킨 등이 있고……."

나는 이모가 하는 말을 전혀 알아들을 수 없었다. 이모가 보여주는 것들이 무엇인지도 알 수 없었을 뿐더러 어떻게 사용하는지도 몰랐다.

"매일 아침 여섯 시에 이모부께 아침 식사를 갖다 드려야 해. 아침 일찍 대사관으로 출근하시거든. 당뇨가 있으니까 음식을 잘 조절해야 돼. 이모부는 아침마다 허브티와 껍질을 깨서 물에 삶은 달걀 두 개를 드셔. 일곱 시에 내 방으로 커피를 갖다 주고 아이들 먹을 팬케이크를 만들면 돼. 정확히 여덟 시에 아침을 먹여야 해. 아홉 시까지 학교에 가야 하니까. 아침식사가 끝나면……"

"이모, 제가 이 많은 걸 어떻게 해야 돼요? 절 가르쳐줄 사람이 있나요? 저는 그 뭐냐, 팬케이크 만드는 법도 몰라요. 팬케이크가 뭐죠?"

내가 끼어들기 전에 이모는 숨을 한 번 크게 들이쉬고 문을 가리키고 있던 참이었다. 이모는 들여 마신 숨을 순간 멈추고 팔을 뻗은 채로 약간 당황한 얼굴을 하고 나를 쳐다보았다. 그리고 천천히 숨을 내뱉더니 팔을 양 옆으로 내리고, 처음에 만났을 때처럼 두 손을 가지런히 모았다.

"처음에는 내가 시범을 보여줄게. 하지만 주의 깊게 봐야 해. 주의해서 보고, 듣고, 배워."

나는 고개를 끄덕였다. 이모는 다시 숨을 들이마시더니 좀 전에 끊긴 말을 계속하기 시작했다.

첫 주에 저지른 작은 실수들을 제외하면, 나는 그 이후로 4년 동안 1년 365일 똑같은 일상을 정확히 되풀이했다. 시간 개념 없이 그때까지 살아왔던 나는, 그 동안 시계를 정확히 살피고 거기에 따라 살지 않으면 안 되었다. 여섯 시에 일어나서 여섯 시 반에 이모부 아침식사, 일곱 시에 이모에게 커피를, 여덟 시에 아이들에게 아침식사를 주고 나면 부엌을 청소했다. 그러면 이모부를 대사관으로 모시고 갔던 운전기사가 돌아와서 아이들을 학교로 데리고 갔다. 그러면 나는 이모 방과 화장실을 청소한 다음 집 안에 있는 다른 방들을 하나씩 청소해 나갔다. 먼지 털고, 쓸고, 닦고, 광내기를 1층부터 4층까지 계속했다. 이모는 내 일이 마음에 들지 않으면 절대로 그냥 넘어가는 법이 없었다. 꼭 지적을 했다.

"화장실 청소가 제대로 안 됐어. 다음에 할 때는 더 깨끗하게 해. 흰 타일은 얼룩 한 점 없이 반짝여야 해."

운전기사와 요리사를 제외하고 나는 집안을 통틀어 유일한 가정부였다. 이모는 집이 좁아서 더 이상의 가정부는 필요 없다고 했다. 요리사는 일주일에 여섯 밤 일했다. 요리사가 쉬는 일요일에는 내가 요리를 했다. 4년 동안 단 한 번도 쉬어본 적이 없다. 쉬게 해달라고 몇 번 애원해보기도 했지만 그때마다 이모가 불같이 화를 내어서 그 이후로는 더 이상 시도도 하지 않았다.

나는 식구들과 따로 식사했다. 짬이 날 때마다 아무거나 집어먹었고 자정쯤 되어서 잠이 들 때까지 계속 일만 했다. 식구들과 함께 식사를 못한다고 그다지 섭섭해 하지는 않았다. 요리사가 만든 요리가 내 눈에는 쓰레기 같았다. 요리사는 소말리아 사람이었지만 나와는 부족이 달랐다. 거만하고 사악한 데다 게으르기까지 한 사람이었는데 나를 괴롭히는 걸 취미로 삼았다. 이모가 부엌으로 들어올 때마다 그자는 뜬금없이 이렇게 말하곤 했다.

"와리스, 월요일 아침에 와보니 부엌을 온통 어질러 놓고 치우지 않았더구나. 그걸 치우는 데만 해도 몇 시간이 걸렸는지 몰라."

물론 그것은 순 거짓말이었다. 요리사는 이모와 이모부에게 잘 보이는데 온 신경을 썼다. 요리로 잘 보이기는 영 글렀다는 걸 알았기 때문이다. 하루는 이모에게 요리사의 요리가 먹기 싫다고 했더니 이모가 말했다.

"그럼 네가 먹고 싶은 걸 만들어 먹어."

그렇게 되자 모가디슈에 있을 때 파티마 언니가 요리하는 걸 자세히 봐 놓은 게 아주 요긴하게 쓰였다. 뿐만 아니라 나는 요리에 타고난 소질이 있었다. 그래서 상상력을 동원해 파스타를 비롯한 온갖 요리를 만들기 시작했다. 다른 식구들은 내가 만든 요리를 보더니 먹고 싶어 했다. 그리고 얼마 지나지 않아 내가 뭘 만들 생각인지, 시장에서 어떤 재료를 사오면 되는지 묻기 시작했다. 요리사가 나를 좋아할 턱이 없었다.

런던에 도착한 지 일주일이 지나자 나는 깨달았다. 이모와 이모부, 그리고 나는, 내가 두 분의 삶 속에서 가지게 될 역할에 관해서 상반된 생각을 가지고 있었다. 아프리카 대부분의 지역에서는 부유한 집안이 가난한 친척의 아이들을 맡아 기르는 일이 흔하다. 아이들은 그 대가로 집안일을 돕는다. 때때로 그 부유한 친척은 아이들에게 공부도 시키고 친자식처럼 대하기도 하지만, 물론 그렇지 않은 경우도 많다. 나는 내가 처한 상황이 전자와 같기를 바랐다. 그러나 나는 금세 깨달았다. 이모와 이모부는 가정부로 데려온 무지한 사막의 소녀를 교화하는 것보다 더 중요한 일이 많았던 것이다. 이모부는 바깥 일이 너무 바빠서 집안일에는 관심이 거의 없었다. 그리고 내게 제 2의 엄마가 되어 주리라 상상했던 이모는 나를 제 3의 딸로 여길 생각이 전혀 없음이 명백했다. 나는 단지 가정부일 뿐이었다. 그 사실이 잔인할 정도로 명백해지고, 길고 고된 일과와 겹치자 런던에 오면서 느꼈던 기쁨은 시들해졌다. 나는 이모가 규칙에 얽매여 사는 사람이라는 걸 발견했다. 모든 일은 하루도 빠짐없이 이모가 말한 그대로 이루어져야 했다. 예외란 없었다. 이모는 고향과 너무 다른 낯선 환경 속에서, 그토록 완고해야 성공할 수 있다고 생각했을지 모른다. 그러나 다행히도 사촌 바스마는 내 편이 되어 주었다.

바스마는 이모의 큰딸이었는데 나와 동갑이었다. 눈부신 외모 때문에 늘 남자 아이들이 따라다녔지만 바스마는 눈길도 주지 않았다. 학교에 다녀오면 저녁 때 바스마가 즐기는 일이라고는 독서밖에 없었다. 바스마는 방으로 가서 침대에 가로누워 몇 시간 동안 책을 읽었다. 책에 빠져서 식사를 거르는 일도 종종 있었다. 때로는 누군가가 바스마를 방에서 끌고 나오지 않으면 하루 종일 책을 읽었다.

따분하고 외로울 때면 나는 바스마 방으로 가서 침대 한 구석에 앉아 묻곤 했다.

"뭐 읽고 있어?"

그러면 바스마는 책에서 눈을 떼지 않고 중얼거린다.

"귀찮게 하지 마. 책 읽고 있잖아."

"얘기 좀 하면 안 돼?"

그러면 바스마는 여전히 책을 보면서 단조로운 목소리로 말하는데 발음은 마치 잠꼬대하듯 분명치 않았다.

"무슨 얘기 하고 싶은데?"

"무슨 책 읽고 있냐고."

"으응?"

"뭐 읽는 중이야? 무슨 내용이야?"

한 번 바스마의 주의를 돌리면 바스마는 책읽기를 그만 두고 책의 줄거리를 다 말해준다. 바스마가 읽는 책은 대부분 연애소설이었는데, 수차례의 오해와 간섭 끝에 남자와 여자가 마침내 입 맞추는 부분이 클라이맥스였다. 이야기 듣는 걸 좋아하는 나는 그런 순간들을 무척 즐겼다. 바스마가 반짝이는 눈으로 손짓 발짓을 하며 전체 줄거리를 사소한 사건까지 꼼꼼히 전해주는 동안 나는 넋을 잃고 앉아 듣곤 했다. 바스마의 이야기를 들으면서, 나는 글을 배우고 싶다는 생각을 하기 시작했다. 그러면 마음대로 이야기를 즐길 수 있을 것 같았다.

마침 우리와 함께 지내던 식구 중에는 대학에 가기 위해 마루임 이모와 함께 런던에 온 압둘라 외삼촌이 있었다. 삼촌은 내게 학교에 가고 싶은지 물었다.

"와리스, 넌 글을 배워야 돼. 배우고 싶으면 삼촌이 도와줄게."

삼촌은 학교가 어디 있는지, 몇 시에 모이는지 가르쳐주었고 학비가 무료라는 가장 중요한 사실도 깨우쳐주었다. 삼촌이 없었다면, 나도 학교에 다닐 수 있다는 사실을 영영 깨닫지 못했을지도 모른다. 이모부가 매달 약간의 용돈을 주긴 했지만 학비로 쓰기에는 턱없이 모자랐기 때문이다. 서둘러 글을 배우고 싶은 마음에 나는 마루임 이모한테 가서 학교에 가고 싶다고 말했다. 나는 영어로 읽고 쓰고 말하는 법을 배우고 싶었다. 런던에 살고 있었지만 집에서는 소말리아 말만 썼고 바깥 세상과는 단절되어 있었으므로 나는 영어를 조금밖에 몰랐다.

이모는 생각해 보겠다고 말했다. 그러나 이모부에게 상의하자 이모부는 안 된다고 했다. 나는 끊임없이 이모를 졸랐지만 이모는 이모부의 뜻을 거역하려고 하지 않았다. 결국 나는 이모부의 허락 없이 가기로 했다. 학교는 일주일에 세 번 저녁 아홉 시에서 열한 시까지 열렸다. 첫날에는 압둘라 삼촌이 나를 데려다 주기로 했다. 그때 나는 이미 열다섯 살이었지만 학교에 가본 것은 처음이었다. 교실은 남녀노소 할 것 없이 전 세계에서 온 학생들로 가득했다. 둘째 날부터, 내가 몰래 이모부 집을 빠져나오면 한 이탈리아 할아버지가 날 학교에 데리고 갔다가 수업이 끝나면 다시 집에 데려다 주었다. 선생님은 배움의 의욕이 강한 내게 늘 이렇게 말하곤 했다.

"잘 했어, 와리스. 하지만 차근차근히 해."

알파벳을 끝내고 기초영어를 시작하려고 하는데 그만 이모부에게 들켜버렸다. 이모부는 내가 말을 듣지 않았다고 불같이 화를 냈고, 나는 학교에 다니기 시작한 지 채 몇 주도 지나지 않아 그만둬야 했다.

학교에 갈 수는 없었지만 나는 바스마의 책을 빌려서 스스로 깨우치려고 했다. 식구들과 함께 TV를 보는 것은 허용되지 않았지만 때때로 문 밖을 서성이며 영어를 알아들으려고 애쓰기도 했다. 평범한 일상이 계속되던 어느 날, 마루임 이모가 청소를 하고 있는 날 불렀다.

"와리스, 위층 일 끝마치면 이리 내려오렴. 네게 할 말이 있다."

침대를 정리하고 있던 나는 일을 마치자마자 거실로 갔다. 이모가 벽난로 옆에 서 있었다.

"부르셨어요?"

"집에서 전화가 왔다. 네 동생 이름이 뭐였더라?"

"알리요?"

"아니, 머리 하얀 막내 말이다."

"영감요? 영감 말씀하시는 거예요?"

"그래, 영감. 그리고 네 큰 언니 아만, 유감이지만 둘 다 죽었단다."

나는 귀를 의심했다. 눈은 이모의 얼굴을 주시하고 있었다. 농담이라고 생각했다. 무엇 때문인지는 모르지만 나 때문에 화가 난 이모가, 나를 혼내주려고 끔찍한 이야기를 꾸며대는 것이라고 생각했다. 하지만 이모의 표정에는 그 어떤 실마리도 숨어 있지 않았다. 완벽한 무표정이었다. 진실이 아닌 이상 왜 그런 소리를 하겠는가? 하지만 어찌 진실일 리가 있겠는가? 처음에는 그 자리에 얼어붙어 움직일 수 없더니 곧 다리가 풀리는 느낌이 들었다. 나는 흰 소파 위에 잠시 앉았다. 왜 그렇게 되었는지 묻지 않았다. 이모는 내게 말을 건네고 있었을지도 모른다. 두 사람에게 벌어진 끔찍한 일을 설명해주고 있었을지도 모르는 일이지만 내 귀에는 굉음만이 들릴 뿐이었다. 멍해진 나는 좀비처럼 뻣

뻣한 걸음으로 4층에 있는 내 방으로 올라갔다.

하루 종일, 나는 충격에서 헤어나지 못하고, 사촌동생과 같이 쓰는, 처마 아래 좁은 방 침대 위에 드러누워 있었다. 영감과 아만 둘 다 죽다니! 가출하면서 언니, 동생과 더 이상 함께 하지 못하게 되어 안타깝다고 생각했는데 결국 다시는 볼 수 없게 된 것이다. 늘 강인했던 아만 언니와, 늘 현명했던 영감이었다. 그런 두 사람이 죽는 건 불가능해 보였다. 만약 가능하다면 그 둘보다 능력이 부족한 나머지 식구들은 어떻게 될 것인가?

저녁이 되자, 나는 더 이상 고통 받지 않기로 결심했다. 아버지에게서 도망친 그날 아침 이후로 내 뜻대로 된 것은 아무것도 없었다. 2년이 지났지만 여전히 가족의 사랑이 몹시 그리웠고 두 식구가 영영 사라졌다는 사실은 견딜 수가 없었다. 부엌으로 내려간 나는 서랍에서 식칼을 꺼내어 손에 쥐고는 다시 방으로 올라갔다. 그리고 침대에 드러누워 내 자신을 칼로 찌를 용기를 짜내고 있었는데 자꾸 엄마 생각이 났다. 불쌍한 엄마. 이번 주, 나는 두 사람을 잃었지만 엄마는 셋을 잃을 터였다. 너무 불공평했다. 그래서 나는 침대 옆 탁자에 칼을 내려놓고 천정을 바라보았다. 칼은 까맣게 잊고 있었는데 얼마 후 바스마가 내 상태를 확인하러 들어왔다가 칼을 보더니 기겁을 했다.

"저게 뭐야? 칼 가지고 뭐 하는 거야?"

나는 설명하려고도 하지 않고 그냥 천정을 바라보았다. 바스마는 칼을 가지고 나갔다.

며칠 후 이모가 다시 나를 불렀다.

"와리스! 이리 내려와 봐."

나는 못 들은 척 하고 그대로 누워 있었다.

"와리스! 어서 내려오라니까!"

내려갔더니 이모가 계단 바로 밑에서 기다리고 있었다.

"빨리 와! 전화 왔어!"

놀라운 소식이었다. 내게 전화가 올 리 없었기 때문이다. 사실, 그때까지 나는 한 번도 전화를 써 본 적이 없었다.

"제 전화라고요?"

나는 조용히 말했다.

"그래, 그래."

이모는 탁자 위에 놓인 수화기를 가리키며 말했다.

"자, 어서 받아봐, 전화를 받아보라니까!"

나는 수화기를 손에 들고, 혹시 수화기에 물리기라도 할까봐 바라만 보다가 이내 멀찍이 떨어진 곳에서 말을 했다.

"네?"

마루임 이모가 눈을 굴렸다.

"말을 해! 수화기에 대고 말을 하라고!"

이모는, 내가 거꾸로 들고 있던 수화기를 바로 잡더니 내 귀에 바짝 대주었다.

"여보세요?"

그랬더니 놀라운 소리가 들렸다. 엄마 목소리였다.

"엄마! 엄마! 정말 엄마야?"

나는 며칠 만에 처음으로 미소를 지었다.

"엄마, 엄마 괜찮아?"

"아니, 죽다 살아났어."

엄마는 아만 언니와 영감이 죽자 미칠 것 같았다고 했다. 엄마의 말을 들은 나는 내가 자살을 해서 엄마의 고통을 더하게 만들지 않은 것을 다행으로 생각했다. 엄마는 사막을 무작정 헤맸다고 했다. 다른 사람과 만나기도, 눈을 마주치기도, 말하기도 싫었다고 했다. 그러다가 홀로 모가디슈로 가서 친정 식구들을 만났다고 했다. 엄마는 사루 이모네 집에서 전화를 한 것이다.

엄마는 일이 어떻게 되었는지 설명하려고 애썼지만 나는 도대체 납득할 수 없었다. 영감은 병에 걸렸다고 했다. 전형적인 아프리카 유목민들의 사회에 의사란 없다. 병의 원인을 아는 사람도, 치료를 할 사람도 없다. 유목민 사회에서 병에 걸리면 죽거나, 살거나 두 길 뿐이다. 중간이란 없다. 사람이 살면, 그건 다행이다. 우리는 병에 대해 걱정하지 않는다. 의사도 약도 없으니, 병을 고칠 수 있는 방도도 없다. 사람이 죽으면, 그것도 괜찮다. 살아 있는 사람들은 계속 살아나가기 때문이다. 산 사람은 살아야 한다. 늘 인샬라의 정신이 우리네 삶을 지배한다. "신의 뜻에 따라 이루어지리라." 우리는, 생명은 선물이고 죽음은 거역할 수 없는 신의 선택임을 받아들인다.

하지만 영감이 병에 걸리자 부모님은 겁에 질렸다. 영감은 특별한 아이였기 때문이다. 달리 방도가 없었던 엄마는 모가디슈에 있는 아만 언니에게 사람을 보내 도움을 청했다. 강인한 아만 언니는 방법을 알 터였다. 실제로 그랬다. 언니는 영감을 의사한테 데려가기 위해서 모가디슈에서부터 걷기 시작했다. 부모님이 당시 어디에 머물고 있었는지, 모가디슈에서 얼마나 가까웠는지는 모른다. 그러나 아만 언니의 도움을 청한 엄마는 아만 언니가 당시 만삭이었다는 사실을 모르고 있었다. 영감은 병원으로 가는 길에 언니 품에서 죽었다. 아만 언니는 쇼크 상태에 빠졌고 며칠 후 아기와 함께 죽었다. 나는 두 사람이 언제 어디서 죽었는지도 모르고 있었지만, 평소에 그렇게 굳건하던 엄마는 둘의 소식을 듣고 심하게 흔들렸다고 한다. 가족을 지탱하는 중심이었던 엄마가 그 지경이었으니 다른 식구들의 고통이 어떠했을지는 생각만 해도 끔찍했다. 런던에 발이 묶인 나는, 도움이 가장 절실할 때 엄마를 돕지 못하는 것에 대해 그 어느 때보다 더 큰 죄책감을 느꼈다.

하지만 산 사람은 살아가야 했고 나는 될 수 있는 대로 런던을 즐기려고 노력했다. 나는 내게 주어진 집안일을 해 나가며 사촌들, 그리고 집으로 놀러오는 사촌들의 친구들과 놀기도 했다.

하루는, 바스마를 동원해 처음으로 모델이 되어 보았다. 런던에 도착한 이후로 나는 옷을 무척 좋아하게 되었다. 갖고 싶지는 않았지만 입어보는 게 왠지 재미있었다. 마치 연극놀이를 하는 것 같았다. 다른 사람이 되어 볼 수 있었으니까. 다른 식구들이 방에서 TV를 볼 때 나는 모하메드 이모부 방으로 올라가서 문을 닫았다. 그러고는 옷장을 열어 이모부가 제일 아끼는 감색 줄무늬 양모 정장을 꺼냈다. 나는 정장을 흰 셔츠와 실크 넥타이, 검은 양말, 세련된 영국제 검은 구두 그리고 중절모와 함께 침대 위에 늘어놓았다. 그리고 전부 입었다. 이모부가 하던 대로 넥타이를 매는 게 제일 힘들었다. 마지막으로 모자를 푹 눌러썼다. 복장을 다 갖추고 바스마에게 갔다. 바스마는 자지러졌다.

"가서 아버지한테 사람이 왔다고 말해."

"이거 아버지 옷이야? 아빠가 알면……"

"그냥 시키는 대로 해."

나는 복도에 서서, 적절한 순간에 멋진 등장을 하기 위해 바스마의 말소리에 귀를 기울였다. 바스마의 목소리가 들렸다.

"아버지, 어떤 남자가 아버지를 만나러 왔어요."

"이 시간에 어떤 남자가?"

모하메드 이모부의 썩 달갑지 않은 목소리였다.

"누구냐? 무슨 일로 왔대? 네가 아는 사람이냐?"

바스마는 머뭇거렸다.

"잘, 잘 모르겠어요. 아는 사람인 것 같아요."

"그러면 가서 그 사람한테……."

"그냥 한 번 나와 보세요. 바로 문 밖에 있어요."

바스마가 재빨리 말했다.

"알았다."

이모부는 지친 듯 대답했다. 이제 내 차례였다. 나는 앞을 겨우 볼 수 있을 만큼 모자를 깊이 눌러쓰고 상의 주머니에 손을 찔러 넣은 다음 방 안으로 성큼성큼 걸어 들어갔다.

"접니다. 기억하세요?"

나는 낮은 목소리로 말했다. 깜짝 놀라 눈이 튀어나온 이모부는 모자에 가려진 얼굴을 보려고 몸을 낮추었다. 내 정체를 알았을 때 이모부는 신나게 웃어 대기 시작했다. 이모를 비롯한 다른 식구들도 자지러졌다.

모하메드 삼촌은 손가락을 흔들며 말했다.

"이모부 허락도 받지 않고……."

"정말 하고 싶었어요, 이모부. 재미있지 않았어요?"

"오, 알라 신이시여."

나는 이후에도 똑같은 장난을 몇 번 되풀이 했다. 충분한 시간을 두고 이모부가 미처 예상하지 못 할 때까지 기다리곤 했다. 그러면 이모부는 나에게 이렇게 말했다.

"이제 그만해라, 와리스. 이모부 옷 그만 입어, 알았니? 만지면 안 된다."

그 말은 진심이었지만 이모부도 속으로는 즐기고 있었다. 얼마 후, 나는 이모부가 웃으면서 친구들에게 말하는 소리를 들었다.

"그 애가 내 방에 들어가서 옷을 입는 거야. 그러면 바스마가 나한테 와서, 누가 찾아왔다고 말해. 그러면 그 애가 머리부터 발끝까지 내 옷을 입고 나타나는 거야. 정말 볼만하지……."

이모의 친구들은 이모더러 내게 모델 일을 시킬 것을 권했지만 이모의 대답은 다음과 같았다고 한다.

"글쎄, 우리 소말리아 이슬람 신자들은 그런 거 안 해."

하지만 이모는 옛 친구의 딸 이만의 모델 일은 반대하지 않았다. 이모는 이만의 엄마와 아주 오래 전부터 친했기 때문에 이만이나 이만의 엄마가 런던에 오면, 꼭 집에 머물도록 했다. 나는 이만의 이야기를 들으면서 처음으로 모델이라는 직업에 대해 알게 되었다. 나는 바스마의 잡지에서 이만의 사진을 잔뜩 오려 좁은 내 방 벽에 붙여 놓았다. 이만도 소말리아 사람이고 모델 일을 하는데 나라고 못 할 건 없다는 생각이 들었다.

이만이 우리 집에 왔을 때 나는 이만과 이야기 할 기회를 노렸다. 나는 어떻게 하면 모델이 될 수 있는지 묻고 싶었다. 모델이란 직업이 존재한다는 사실만 겨우 알고 있던 내가 모델이 되는 방법을 알 리 없었다. 하지만 이만은 올 때마다 어른들과 이야기를 하면서 저녁 시간을 보냈다. 모델이 되고 싶다는 엉뚱한 욕구 때문에 어른들의 대화를 방해하는 건 이모와 이모부에겐 있을 수 없는 일이었다. 마침내, 어느 날 밤, 나는 기회를 포착했다. 이만은 방에서 책을 읽고 있었고 나는 문을 두드렸다.

"주무시기 전에 필요한 것 없으세요?"

"허브티 한 잔 갖다 주세요."

나는 부엌으로 내려가서 쟁반에 차를 담아 와서 침대 옆 탁자에 내려놓으면서 말했다.

"저기요, 제 방에 언니 사진이 아주 많아요."

탁자 위에선 시계가 똑딱거리고 있었다. 나는 내가 바보같이 느껴졌다.

"저도 모델 일을 하고 싶은데요, 어려울까요…… 어떻게 하셨어요…

… 그러니까 어떻게 그 일을 시작하게 되셨어요?"

어떤 대답이 나오길 기대했는지 모르겠다. 이만이 마법의 지팡이를 흔들어 나를 신데렐라로 바꾸어주길 바랐는지도 모르겠다. 하지만 모델이 되겠다는 꿈은 현실과 동떨어진 막연한 이상이었던 까닭에 나는 거기에 대해서 그다지 많은 생각을 하지 않았다. 대신, 그날 밤 이후로 일상으로 되돌아가서, 매일 되풀이되는 아침 짓기, 점심 짓기, 설거지하기, 먼지 털기의 일과에 집중했다.

런던에 산 지 2년이 되어 가던 당시 내 나이는 약 열여섯이었다. 이미 충분한 적응을 끝마친 나는 서구 세계에서 그 기간을 뭐라고 부르는지도 알게 되었다. 1983년이었다.

그해 여름, 독일에서 살던 모하메드 이모부의 누이가 어린 딸을 남기고 죽었다. 어린 소피는 우리와 함께 살게 되었고 이모부는 그 아이를 올 소울즈 가톨릭 학교에 보냈다. 소피를 몇 블록 떨어진 학교에 데려다 주는 것도 내 아침 일과 중 하나가 되었다.

소피를 데리고 다니기 시작한 지 얼마 되지 않았을 때, 나는 낡은 벽돌 건물인 소피의 학교로 걸어가다가 낯선 남자가 나를 바라보고 있다는 느낌을 받았다. 머리를 뒤로 묶은 40대 남자로, 눈길에 머뭇거리는 기색이 없었다. 거의 노골적이었다. 내가 교문에서 소피와 헤어지자 남자가 다가와서 말을 걸었다. 그러나 영어를 못하는 나는 물론 남자의 말을 알아들을 수가 없었다. 겁을 집어 먹은 나는 눈길도 주지 않고 집으로 도망갔다. 매일 같은 일이 되풀이되었다. 내가 소피와 헤어지면 그 백인 남자가 기다리고 있다가 나한테 말을 걸었고 나는 도망쳤다.

오후에 소피를 데리고 집에 갈 때면 소피는 새로 사귄 같은 반 여자 친구 이야기를 하곤 했는데 그럴 때마다 나는 "응, 그래." 하면서 건성으로 대답했다. 어느 날, 소피를 데리러 갔는데 조금 늦게 도착했다.

학교에 다다르니 소피는 교문 밖에서 한 소녀와 놀고 있었다.

"언니, 얘가 내가 새로 사귄 친구야."

소피는 자랑스럽게 말했다. 두 소녀 옆에는 거의 일 년 동안 나를 괴롭혀 온 변태가, 긴 머리를 뒤로 묶고 서 있었다.

"그래, 어서 가자."

나는 남자를 의식하며 긴장된 목소리로 말했다. 그런데 그 남자는 몸을 숙이더니 소피에게 뭐라고 말했다. 소피는 영어와 독어, 소말리아 어까지 할 수 있었다.

"이리 와, 소피. 그 남자한테서 떨어져."

나는 주의를 주며 소피의 손을 낚아챘다.

소피는 나를 돌아보더니 밝은 얼굴로 말했다.

"영어를 할 줄 아는지 알고 싶대."

소피는 남자를 보고 고개를 저었다. 남자가 또 무슨 말을 하고 소피가 통역했다.

"물어보고 싶은 게 있대."

"그냥 가라 그래, 그냥……."

나는 하던 말을 멈추었다. 소피가 즉시 통역을 할 텐데 남자의 딸이 있는데서 할 말은 아니었다.

"됐다. 그냥 가자."

나는 소피의 손을 잡아 당겼다.

그 일이 있고 얼마 지나지 않아, 나는 평소와 다름없이 소피를 데려다 주었다. 집으로 걸어와서 위층을 청소하고 있는데 초인종이 울렸다. 내가 계단을 미처 다 내려가기도 전에 마루임 이모가 문을 열고 있었다. 나는 계단 위에 서서 난간 사이로 믿을 수 없는 광경을 보았다. 긴 머리 아저씨가 온 것이다. 나를 미행한 것임에 틀림없었다. 내가 무슨 잘못을 저질렀다고 그럴 듯하게 꾸며내 이모에게 말할지도 모른다는 생각이 제일 먼저 머리를 스쳐지나갔다. 내가 자기와 바람이 났다거나, 잠을 잤다거나, 뭘 훔치다 들켰다고 거짓말을 할 것 같았다. 이모는 유창한 영어로 말했다.

"누구세요?"

"전 말콤 페어차일드라고 합니다. 실례합니다만 말씀 좀 여쭙겠습니다."

"무슨 일이신데요?"

이모는 당황한 기색이 역력했다.

남자가 무슨 말을 할까 걱정하며 계단을 오르는데 느낌이 안 좋았다. 그런데 2초도 안 되어서 문 닫히는 소리가 들렸다. 서둘러 거실로 내려갔더니 마루임 이모가 거친 발걸음으로 부엌을 향하고 있었다.

"아까 그 사람 누구에요, 이모?"

"몰라, 널 쫓아다니던 사람이래. 너랑 얘기를 하고 싶단다. 그리고 사진을 찍고 싶다는 말도 안 되는 소리도 했어."

이모가 나를 쏘아보았다.

"이모, 내가 시킨 거 아니에요. 나는 그 사람한테 아무 말도 안 했어요."

"알아! 그래서 따라 온 거 아냐!"

이모는 나를 제치고 지나갔다.

"가서 일이나 해, 걱정 말고. 내가 다 알아서 했어."

이모가 그 남자와 나눈 대화에 대해서 자세히 언급하지 않은 점, 그리고 그토록 화를 내며 기분 나빠 했던 점으로 미루어 보아 나는 그 남자가 포르노 사진을 찍는 사람이라는 결론에 이르렀다. 나는 소름이 끼쳐서 다시는 그 이야기를 꺼내지 않았다.

가정부

그날 이후로 소피의 학교에서 그 남자를 만나도 남자는 말을 걸지 않았다. 공손히 눈인사를 하고 자기 볼 일을 볼 뿐이었다. 그러던 어느 날 소피를 데리러 갔는데 그 남자가 갑작스럽게 다가와 명함을 주었다. 명함을 받아 주머니에 넣으면서도 내 눈은 그 남자를 떠나지 않았다. 남자가 되돌아갈 때도 그 남자를 주시하고 있다가 소말리아 어로 욕을 하기 시작했다.

"저리 가, 이 불결한 자식, 재수 없는 변태 놈아!"

나는 집에 도착하자마자 맨 위층으로 올라갔다. 애들은 모두 4층에서 잤기 때문에 그 공간만큼은 어른들로부터 자유로웠다. 나는 바스마의 방으로 들어가서 언제나 그렇듯 바스마의 독서를 방해했다.

"이것 좀 봐, 바스마."

나는 주머니에서 명함을 꺼내면서 말했다.

"그 남자가 준거야. 내가 얘기했던 그 남자 생각나? 날 매일 귀찮게 하고 집까지 따라왔던 남자? 오늘 이걸 줬어. 뭐라고 씌어져 있는 거야?"

"사진작가라고 씌어 있네."

"무슨 사진작가인데?"

"사진을 찍겠지."

"그런데 어떤 종류의 사진을 찍는 거야?"

"여기 패션 전문 사진작가라고 씌어 있네."

"패션 전문 사진작가라."

나는 한 자 한 자 또박 또박 소리 내어 보았다.

"그럼 옷을 찍는다는 거야? 옷을 입혀놓고 찍는다는 거야?"

"나도 몰라, 와리스."

바스마가 한숨을 쉬었다.

"정말 몰라."

책을 계속 읽고 싶어 하는 바스마를 괴롭히는 것이 싫어서 나는 침대에서 일어나 명함을 들고 방을 나왔다. 패션 사진작가의 명함은 방에 숨겨 놓았다. 왠지 갖고 있어야만 할 것 같았다.

바스마는 늘 내 곁에서 고민을 들어주는 유일한 사람이었다. 무엇보다도 바스마의 오빠 하지에 관해 조언이 필요할 때 바스마는 내게 가장 큰 힘이 되어주었다.

이모부의 차남인 하지 오빠는 스물네 살이었다. 하지 오빠는 똑똑하다는 소리를 들었고, 압둘라 삼촌처럼 런던에서 대학을 다니고 있었다. 오빠는 내가 런던에 도착한 순간부터 나한테 잘 해주었다. 내가 위층에서 청소를 하고 있으면 오빠는 이렇게 말하곤 했다.

"와리스, 화장실 청소 다 끝났니?"

그러면 내가 대답했다.

"아니, 하지만 쓰고 싶으면 써, 나오면 다시 청소하지 뭐."

"아니야…… 그냥 도와줄까 해서."

오빠는 이런 말을 하기도 했다.

"마실 것 가지러 가려고 하는데 너도 뭐 갖다 줄까?"

오빠가 내 생각을 해주다니 기뻤다. 우리는 종종 이야기도 나누고 농담도 주고받았다.

때때로 내가 화장실 문을 열고 나가면 오빠가 문 앞을 막고 있곤 했다. 내가 오빠를 피해서 지나가려고 하면 오빠도 움직여 나를 막았다. 내가 "저리가, 이 굼벵이야" 하고 소리치며 오빠를 밀어 내면 오빠는 웃어넘겼다. 사소한 장난은 계속되었다. 유치한 장난으로 치부하고 털어버리기엔 너무 혼란스러웠다. 오빠는 이상한 눈빛으로 나를 멍하니 바라보기도 하고 때로는 너무 가까이 서 있기도 했다. 야릇한 느낌이 들 때면 나는 하던 걸 멈추고 스스로에게 당부했다.

"안 돼, 와리스. 하지 오빠는 친오빠와도 같아. 그건 정말 구역질 나는 상상이야."

그러던 어느 날, 청소도구를 담은 통과 걸레를 들고 화장실을 나서려고 문을 열었더니 오빠가 문 앞에 서 있었다. 오빠는 내 팔을 잡아 내 몸에 자기 몸을 바짝 갖다 붙였다. 얼굴이 닿을락 말락 했다. 나는 어색한 웃음을 지으며 말했다.

"뭐 하는 거야?"

"어, 아무것도 아냐, 아무것도."

오빠는 나를 바로 놔주었다. 나는 통을 들고 아무 일도 없다는 듯 자연스럽게 다음 방으로 갔다. 그러나 내 생각은 질주하고 있었다. 그 뒤로 나는 더 이상 궁금해 하지 않아도 되었다. 나는 알았다. 오빠의 관심이 왠지 건전하지 못하다는 걸 알았다.

다음날 밤, 나는 방에 잠들어 있었다. 바스마의 여동생 슈크리도 내 옆에 있는 침대에서 자고 있었다. 그러나 깊이 잠들지 않는 나는, 새벽 세 시쯤, 누군가가 계단을 올라오는 소리를 들었다. 하지 오빠가 내는 소리임이 분명했다. 오빠 방은 내 방 건너편에 있었다. 집에 막 들어온 오빠가 복도에서 비틀거리는 소리로 들어 보아 술에 취한 것을 알 수 있었다. 이모부 집에서는 용납되지 않는 행동이었다. 늦은 시간에 귀가해도 안 되었지만 술을 마셔서는 절대로 안 되었다. 식구들은 모두 독실한 이슬람 교도들이었고 어떠한 술도 허용되지 않았다. 하지만 하지 오빠는 나이도 먹을 만큼 먹은 이상 제 마음 대로 술을 마셔보기로 한 모양이었다.

내 방 문이 서서히 열렸고 나는 돌처럼 굳었다. 내 방에 있는 침대는 둘 다 높은 단 위에 있어서 문에서 들어오면 계단을 몇 개 올라야 했다. 문 쪽에 가까운 침대에는 사촌 동생이 누워 있었는데 하지 오빠가 동생을 깨우지 않으려고 애쓰며 까치발을 하고 계단을 오르는 게 보였다. 그러나 발을 헛디뎌 넘어진 오빠는 내 침대가 있는 곳까지 기어서 왔다. 반대편 창문에서 들어오는 빛을 받으며 하지 오빠는 목을 길게 빼고 어둠 속에 있는 내 얼굴을 들여다보았다. 그리고 속삭였다.

"와리스, 와리스……."

입에서 술 냄새가 진동을 했다. 내 생각 대로 술에 취해 있었던 것이다. 나는 어둠 속에서 손 끝 하나 움직이지 않고 자는 척을 했다. 오빠는 내 얼굴을 찾으려고 손을 뻗어 베개 위를 더듬었다. 나는 이렇게 기도했다. '알라 신이여, 제발 아무 일도 없게 해주세요.' 그리고 코를 킁킁거리면서 "아이고" 하는 소리와 함께 꿈을 꾸고 있는 듯 옆으로 돌아누웠다. 소리를 내서 슈크리를 깨우고 싶었던 것이다. 그랬더니 하지 오빠는 겁을 먹고 조용히 방으로 되돌아갔다.

나는 다음날 바스마의 방으로 갔다.

"내 얘기 좀 들어줘."

바스마는 몹시 당황한 내 표정을 보더니 내가 평소처럼 시간을 죽이러 온 것이 아님을 알았다.

"들어와, 문 닫고."

"하지 오빠 말이야,"

나는 숨을 크게 들이쉬고 말했다. 어떻게 말을 꺼내야 할지 몰랐지만 바스마가 내 말을 믿어주길 바랄 뿐이었다.

"우리 오빠가 왜?"

바스마는 긴장돼 보였다.

"어젯밤에 내 방에 들어왔었어. 새벽 세 시였는데 아주 캄캄했어."

"뭘 어쨌는데?"

"내 얼굴을 만지려고 했어. 작은 소리로 내 이름을 부르면서."

"저런. 정말이야? 꿈 꾼 거 아니야?"

"그럴 리가. 그 눈빛을 모를까봐. 단 둘이 있을 때 네 오빠가 이상한 눈빛을 보낸단 말이야. 어쩌면 좋을지 모르겠어."

"이런 빌어먹을, 빌어먹을! 크리켓 방망이를 가져다가 침대 밑에다 놔. 아니면 빗자루. 아니다, 부엌에 있는 홍두깨를 갖다 놔. 침대 밑에 넣어 놨다가 밤에 오빠가 들어오면 그걸로 머리를 힘껏 내려쳐! 그리고 또 어떻게 해야 하는지 알아?"

바스마는 이렇게 덧붙였다.

"소리를 질러. 다른 사람들한테 들리도록 있는 힘껏 소리를 질러."

다행히도 바스마는 확실한 아군이었다.

나는 하루 종일 기도했다.

"제발 제게 이토록 끔찍한 일을 하게 만들지 마세요. 그냥 오빠가 그만 두게 만들어 주세요."

나는 일을 벌이고 싶지 않았다. 나는 하지 오빠가 이모와 이모부에게 거짓 핑계를 둘러댈까봐, 그게 아니면 내가 집에서 쫓겨날까봐 걱정이 됐다. 나는 단지 오빠가 그만두길 바랐다. 장난도 그만두고 늦은 밤 방으로 찾아오는 것도 그만두고 더듬는 것도 그만두길 바랐다. 모두 기분 나쁜 방향으로 가고 있었기 때문이다. 그러나 나의 직감은 기도가 먹혀들지 않을 때를 대비해서 싸울 준비를 하라고 이르고 있었다.

그날 밤, 나는 부엌으로 가서 몰래 국수 밀 때 쓰는 홍두깨를 빼냈다. 그리고 방으로 가지고 올라와서 침대 밑에 숨겼다. 사촌 동생이 잠들자 나는 방망이를 꺼내서 내 옆에 뉘어 놓았다. 한 손으로는 손잡이를 잡고 절대 놓지 않았다. 전날 밤을 재연하듯, 하지 오빠는 새벽 세 시쯤 집에 들어왔다. 하지 오빠가 문 앞에서 머뭇거리는 게 보였다. 복도의 불빛이 안경에 반사되어 반짝거리고 있었다. 나는 한쪽 눈을 뜨고 오빠를 지켜보며 누워 있었다. 오빠는 내 침대 머리맡으로 기어오더니 내 팔을 가볍게 두드리기 시작했다. 입에서 나는 스카치-위스키 냄새가 너무 심해서 구역질이 날 지경이었지만 나는 꼼짝도 하지 않았다. 침대 옆에 무릎을 꿇고 앉은 하지 오빠는 더듬거리며 이불 끝을 찾더니 그 밑으로 손을 밀어 넣고 매트리스를 가로질러 내 다리로 가져갔다. 손바닥은 허벅지를 쓸어 올리는가 싶더니 어느새 내 속옷에 닿아 있었다.

안경을 부숴야 할 것 같았다. 오빠가 방에 들어왔다는 증거물이 될 터였다. 나는 밀방망이 손잡이를 단단히 쥐고 온 힘을 다해서 얼굴을 내리쳤다. 끔찍한 방망이 소리에 뒤이어 나는 비명을 질렀다.

"내 방에서 당장 나가, 이 나쁜……."

슈크리가 울면서 일어나 앉았다.

"무슨 일이야?"

눈 깜짝할 사이에 집안 구석구석에서 발소리가 들렸다. 안경이 부서져서 앞을 볼 수 없던 하지 오빠는 네 발로 기어 방으로 가서 옷도 벗지 않고 이불 속으로 들어가 잠든 척했다.

바스마가 들어와서 불을 켰다. 물론 바스마는 내 계획을 알고 있었지만 전혀 모르는 척했다.

"무슨 일이야?"

슈크리가 설명했다.

"하지 오빠가 들어와서, 바닥을 기어 다녔어."

가운을 걸친 마루임 이모가 들어오자 나는 외쳤다.

"오빠가 내 방에 들어왔어요, 이모! 어제도 들어왔어요! 그래서 때렸어요!"

나는 침대 옆에 있던 부서진 안경을 가리켰다.

이모는 단호하게 말했다.

"쉿, 지금은 듣기 싫다. 다들 방으로 돌아가 자."

마침내 찾은
자유

내가 하지 오빠의 얼굴을 방망이로 때린 사건 이후로 집안 식구들은 아무도 그 얘기를 꺼내지 않았다. 그러나 한밤중의 습격사건을 그저 나쁜 꿈 정도로만 여기고 넘어가기엔 크게 달라진 점이 한 가지 있었다. 복도에서 하지 오빠를 만나면 오빠는 더 이상 간절한 눈빛으로 나를 바라보지 않았다. 그 눈빛은 적나라한 증오로 바뀌어 있었다.

나는 내가 기도한 대로, 내 인생의 불쾌한 일부분이 끝을 맺은 것을 다행으로 여기고 있었다. 대신 새로운 고민거리가 생겼다.

모하메드 이모부는, 몇 주 후면 온 가족이 소말리아로 되돌아가게 될 것이라고 했다. 소말리아 대사의 임기가 4년으로 끝나서 우리는 고향으로 돌아가게 된 것이다. 막 도착했을 때에는 마치 한 평생처럼 느껴지던 4년이란 시간이 그렇게 빨리 지나가다니 믿을 수 없었다. 안타깝게도 나는 소말리아로 돌아가고 싶은 마음이 별로 없었다. 나는 금의환향하고 싶었다. 영국과 같은 부자 나라에 살다 귀향하는 모든 아프리카인들은 마찬가지일 것이다. 나의 고국과 같은 가난한 나라에서 사람들은 끊임없이 밖으로 나갈 궁리를 한다. 사우디나 영국, 미국에서 돈을 벌어 궁핍한 가족을 돕기 위해 발버둥을 치는 것이다.

외국에서 4년을 보내고 막 귀국하려는 내겐 아무것도 없었다. 집으로 돌아가서 무얼 이루었다고 하겠는가? 엄마한테 가서 파스타 요리 만드는 법을 배웠다고 하겠는가? 낙타들과 함께 이동을 하다 보면 파스타를 다시는 보지도 못 할 터였다. 아버지한테 가서 변기 닦는 법을 배웠다고 말할 수도 없었다. 그랬다면 아버지는 "응? 변기가 뭔데?" 하고 되물었을 것이다. 하지만 돈, 현금이라면 아버지는 이해할 수 있을 터였다. 그건 만국 공통어였다. 우리 식구들은 돈 구경을 해본 경험이 많지 않았다.

이모와 이모부가 소말리아로 갈 채비를 마쳤을 즈음, 내겐 월급을 모은 돈이 아주 조금 있었다. 코딱지만 한 월급을 받아 돈을 모으기란 쉬운 일이 아니었다. 그러나 나는 엄마에게 집을 사줄 만한 돈을 모으는 것이 꿈이었다. 그러면 엄마는 먹고 살기 위해 그토록 힘들게 일하며 쉴 새 없이 이동하지 않아도 될 터였다. 터무니없는 바람은 아니었다. 환율을 고려하면, 몇 천 달러만 있어도 소말리아에서는 집을 살 수 있었다. 런던에 온 이상, 좀 더 머물면서 돈을 벌어서 그 꿈을 이루고 싶다고 생각했다. 한 번 떠나면 돌아올 수 없을 터였다. 구체적인 계획은 없었다. 하지만 나를 노예처럼 부려먹는 이모와 이모부로부터 벗어나기만 하면 어떻게든 잘 될 거라는 믿음이 있었다. 그러나 이모와 이모부는 동의하지 않았다.

"네가 여기서 뭘 할 수 있겠니?"

이모가 놀라서 외쳤다.

"잘 곳도 없고, 돈도 없고, 직업도 없고, 취업 허가도 없는 열여덟 살짜리 어린 애가 뭘 할 수 있겠어? 말도 안 돼! 우리랑 가자."

귀국 예정일을 한참 앞두고 모하메드 이모부는 우리 모두에게 두 가지를 강조했다. 하나는 귀국 예정일이었고 다른 하나는 여권을 잘 간

수하라는 당부였다. 나는 그렇게 했다. 여권을 부엌으로 가지고 가서 비닐 백에 넣어 잘 봉한 다음 마당에 묻었다.

나는 모가디슈로 떠나기 전날까지 기다렸다가 여권을 찾을 수 없다고 말했다. 계획은 단순했다. 여권이 없으면 날 데려갈 수 없을 터였다. 뭔가 수상하다고 여긴 이모부는 계속 이렇게 물었다.

"흠, 와리스. 네 여권이 대체 어디 있을까? 어디에 갖다 놓고 못 찾는 걸까?"

이모부는 물론 물음의 답을 알고 있었다. 나는 4년 동안 집 밖을 나간 일이 별로 없었다.

"몰라요, 청소하다가 버렸는지도 모르죠."

나는 무표정한 얼굴로 대답했다. 이모부는 여전히 소말리아 대사였고 원하면 나를 도와줄 수도 있었다. 나는 이모부가 영국에 머물고 싶은 내 간절한 심정을 알아주길 바랐다. 고향으로 데려가는 대신 영국 비자를 얻어주길 바랐다.

"이제 어쩌면 좋니, 와리스? 너만 놔두고 갈 순 없잖아!"

이모부는 내가 벌인 일 때문에 몹시 화가 나 있었다. 그 후 24시간 동안 우리는 서로 배짱을 겨루며 누가 먼저 포기할지 지켜보았다. 나는 계속 여권을 잃어버렸다고 했고 이모부는 나를 도와 줄 수 있는 방법이 없다고 끝까지 우겼다.

마루임 이모는 자기만의 생각이 있었다.

"손발을 묶어 가방에 넣고 몰래 비행기에 태우는 수밖에 없지. 흔히 있는 일이야."

이모의 으름장이 신경을 거슬렀다. 나는 천천히 말했다.

"만약 그렇게 하면 이모를 영원히 용서하지 않을 거예요. 어쨌든, 난 괜찮으니까 그냥 내버려 두고 가요."

"그래, 그래, 괜찮기도 하겠다.
이모가 빈정거렸다.
"안 돼! 괜찮지 않을 거야."
이모는 매우 걱정스러운 표정을 하고 있었다. 그러나 나를 도와줄 정도로 걱정스러워 한 것은 아니었다. 이모는 런던에 친구가 많았다. 이모부도 대사관에 아는 사람이 수두룩했다. 전화 한 통이면 내게 살 길을 마련해줄 수 있었다. 하지만 내가 겁을 먹고, 집으로 돌아갈 기미를 조금이라도 보이면 이모와 이모부는 그런 수고는 하지 않을 터였다.

다음날 아침, 저택은 1층부터 4층까지 온통 난장판이었다. 다들 짐을 챙기느라 바쁜 와중에 전화기는 계속 울려댔으며 벌떼 같은 사람들이 집을 들락날락하고 있었다. 위층에서, 나는 처마 아래 작은 방을 떠날 차비를 했다. 영국에 머물면서 생긴 얼마 안 되는 물건들을 싸구려 가방에 쌌다. 물려받은 옷들은 결국 쓰레기통에 버렸다. 내가 입기에는 너무 못생겼거나 늙어 보이는 옷들이었다. 쓰레기를 싸들고 다녀 뭐하겠는가. 나는 여전히 유목민이었다. 그래서 최소한의 짐만 가지고 다니기로 했다.

열한 시가 되자 모두 거실에 모였고 운전기사는 짐을 차에 실었다. 나는 잠시 멈추어 몇년 전 내가 온 길을 되짚어 보았다. 그때도 운전기사와 차가 있었고, 나는 그 방으로 걸어 들어와서 흰 소파와 벽난로를 보았으며 처음으로 이모를 만나지 않았던가. 그 잿빛 아침에 나는 처음으로 눈을 보기도 했다. 당시 내 눈에 영국이란 나라는 온통 기상천외한 것들뿐이었다. 나는 속상해 하는 이모와 함께 밖으로 나가 차가 있는 곳으로 갔다.

"네 엄마한테 뭐라고 하니?"
"잘 있다고 하세요. 곧 연락한다고요."

이모는 머리를 절레절레 흔들며 차에 탔다. 나는 인도에 서서 손을 흔들며 모두에게 작별인사를 한 다음 차도로 나가서 차가 시야에서 사라질 때까지 지켜보았다.

솔직히 말하자면 무서웠다. 그때까지만 해도 나는 이모네 가족이 정말 나를 혼자 내버려 두고 떠나리라고는 생각해보지 못한 터였다. 할리 가 한복판에 서 있는 나는 정말 혼자였다. 이모와 이모부에게 나쁜 감정은 없다. 그래도 가족이니까. 나를 런던으로 데려간 두 분으로 인해 내게 기회가 주어졌으니 그 고마움은 영영 잊지 못할 것이다. 두 분은 이런 생각을 가지고 떠났을 것이다.

"네가 남아 있겠다고 했지. 자, 지금이 기회다. 어디 네 마음대로 해 보아라. 하지만 우리 도움을 기대하지는 말아라. 우리는 네가 우리와 함께 집으로 돌아가야 한다고 생각하니까."

두 분은 젊은 여자가 보호자도 없이 영국에 혼자 남는 것을 망신스럽게 여겼던 것이 틀림없다. 그러나 영국에 남기로 한 것은 순수하게 나의 선택이었으므로 앞으로 내 인생은 내 손에 달려 있었다. 나는 엄습하는 공포감을 뿌리치며 집 안으로 들어갔다. 현관문을 닫고 부엌으로 들어가서 나를 제외하고 집에 남은 유일한 사람, 바로 요리사 양반한테 갔다. 요리사는 이런 말로 나를 반겼다.

"너도 알다시피 너는 오늘 나가야 돼. 이 집에 계속 남을 사람은 나지, 네가 아니야. 나가줘야겠다."

요리사는 현관문을 가리켰다. 그렇다. 이모부가 떠나자마자 요리사는 내게 한 방 먹이고 싶어 견딜 수가 없었던 것이다. 요리사는 나에게 지시를 내리는 게 즐거워 죽겠다는 듯 거만한 표정을 짓고 있었다. 나는 문틀에 기대어 서서, 모두 떠나니 집이 무척 조용해졌다는 생각을 하고 있었다.

"와리스, 넌 가야 한다니까. 그러니까 어서……."

"시끄러워요."

요리사는 시끄럽게 짖어대는 개 한 마리 같았다.

"갈 거예요. 알았어요? 가방 가지러 온 거라고요."

"빨리 가져가. 빨리. 서둘러, 왜냐하면 내가……."

나는 요리사의 말은 무시한 채 계단을 오르기 시작했다. 옛 주인이 떠났으니 신임 대사가 도착하기 전까지는 요리사가 왕이었다. 나는 빈 방을 거닐며 집에서 보낸 행복했던 순간들과 불행했던 순간들을 모두 떠올려 보았다. 그리고 내가 앞으로 살게 될 곳은 어떤 곳일지 상상해 보기도 했다.

나는 침대 위에 있던 작은 원통형 가방을 들어 어깨에 걸치고 4층에서 1층까지 걸어 내려가 현관문을 나왔다. 내가 영국에 도착한 날과 달리, 그날은 봄날처럼 상쾌한 공기와 파란 하늘이 있고 눈부신 해가 떠 있는 아름다운 날이었다. 나는 자그마한 정원에서 돌을 이용해 여권을 파냈다. 그리고 비닐 백에서 꺼내 가방에 잘 넣었다. 나는 손에 묻은 흙을 털고 길을 따라 걸었다. 인도 위를 걸으면서도 웃음을 멈출 수 없었다. 마침내 자유였다. 비록 갈 데는 없었지만 남의 말을 듣지 않아도 되는 나만의 인생이 비로소 내 앞에 펼쳐졌다. 나는 어떻게든 잘 될 거라고 생각했다.

제일 먼저 멈춘 곳은 집에서 가까운 소말리아 대사관이었다. 문을 두드렸다. 문을 연 경비는 우리 가족을 잘 아는 사람이었다. 가끔 이모부 차를 몰기도 했었다.

"어서 와요, 아가씨. 여기서 뭐 해요? 파라 씨가 아직도 런던에 계시나요?"

"아니요, 가셨어요. 애나 언니를 만나러 왔어요. 대사관에서 일자리를 구할 수 있을까 해서요."

경비는 한 차례 웃고는 자리로 돌아가서 앉았다. 그러고는 두 손을 머리 뒤로 가져가더니 벽에 기대었다. 로비 한복판에 서 있는 나를 뇌

두고 경비는 꼼짝도 하지 않았다. 그 사람은 나에게 늘 공손했던 터라 이해할 수가 없었다. 그러다 깨달았다. 요리사와 같이, 이모부가 떠난 그날 아침을 시작으로 경비의 태도가 변한 것이었다. 나는 이모부가 없으면 별 볼일 없는 사람이었다. 아니, 그보다 더 하찮았다. 그래서 그 얼간이들이 신이 나서 나를 우습게 본 것이다.

"애나는 널 만나줄 시간이 없어."

경비가 히죽 웃었다.

"이것 봐요, 나는 애나 언니를 만나야 돼요."

애나 언니는 이모부의 비서였는데 언제나 내게 잘 해주었다. 다행히도 언니가 로비에 있던 나의 목소리를 듣고 무슨 일인가 하여 사무실에서 나왔다.

"와리스! 너 여기서 뭐하는 거야?"

"이모부랑 소말리아로 돌아가기 싫었어요."

내가 설명했다.

"그냥 가기 싫었어요. 그래서 이제 집에 못 있잖아요. 그러니까 내가 일 할 데가 있는지, 어디라도 좋으니까, 무슨 일이라도 할 테니까, 언니가 아는 데가 있는지 해서요."

언니가 눈썹을 추켜올리며 대답했다.

"와리스, 너무 갑작스럽구나. 잠은 어디서 잘 건데?"

"몰라요, 하지만 걱정 마세요."

"네가 있는 곳 전화번호라도 가르쳐주겠니?"

"아니요, 어디 머물지 모르거든요. 오늘 밤에는 싼 여관이나 찾아봐야죠."

언니가 아주 작은 방에 살지만 않았더라도 날 집에서 재워 줬을 것이다.

"하지만 나중에 와서 전화번호를 줄게요. 일자리가 생기면 연락해 줄 수 있게."

"그래, 와리스. 몸조심해라. 정말 괜찮겠니?"

"괜찮을 거예요."

곁눈질로 보니 경비는 계속 바보처럼 히죽거리고 있었다.

"고마워요. 나중에 꼭 봐요."

안도하며 햇볕 아래로 나온 나는 쇼핑을 하러 가기로 했다. 일자리를 구할 때까지, 나는 가정부 월급을 모은 아주 적은 돈으로 살 수밖에 없었다. 그러나 런던 시내를 거닐어야 하는 만큼 쓸 만한 옷이 필요했다. 내 기분을 띄워줄 새 옷이 필요했다. 나는 대사관에서부터 큰 백화점들이 있는 옥스퍼드 서커스까지 걸어갔다. 런던에 처음 왔을 때 바스마와 함께 가본 적이 있는 곳이었다. 금방 도착한 내겐 겨울옷이 하나도 없었다. 그래서 마루임 이모가 우리를 보내 이것저것 사오게 한 것이다. 겨울옷 뿐만 아니라, 비행기에 탈 때 입었던 옷과 최상급 가죽 샌들 한 짝을 제외하면, 당시 내게는 단 한 벌의 옷도 없었다.

셀프리지스 백화점에서 옷을 고르는데 종류가 엄청나게 많아서 정신이 없었다. 원하는 만큼 오래 있으면서 온갖 색상, 온갖 스타일, 온갖 사이즈의 옷을 입어볼 수 있다는 생각에 황홀했다. 내 평생 처음, 내가 내 인생의 주인이 되었다는 생각에 황홀했다. 아무도 내게 염소젖을 짜라거나, 아기 우유를 주라거나, 차를 타오라거나, 바닥을 닦으라거나 변기를 청소하라고 하지 않았다.

그후 몇 시간 동안, 나는 두 점원의 도움을 받아 탈의실에서 옷을 입어보았다. 서툰 영어와 몸짓을 통해 내가 원하는 것은 더 긴 것, 또는 더 짧은 것, 더 달라붙는 것, 더 밝은 것이라고 이야기 했다. 탈의실 밖에 수십여 벌의 옷이 쌓이고, 옷 입어보기 마라톤이 마침내 끝나자 점원 한 명이 미소를 지으며 물었다.

"어떤 걸로 결정하셨어요?"

하나만 선택하기에는 옷이 너무 많기도 했지만 그때쯤 되자 나는 좀 더 가면 다른 가게에 더 나은 옷이 있지 않을까 슬슬 걱정이 되었다. 귀중한 돈과 이별하기 전에 어떤 것이 있는지 알아봐야 했다.

"오늘은 아무 것도 안 살래요."

나는 상냥하게 말했다.

"고마웠어요."

불쌍한 점원들은 한 아름이나 되는 옷을 들고 서서 믿을 수 없다는 표정으로 나를 바라보았다가 서로를 쳐다보며 짜증난다는 표정을 지었다. 나는 두 사람을 뒤로 하고 작전을 계속했다. 작전이란 옥스퍼드 거리를 빈틈없이 뒤지는 것이었다.

몇 군데를 돌아보았지만 산 것은 없었다. 여전히, 내게 진정한 즐거움이란 옷을 입어보는 데에 있었다. 한 백화점을 나와서 다른 곳으로 들어가는데 봄날같이 포근한 하루가 저물어가고 있다는 걸 깨달았다. 추운 저녁이 찾아오고 있었지만 나는 여전히 잘 곳이 없었다. 그런 생각을 하며 다음 가게에 들어섰는데 키가 크고 아름다운 아프리카 여자가 세일 품목 테이블 앞에서 스웨터를 고르고 있는 것이 보였다. 여자는 소말리아 사람 같았다. 나는 여자를 살피면서 어떻게 말을 걸지 생각했다. 그리고 스웨터를 집어 들고 그 여자를 보고 웃으며 소말리아 말로 말했다.

"옷을 사야 하는데 어떤 걸로 할지 도통 모르겠어요. 오늘 옷을 정말 많이 봤거든요."

우리는 서로 이야기하기 시작했다. 여자의 이름은 할우라고 했다. 매우 친절했고 웃음이 많았다.

"와리스, 넌 어디 사니? 무슨 일을 하니?"

"내 말 들으면 웃을 거야. 내가 제정신이 아니라고 생각할지 모르겠지만 난 아무 데도 안 살아. 살 데가 없어, 식구들이 오늘 떠났거든. 소말리아로 갔어."

할우는 내 맘을 이해한다는 눈빛이었다. 나중에 알았지만 할우 역시 숱한 고생을 했다고 한다.

"소말리아로 가기 싫었구나?"

우리는 서로 말하지 않아도 알았다. 집이 그립고 식구들이 그리웠지만 돌아간다고 해서 뾰족한 수가 있는 것도 아니었다. 고작해야 낙타 몇 마리에 팔려가거나, 어떤 남자의 전유물이 되거나, 입에 풀칠하기 위해 매일 고생해야 할 터였다. 내가 말했다.

"싫었어. 그렇다고 해서 여기 뭐가 있는 건 아냐. 이모부는 소말리아 대사였는데 임기가 끝나서 다른 사람이 와. 그래서 오늘 아침 집에서 쫓겨났어. 지금 이 순간에도 갈 데가 없단다."

나는 웃었다. 할우는 마치 손짓 하나로 내 문제를 씻어줄 수 있다는 듯이 허공을 저으며 내 입을 막았다.

"와리스, 난 요 옆 YMCA에 살아. 큰 방은 아니지만 오늘 밤에 와서 묵어도 좋아. 방 하나뿐이니까 요리를 하려면 다른 층으로 가서 해야 할 거야."

"그러면 정말 좋겠다. 하지만 정말 괜찮겠니?"

"그럼, 괜찮고말고. 괜찮지 않으면 어떡할래?"

우리는 함께 YMCA에 있는 할우의 방으로 갔다. YMCA는 현대적인 벽돌 건물이었고 학생들이 많이 살았다. 할우의 좁은 방에는 싱글 침대 하나와 책장, 그리고 할우가 산 크고 아름다운 텔레비전이 있었다. 나는 두 손을 치켜들며 말했다.

"와! TV 봐도 돼?"

할우는 나를 외계인처럼 쳐다보았다.

"당연하지. 켜 봐."

나는 TV 앞 방바닥에 앉아 화면을 게걸스레 쳐다보았다. 4년이 지난 후에야 나는 마음껏 TV를 볼 수 있었다. 도둑고양이 쫓듯 나를 방에서 쫓아내는 사람도 없었다.

"이모부 집에서 TV 한 번도 안 봤니?"

할우가 궁금하다는 듯 물었다.

"말도 마. 몰래 들어가서 볼 때도 있었지만 항상 들켰어. '또 TV 보니 와리스?'"

나는 이모의 경멸에 가득 찬 목소리를 흉내 내며 손가락을 부딪쳐 딱딱 소리를 냈다.

"어서 하던 일, 마저 해라. 우리가 널 TV 보라고 데려왔니?"

나는 할우의 가르침을 시작으로 런던에서 진정한 인생 교육을 받게 되었다. 우리는 아주 가까운 사이가 되었다. 나는 내리 사흘 밤을 할우의 방에서 잤다. 그랬더니 할우가 제안했다.

"너도 여기 방을 구하지 그러니?"

"난 그럴 돈이 없어. 게다가 학교에 가야 되는데 그러면 일 할 시간이 없어."

나는 수줍어하며 덧붙여 물었다.

"넌 읽고 쓸 수 있니?"

"응."

"영어로 말도 하고?"

"응."

"나는 아무것도 못해. 영어를 배우는 게 내가 최우선으로 할 일이야. 다시 일을 시작하면 그럴 시간이 없을 거야."

"학교를 다니면서 아르바이트를 하면 되지 않겠니? 무슨 일인지 상관하지 말고 영어를 배울 때까지 아무 일이나 해."

"도와줄래?"

"물론이지."

YMCA에 방을 구하려고 했지만 대기자 명단이 꽤 길었다. 젊은 사람들은 하나같이 그곳에 방을 구하고 싶어 했다. 싸고 분위기가 좋은 데다 올림픽 규격의 수영장과 체력단련장이 있었기 때문이다. 대기자 명단에 이름을 올렸지만 그 동안 할우의 방에서 계속 지낼 수는 없었기 때문에 다른 방법을 생각해 내야 했다. YMCA 건너편에는 마침 YWCA가 있었다. 나이 든 사람들이 많고 분위기도 우울했지만 나는 임시로 거기에 방을 잡고 일을 구하러 나섰다. 할우는 당연한 제안부터 했다.

"바로 여기서부터 알아보지 그래?"

"여기라니 무슨 말이야?"

"바로 여기. 바로 여기."

할우가 손짓하며 말했다.

"맥도널드가 바로 옆에 있잖아."

"어떻게 거기서 일 해. 난 주문 같은 건 못 받아. 영어를 할 수도 없고 읽을 수도 없다는 걸 잊지 마. 게다가 취업 허가증도 없어."

하지만 할우는 나름대로 요령이 있었다. 그래서 할우의 말대로 나는 주방으로 가서 부엌을 청소하는 일을 얻었다.

맥도널드에서 일을 시작하고 나서야 나는 할우의 제안이 옳았음을 깨달았다. 주방에서 일하는 사람들은 모두 나와 같은 처지의 사람들이었다. 회사 측에서는 우리의 불법적인 신분을 이용해서 다른 사람들보다 적은 급여와 수당을 지급했다. 그들은 불법 체류자들이 정부로부터 숨고 싶어 한다는 사실을 알았다. 급여가 적다고 탄원서를 제출할 리가 없었던 것이다. 일만 열심히 하면 회사에서는 굳이 사연을 캐묻지 않았다. 전부 다 쉬쉬하고 있었다.

맥도널드에서 주방 보조로 일하면서 나는 가정부 일을 할 때 배운 기술을 써먹었다. 나는 햄버거 기름때를 없애기 위해 끊임없이 설거지를 하고 조리대를 훔치고 석쇠를 문질러 닦고 바닥을 쓸었다. 저녁이 되어서 집에 가면 내 몸은 온통 기름투성이가 되어 있었고 기름 냄새로 진동했다. 부엌에는 늘 일손이 모자랐지만 나는 감히 불평하지 않았다. 그런 건 아무래도 상관없었다. 적어도 나는 내 손으로 벌어먹고 살 수 있었다. 일자리가 있다는 사실에 감사할 뿐이었다. 게다가 오래 할 일도 아니었다. 그러나 때가 될 때까지, 나는 살기 위해 무엇이든 할 준비가 되어 있었다.

나는 외국인을 위한 무료 영어학교에서 수업을 들으며 영어 실력을 늘리고, 읽고 쓰는 법도 배웠다. 나는 몇 년 만에 처음으로, 일에서 벗어나서 인생을 즐기게 되었다. 할우는 나를 나이트클럽으로 데려가기도 했는데 거기에 모인 사람들은 모두 할우를 아는 듯했다. 할우는 거기서 사람들과 웃고 떠들곤 했는데 때로는 사람들을 자지러지게 웃게 만들었다. 사람들은 늘 활기찬 할우 곁을 떠나지 않았다. 하루는 클럽에 가서 몇 시간 동안 춤을 추고 있는데 어느 순간 갑자기 남자에게 둘러싸여 있는 것을 깨달았다. 나는 할우에게 속삭였다.

"뭐야! 저 남자들이 좋다고 저러는 거야?"

할우는 히죽거리며 대답했다.

"그럼, 아주 좋다고 저러는 거지."

놀랍고 새로운 경험이었다. 남자들의 얼굴을 쓱 훑어보았더니 할우

말이 맞는 것 같았다. 나는 남자친구를 가져본 적도, 하지 오빠 같은 별종을 제외하고는 남자의 관심을 받아본 적도 없었다. 게다가 하지 오빠의 관심은 기분 좋다고 할 수 없었다. 지난 4년간 나는 내 자신을 아무 것도 아닌 가정부로 알고 있었다. 그러나 이제 우리와 춤을 추고 싶어 하는 남자들이 줄을 서 있었다. 나는 이렇게 생각했다. 와리스, 넌 드디어 성공한 거야!

내가 관심을 가진 남자들은 흑인들이었지만 내게 제일 많은 관심을 보인 남자들은 백인들이었다. 아프리카식 가정교육을 떨쳐낸 나는 수다스러워졌다. 흑인이든, 백인이든, 여자든, 남자든 가리지 않고 대화를 나누려고 노력했다. 내가 내린 결론은 이런 것이다. 혼자 살아 나가려면 새로운 세상에 걸맞은 생존법칙을 배워야 하고 그 법칙은 사막의 법칙과는 다르다. 런던에서는 영어를 알아야 하고 다양한 사람과 소통하는 법을 알아야 한다. 낙타와 염소에 대한 지식은 런던에서 생존하는 데 아무 소용이 없었다.

할우는 나이트클럽에서 이루어지는 야간 수업에 덧붙여 다음날 보충 수업을 해주었다. 전날 밤 만난 사람들을 일일이 짚어가면서 그들의 의도와 성격을 설명했다. 인간 본성에 관한 집중 강좌를 해준 셈이다. 할우는 섹스에 대해 말했고 남자들이 바라는 것과, 내가 조심해야 할 것 그리고 우리와 같은 아프리카 여자들에게 국한되는 특수한 문제들에 관해 이야기 했다. 나는 평생 단 한 번도 그런 것에 대해 누구와도 의논해 본 적이 없었다.

"남자들하고 웃고 떠들고 춤추며 즐기는 건 좋아, 와리스. 하지만 그러고 나서 집으로 돌아가. 섹스를 하자고 꾀어도 절대 넘어가지 마. 남자들은 네가 영국 여자들과 다르다는 사실을 몰라. 네가 할례를 받았다는 사실을 몰라."

YMCA에 방을 구하려고 몇 달을 기다린 끝에 방을 함께 쓰고 싶어 하는 여자가 있다는 소식을 들었다. 학생이었는데 방을 혼자 쓰기에는 돈이 부족하다고 했다. 완벽했다. 나도 마찬가지로 돈이 부족했고 방은 둘이 쓰기에 충분했다. 할우는 훌륭한 친구였고 YMCA에는 다른 친구들도 많았다. 그곳은 젊은 사람들로 들끓었기 때문이다. 나는 여전히 학교에서 영어를 배우며 맥도널드에서 일하고 있었다. 나는 내 인생이 차근차근 매끄럽게 굴러가고 있다고 생각했을 뿐이지 앞으로 닥쳐 올 극적인 변화에 대해서는 까맣게 모르고 있었다.

어느 날 오후, 맥도널드에서 일을 마친 나는 기름으로 범벅이 된 채 앞문을 통해서 나가기로 했다. 그러려면 손님들이 주문을 하는 계산대를 지나가야 했다. 바로 그 곳에 빅맥을 기다리고 있는 올 소울스 가톨릭 학교의 그 남자와 그의 딸이 있었다. 나는 지나가면서 인사했다.

"안녕하세요."

"어, 그때 그 분이군요!"

나를 맥도널드에서 보리라고는 생각도 하지 못했다는 기색이었다.

"잘 지내요?"

남자는 반가운 말투로 말했다.

"잘 지내요."

그리고 소피의 친구에게 인사했다.

"너는 잘 지냈니?"

나는 영어를 뽐낼 수 있게 되어 기뻤다.

"잘 지내요."

남자가 대신 말했다.

"정말 많이 컸네요, 안 그래요? 이제 가봐야겠어요. 안녕."

"잠깐만요, 어디 살아요?"

"안녕히 가세요."

나는 웃으면서 말했다. 남자와 더 이상 대화를 나누고 싶지 않았다. 나는 여전히 그 남자를 믿지 않았다. 언제 다시 집 앞에 나타날지 모르는 일이었다.

YMCA로 돌아온 나는 모르는 것이 없는 할우에게 의문의 남자에 대해 물어보기로 했다. 나는 서랍에서 여권을 꺼내 그 사이에 끼워 두었던 말콤 페어차일드의 명함을 꺼냈다. 여권을 비닐에 넣어 이모부 집 정원에 묻을 때 그 자리에 명함을 끼워 두었었다.

나는 할우의 방으로 내려가서 말했다.

"궁금한 게 있어. 나한테 이런 명함이 있는데 아주 오랫동안 가지고 있었거든. 이 사람 도대체 뭐 하는 사람이야? 패션 전문 사진작가라고 되어 있는 건 알겠는데 그게 대체 무슨 뜻이야?"

할우는 내 손에 있던 명함을 가지고 가더니 말했다.

"네게 옷을 입히고 사진을 찍고 싶어 하는 사람이라는 뜻이야."

"그럴 수만 있다면 정말 좋을 것 같은데."

"이 사람 누구야? 이 명함 어디서 났어?"

"어쩌다 만난 사람인데 믿을 수가 없어. 명함을 주더니 하루는 집에까지 따라와서 이모한테 무슨 말을 하더라. 이모는 화가 나서 남자한테 소리를 질러댔지. 그런데 아직도 남자가 무슨 일로 날 찾았는지 모르겠어."

"전화해서 물어보지 그러니?"

"정말?"

나는 얼굴을 찡그리며 말했다.

"그럴까? 네가 나랑 같이 가서 그 남자랑 말하는 걸 도와줄래? 무슨 사정인지 알아보자. 나는 아직 영어가 서툴잖아."

"그래, 가서 전화해."

용기를 내는 데 꼬박 하루가 걸렸다. 할우와 함께 공중전화로 내려가는데 가슴이 두근두근하는 소리가 귀에까지 들렸다. 할우가 전화기에 동전을 넣자 딸깍하는 소리가 들렸다. 할우는 한 손에 명함을 들고 어두침침한 복도의 희미한 불빛 아래서 눈을 가늘게 뜨고 전화번호를 눌렀다. 잠시 침묵이 흘렀다.

"말콤 페어차일드 씨 계세요?"

간단한 인사말을 마친 할우는 곧바로 본론으로 들어갔다.

"혹시 변태 같은 거 아니죠? 내 친구를 다치게 할 생각도 없고요? ……그건 알지만 우리는 당신에 대해서 아무것도 몰라요. 어디 사는지도 모르고……, 네, 네…… 알았어요."

할우는 종이쪽지에 무언가를 적었다. 나는 어깨 너머로 쪽지를 보려고 애썼다.

"뭐라고 하는데?"

내가 낮은 목소리로 물었다. 할우는 조용히 하라는 뜻으로 손을 내저었다.

"네, 좋아요…… 그렇게 할게요."

할우는 전화를 끊더니 크게 숨을 들이쉬었다.

"스튜디오로 와서 일하는 걸 보래. 그러면 믿을 수 있지 않겠느냐고. 그래도 못 믿겠다면, 어쩔 수 없대."

나는 두 손으로 입을 막았다.

"그래서? 그래서 가는 거야?"

"당연하지. 한번 가서 보는 게 낫지. 널 따라다니던 사람이 대체 누구인지 알아보자."

모델

다음날, 할우와 나는 말콤 페어차일드의 스튜디오를 살펴보러 갔다. 나는 아무 기대 없이 갔지만 문을 열자 새로운 세계가 펼쳐졌다. 벽에는 온통 거대한 포스터와 광고판이 걸려 있었는데 모두 아름다운 여자들의 사진이었다.

"와……."

나는 조용히 방을 거닐며 모델들의 우아한 얼굴을 바라보았다. 나는 그 순간 저절로 깨달았다. 모가디슈에서 모하메드 이모부가 사루 이모에게 런던으로 데리고 갈 가정부가 필요하다고 했을 때 깨달았던 것처럼. 절호의 기회였다. 내가 가야할 길이었다. 내가 원하는 일이었다.

말콤이 걸어 나와 인사를 했다. 우리에게 편하게 앉으라고 권하면서 차를 내왔다. 그는 자리에 앉자마자 할우에게 말했다.

"제가 드리고 싶은 말씀은 이겁니다. 저는 이 분의 사진을 찍고 싶을 뿐이에요."

말콤은 나를 가리켰다.

"내가 이 아가씨를 따라다닌 지 2년이 넘었습니다. 사진 한 장 찍자고 이렇게 힘들게 고생한 건 처음이에요."

나는 벌린 입을 다물지 못하고 말콤을 바라보았다.

"그것뿐이에요? 내 사진을 찍고 싶었던 것뿐이에요? 이런 사진을요?"

나는 포스터들을 향해 손을 휘저으며 말했다.

말콤은 단호하게 고개를 끄덕이며 말했다.

"그래요. 정말 그것뿐이에요."

남자는 손을 들어 코를 반으로 가르는 시늉을 하며 말했다.

"이쪽만 찍으면 돼요."

말콤이 할우에게 덧붙였다.

"옆모습이 무척 아름답거든요."

나는 자리에 앉아 그 동안 낭비한 시간을 생각했다! 2년이 넘도록 나를 따라다닌 말콤이 사진을 찍고 싶을 뿐이라는 말을 하는 데는 단 2초도 걸리지 않았다.

"그런 건 물론 할 수 있죠."

그러나 나는 갑자기 걱정이 되었다. 남자와 단 둘이 있을 때 겪었던 과거의 경험들이 떠올랐기 때문이다.

"하지만 이 친구가 같이 있어줘야 해요!"

나는 할우의 팔을 잡았고 할우는 끄덕였다.

"사진을 찍을 때 이 친구도 옆에 있게 해주셔야 해요."

말콤은 당황스러운 표정으로 나를 바라보았다.

"그래요, 알았어요. 같이 있어도 돼요."

그때쯤 되자 나는 너무 신이 나서 앉아 있지도 못할 지경이었다.

"내일 모레 열 시에 오세요. 메이크업 해줄 사람도 올 거예요."

이틀 후, 우리는 다시 말콤의 스튜디오로 갔다. 메이크업 하는 여자가 나를 의자에 앉히더니 작업에 들어갔다. 화장 솜과 브러시, 스펀지, 크림, 색조 화장품과 파우더를 내게 들이댔다. 손가락으로 얼굴을 찔러대거나 피부를 잡아당기기도 했다. 나는 그 여자가 뭘 하고 있는지 알 수 없었지만 그래도 얌전히 앉아서 여자가 이상한 재료를 가지고 이상한 손놀림을 하는 것을 지켜보고만 있었다. 할우는 의자에 등을 기대고 앉아 히죽 웃었다. 나는 때때로 할우를 보고 어깨를 으쓱하거나 얼굴을 찡그렸는데 그럴 때마다 화장하는 여자가 움직이지 말라고 말했다.

"자."

여자는 한 손을 골반에 올리고 만족스러운 얼굴로 나를 바라보았다.

"거울을 보세요."

나는 일어서서 거울을 쳐다보았다. 내 얼굴의 반쪽은 완전히 바뀌어 있었다. 화장을 해서 매끄럽고 반들반들한 데다 금빛으로 반짝였다. 반대 쪽은 평상시와 다를 것 없는 와리스의 얼굴이었다.

"와! 이것 좀 봐! 근데 왜 한쪽만 하셨어요?"

나는 걱정이 되어서 물었다.

"한쪽만 찍고 싶어 하시니까."

"아……."

여자가 나를 스튜디오로 데리고 들어가자 말콤이 나를 높은 의자에 앉혔다. 나는 의자를 돌리면서 처음 본 것들로 가득 찬 어두운 방 안을 구경했다. 뷰카메라와 조명, 건전지들이 있었고 전선들이 뱀처럼 여기저기 늘어져 있었다. 말콤은 카메라 앞에 앉은 나를 돌려 앉혀 렌즈와 직각이 되게 만들었다.

"됐어요, 와리스. 입을 다물고 앞을 보세요. 턱을 들고. 좋아요…… 아주 좋아요."

딸깍 소리가 나고 뒤따라 "펑" 하는 소리가 나자 나는 깜짝 놀라고 말았다. 플래시 불빛은 아주 잠깐 번쩍였다가 곧 꺼졌다. 불빛이 "펑" 하고 번쩍인 순간 나는 다른 사람이 된 것 같았다. 갑자기 내가 TV에서 본 영화배우가 된 상상을 했다. 시사회에 온 배우들이 리무진에서 내리면서 카메라를 향해 미소 짓는 걸 본 적이 있었다. 어느새 말콤은 카메라에서 종이 한 장을 꺼내서 시계를 보고 앉아 있었다.

"뭐 하는 거예요?"

내가 물었다.

"시간 재는 거예요."

말콤은 내게 조명 아래로 오라고 손짓했다. 그리고 위에 덮여 있던 종이를 벗겼다. 내 눈앞에서 마치 마법처럼 한 여자가 종이 위에 서서히 나타나고 있었다. 말콤이 내게 폴라로이드 사진을 건네주었지만 나는 내 얼굴을 알아 볼 수가 없었다. 사진에는 내 옆모습이 찍혀 있었는데 가정부 와리스가 아니라 모델 와리스 같아 보였다. 그 사람들은 나를 말콤 페어차일드의 로비에 붙어 있는 포스터의 모델처럼 바꾸어버린 것이다.

며칠 후, 말콤은 필름을 현상해서 결과물을 보여주었다. 필름을 라이트 박스 위에 올려 놓았는데 정말 좋았다. 나는 사진을 더 찍어줄 수 있냐고 물었다. 하지만 말콤은 돈이 너무 많이 들어 할 수가 없다고 했다. 대신 이미 찍은 사진을 여러 장 인화해 줄 수 있다고 했다.

사진을 찍고 난 뒤 몇달 후, 말콤이 YMCA로 전화를 해왔다.

"모델 일을 하고 싶은지는 모르겠지만 널 만나고 싶다는 사람들이 있어. 기획사에서 내 책에 있는 네 사진을 보더니 네가 전화를 해줬으면 좋겠대. 원하면 그 기획사와 계약을 맺어. 그러면 거기서 일을 알아봐 줄 거야."

"알았어요…… 하지만 날 데려다 줘요…… 왜냐하면, 그러니까, 혼자 가기 불안해요. 날 데려가서 소개시켜 줄래요?"

"아니, 그건 안 돼. 하지만 주소를 줄게."

말콤이 제안했다.

나는 크로포드 기획사의 중요한 미팅에 입고 갈 옷을 조심스럽게 골랐다. 무더운 여름이었기 때문에 목이 V자로 파인 반팔 원피스를 입었다. 원피스는 길지도 짧지도 않았다. 정확히 무릎까지 오는 길이였는데 아주 못 생긴 옷이었다.

나는 빨간 싸구려 원피스와 하얀 운동화를 신고 기획사에 들어서면서 생각했다. 바로 이거다. 난 성공하는 거다! 실제로 내 차림은 볼품없었다. 지금도 그때만 생각하면 진저리가 나지만 내 모습이 얼마나 우스꽝스러웠는지 몰랐던 것이 다행이다. 나는 가진 것 중 제일 좋은 옷을 입고 있었던 것이다. 옷을 새로 장만할 돈도 없었다.

도착하자 안내원이 사진은 없느냐고 물었고 나는 있다고 말했다. 안내원은 우아하게 차려입은, 미모가 고전적인 베로니카를 소개시켜 주었다. 베로니카는 나를 사무실 안으로 부르더니 책상 건너편에 앉으라고 손짓했다.

"몇 살이니, 와리스?"

"어려요!"

나는 머릿속에 제일 먼저 떠오른 말을 뱉어 냈다.

"정말이에요. 여기 있는 주름살은……"

나는 눈가를 가리키며 말했다.

"태어날 때부터 있었어요."

베로니카는 미소를 지었다.

"괜찮아."

베로니카는 내 대답을 받아 적으며 서류를 작성했다.

"집은 어디니?"

"Y에서 살아요."

"뭐라고……."

베로니카가 얼굴을 찡그렸다.

"어디에 산다고?"

"YMCA에 살아요."

"직업은 있니?"

"네."

"무슨 일을 하니?"

"맥도널드요."

"그래…… 모델이란 직업에 대해선 알고 있니?"

"네."

"어떻게 알고 있니? 많이 알고 있니?"

"아니요. 하지만 내가 하고 싶은 일이란 건 알아요."

나는 강조를 위해 마지막 한 마디를 여러 번 반복했다.

"알았다. 사진집, 아니 사진은 여러 장 있니?"

"없어요."

"가족은 여기 있니?"

"아니요."

"어디 있는데?"

"아프리카요."

"거기서 왔니?"

"네, 소말리아요."

"그러니까 여긴 아무도 없단 말이지."

"없어요, 여긴 아무도 없어요."

"알았다. 지금 당장 캐스팅이 있으니 가봐야 한다."

나는 베로니카의 말을 알아들으려고 애를 쓰고 있는 중이었다. 나는 베로니카의 마지막 한 마디를 이해하려고 잠시 말을 중단했다.

"죄송해요, 무슨 뜻인지 잘 모르겠어요."

"캐-스-팅이 있다고."

베로니카가 천천히 말했다.

"캐스팅이 뭐예요?"

"면접 같은 거야. 일자리를 구하려면 면접을 봐야 하잖아? 알지? 면접? 이해하지?"

"네, 네."

나는 거짓말을 하고 있었다. 베로니카의 말을 전혀 알아들을 수가 없었다. 베로니카는 주소를 주고 당장 가보라고 했다.

"전화해서 네가 가는 길이라고 말할게. 택시비 있니?"

"아니요, 걸어갈게요."

"아냐, 안 돼, 너무 멀어. 너무 멀지, 그럼. 택시를 타야 해, 택시. 알았어? 자, 여기 10파운드야. 다 끝나면 전화해. 알았지?"

나는 행복감에 완전히 도취된 채 택시를 타고 시내를 가로지르며 생각했다. 이제 시작이구나. 이제 모델이 되는 것이구나. 그러다 문득 한 가지를 잊어먹었다는 생각이 들었다. 어떤 일인지 물어보지 않았던 것이다. 하지만 상관없었다. 무엇이든 잘 해낼 수 있을 것 같았다. 난 잘 빠진 여인이었으니까!

캐스팅 장소에 도착했다. 그 곳은 또 다른 사진작가의 스튜디오였다. 문을 열었더니 전문 모델들이 수도 없이 많았다. 방방에 다리가 엄청나게 긴 모델들이 수두룩했다. 모델들은 사냥감을 앞에 두고 배회하는 암사자 같았다. 거울 앞에서 포즈를 잡는가 하면, 허리를 굽혀 머리를 털거나 다리에 화장품을 잔뜩 발라 짙어 보이게 만들었다. 나는 자리에 풀썩 앉아서 옆에 앉은 여자에게 인사를 했다.

"이건 무슨 일이에요?"

"피렐리 달력이요."

"음."

나는 잘 알았다는 듯 고개를 끄덕였다.

"피렐리 달력이라. 잘 알았어요."

피렐리 달력이라니 그게 대체 무엇이란 말인가? 긴장이 극에 달한 나는 가만히 앉아 있지도 못하고 다리를 꼬았다 풀었다 하면서 몸을 비비 틀고 있는데 사진작가의 보조가 나오더니 내 차례라고 말했다. 나는 잠시 움직일 수가 없었다.

나는 옆에 앉아 있는 여자를 보고 보조에게 가라고 손짓했다.

"먼저 하세요. 나는 친구를 기다리는 중이에요."

나는 보조가 나올 때마다 똑같은 짓을 반복했다. 이윽고 나 혼자 남게 되었다. 모두 집에 간 것이다.

마침내 보조가 나와서 피곤하다는 듯 벽에 기대어 서더니 말했다.

"어서 들어와요. 차례가 되었어요."

나는 여자를 응시하면서 속으로 생각했다. 이제 그만해, 와리스. 일을 할 거야 말 거야? 어서, 일어나서 해보자.

여자를 따라 스튜디오로 들어갔더니 카메라에 얼굴을 박고 있는 한 남자가 소리쳤다.

"저기에요. 저기 표시가 있어요."

남자는 한 손으로 손짓했다.

"표시요?"

"그래요, 그 표시 위에 서요."

"좋아요. 거기 서요."

"됐어요. 웃옷을 벗어요."

나는 생각했다. 내가 잘못 들었겠지. 그러나 이미 구역질이 나오려고 하기 직전이었다.

"웃옷이라니, 셔츠를 벗으라고요?"

남자는 카메라 덮개 위로 고개를 들더니 내가 바보 같다는 듯 쳐다보았다. 그리고 아주 성가시다는 듯 말했다.

"그래요. 셔츠를 벗으라고요. 그러려고 온 거잖아요."

"속옷을 안 입었는데요."

"바로 그거죠. 가슴을 보여줘요."

"싫어요!"

가슴을 보여달라니 도대체 무슨 수작이란 말인가! 게다가 나는 셔츠를 입고 있지도 않았다. 원피스뿐이었다. 나는 생각했다. 저 얼간이는 내가 원피스를 벗고 운동화에 팬티만 입고 서 있을 거라고 생각한단 말인가?

"싫다고? 다들 이 캐스팅에 오지 못해 안달인데 싫다고?"

"싫어요. 죄송해요. 실수에요, 실수. 실수에요."

당황한 나는 문을 향해 갔다. 바닥에 떨어진 폴라로이드 사진들이 보였다. 나는 허리를 굽혀 자세히 보았다.

사진작가는 벌어진 입을 다물지 못하고 잠시 나를 쳐다보았다. 그러고는 고개를 돌려 어깨너머로 소리쳤다.

"이럴 수가, 여기 별종이 하나 있네! 테렌스, 여기 문제가 하나 생겼어!"

거친 백발에 분홍 턱살이 늘어진, 크고 단단해 보이는 남자가 들어와서 신기하다는 듯 나를 뜯어보았다. 살짝 미소를 지으며 말했다.

"아, 그렇군요. 이 분은 또 누구신가?"

나는 똑바로 섰다. 눈에는 눈물이 고이기 시작했다.

"싫어요. 전 이건 못해요. 이런 건 안 해요."

나는 여자의 상반신 누드 사진을 가리키며 말했다. 처음에는 단지 실망스러울 뿐이었다. 그토록 기대했던 일이었건만, 모델이 될 줄 알았건만 다 끝난 것이다. 일을 시작하자마자 옷을 벗으라고 하다니! 그러나 나는 곧 화가 났다. 격분했다. 그래서 소말리아 말로 욕을 하기 시작했다.

"이 더러운 개자식들! 이 쓰레기 같은 놈들! 돼지 같은 놈들아! 네놈들하고 일 안해!"

"뭐라고 하는 거야? 이것 봐, 나 바쁜 사람이야……."

하지만 남자가 말을 끝내기도 전에 나는 이미 문 밖을 나서던 중이었다. 나는 문을 부술 듯 세게 닫았다. YMCA로 돌아가는 내내 울었다. 모델 일이라고 하는 것은 왠지 이상한, 매우 역겨운 직업이었다.

그날 밤, 비참한 몰골을 하고 침대 위에 누워 있는데 룸메이트가 말했다.

"와리스, 전화 왔어."

기획사의 베로니카였다.

"당신이군요!"

나는 소리쳤다.

"나는 당신 같은 사람하곤 말하기 싫어요! 나한테 창…… 챙……."

창피를 주었다고 말하고 싶었지만 말이 목에 걸려 나오지 않았다.

"끔찍했어요. 아주 나빴어요. 이런 일 안 할래요. 하기 싫어요. 당신이랑 일하기 싫어요!"

"알았어, 와리스. 진정해. 오늘 본 사진작가가 누군지 아니?"

"몰라요."

"그럼, 테렌스 도노반이 누군지 아니?"

"몰라요."

"너 혹시 영어 할 줄 아는 친구는 있니?"

"있어요."

"영어를 하는 사람이라면 그 사람이 누구인지 다 알거야. 통화가 끝나면 물어봐. 그 사람은 왕실의 사람들을 찍는 사진작가야. 다이애나 왕세자비와 유명한 모델들의 사진도 찍어. 어쨌든 그 사람이 널 다시 보고 싶대. 네 사진을 찍고 싶대."

"나보고 옷을 벗으라고 했단 말이에요! 그건 말해주지 않았잖아요!"

"알아, 시간이 없었어. 나는 네가 그 일에 딱 맞을 거라고 생각했어. 그 사람들한테는 네가 영어를 잘 못하는데다 그런 일이 너희 문화에서는 용납되지 않는다고 설명했어. 하지만 피렐리 달력에 나오면 그 뒤로는 훨씬 많은 일자리가 생길거야. 《보그^{Vogue}》나 《엘르^{Elle}》 같은 패션 잡지를 사 본 적 있니?"

"아니요, 비싸서 못 사요. 가판대에서 보고 다시 꽂아놔요."

"그래, 하지만 본 적은 있지? 그게 앞으로 네가 하게 될 일이야. 테렌스 도노반은 이 분야에서 최고야. 모델 일을 하려면 이번 일을 꼭 해야 돼. 그러면 돈도 많이 벌어서 네가 하고 싶은 걸 마음껏 할 수 있어."

"하지만 옷은 벗기 싫어요."

베로니카가 한숨 쉬는 소리가 들렸다.

"와리스, 너 어디서 일한다고 했지?"

"맥도널드요."

"거기에서 얼마 버니? 이 일을 하면 하루에 1,500 파운드를 벌 거야."

"제가요? 그게 다 제 거예요?"

내가 대답했다.

"그래, 게다가 여행도 하게 돼. 촬영은 배스에서 해. 가봤는지 모르지만 아름다운 곳이야. 로열튼에서 묵을 거야."

베로니카가 덧붙였다. 물론 나는 그게 무슨 뜻인지 몰랐다.

"할래, 말래?"

나는 베로니카의 설득에 넘어갔다. 그렇게 돈을 벌면 금방 엄마를 도울 수 있을 터였다.

"알았어요, 알았어요! 언제 다시 가면 돼요?"

"내일 아침은 어때?"

"웃옷만 벗으면 되죠? 1,500 파운드를 받기 위해 그 남자와 자야 하는 건 아니죠?"

"아냐, 아냐. 그런 사기 아냐. 절대 아냐."

"그게 아니면, 다리를 벌려야 한다든가, 그런 건 없죠? 있으면 지금 얘기해요."

"웃옷만 벗으면 돼. 하지만 내일은 폴라로이드 사진만 찍을 거야. 결정은 그 다음에 내리는 거야. 그러니까 잘 해……"

다음날 내가 도착하자 테렌스 도노반이 날 보고 웃기 시작했다.

"또 왔구나. 이리 와라. 네 이름이 뭐니?"

그때부터 테렌스 도노반은 인내심을 가지고 나를 대해주었다. 자식을 둔 아버지인 테렌스 도노반은 내가 도움을 필요로 하는, 겁 많은 어린아이라는 걸 알았다. 테렌스는 차를 갖다 주고 자신의 작품을 보여주었다. 세계에서 가장 아름다운 여자들의 사진이었다.

"자. 이제 다른 사진을 보여줄게. 날 따라와."

테렌스는 선반과 서랍장으로 꽉 차 있는 방으로 나를 데리고 들어갔다. 테이블 위에는 달력이 놓여 있었다. 테렌스가 페이지를 넘기자 각 페이지에는 매달 다른 여자들의 사진이 있었다. 모두 숨 막히게 눈부신 여자들이었다.

"봤지? 작년에 나온 피렐리 달력이야. 매년 이렇게 찍지. 하지만 올해는 달라. 아프리카 여자들만 찍을 거야. 어떤 사진은 옷을 입고 찍겠지만 어떤 사진은 안 입고 찍을 수도 있어."

테렌스는 모든 절차를 순서대로 차근차근 설명해주었다. 그쯤 되자 테렌스가 교활하고 더러운 늙은이가 아닌 것 같아서 마음이 편안해졌다. 테렌스가 말했다.

"이제 폴라로이드를 찍을 거야. 준비됐니?"

베로니카가 돈 이야기를 했을 때부터 준비는 되어 있었지만 막상 시작되고 보니 나는 편안하기까지 했다.

"네, 준비됐어요."

그 순간부터 나는 완벽한 전문가였다. 표시된 위치에 서서 윗옷을 휙 벗어던진 나는 당당하게 카메라를 쳐다보았다. 완벽했다! 테렌스가 보여준 폴라로이드 사진은 아프리카를 생각나게 했다. 흑백의 사진은 매우 단순하고 솔직했다. 전혀 야하거나 유치하지 않았다. 포르노 같은 구석은 조금도 없었다. 그보다 사막에서 자란 나 와리스의 모습 그대로였다. 뙤약볕에 작은 가슴을 드러내 놓은 어린 여자 아이였다.

집에 도착하니 기획사에서 전화가 와 있었다. 일자리를 얻었으니

다음 주에 배스에 가야 한다는 내용이었다. 베로니카는 집 전화번호를 남겨두었다. 나는 전화를 해서 모델료를 언제 받게 될지 모르니 그 주에는 맥도널드에서 일하지 않을 수 없다고 했다. 그러나 베로니카는 필요하면 가불을 해줄 수 있다는 말로 날 구원해주었다.

그날 이후, 나는 다시는 맥도널드에 가지 않았다. 베로니카와 통화가 끝난 후 나는 수화기를 내려놓고 온 빌딩을 누비고 다녔다. 나는 친구들뿐만 아니라 낯선 사람들까지 붙잡고 새 일자리에 대해 이야기 해주었다. 할우는 이렇게 말했다.

"이제 그만해! 그만 좀 자랑해라! 가슴 보여줘야 하는 거 아냐?"

"그렇지, 1,500 파운드 받고!"

"가슴이 그렇게 작은데? 부끄럽지도 않니."

할우가 웃었다.

"그런 거 아냐. 정말 좋은 거야! 이상한 거 아냐…… 게다가 배스에 가서 큰 호텔에 머물 거야."

"어쨌든, 듣기 싫어. 건물 사람들한테 그 얘기 그만 좀 하고 다녀, 알았니?"

출발하기 전날 밤, 나는 한 잠도 못 잔 채 아침을 기다렸다. 이미 더플 가방을 챙겨 문 옆에 놓은 상태였다. 여전히 믿기지 않았다. 여행은 해본 적도 없는 내가 돈까지 받고 여행을 하게 되다니! 테렌스 도노반은 나를 빅토리아 역까지 태워다 줄 리무진을 보내기로 했다. 거기서 사진작가들과 보조들, 미술감독, 다른 모델 네 명과 메이크업 아티스트, 헤어 스타일리스트들과 만나 배스로 가는 기차를 탈 예정이었다. 기차를 놓칠까 몹시 불안해하던 내가 제일 먼저 도착했다. 다음으로 도착한 사람은 나오미 캠벨이었다.

배스에 도착하자마자 우리는 궁전 같은 로열튼 호텔에 짐을 풀었다. 나는 커다란 방을 혼자 쓰게 된다는 사실을 알고 기가 막혔다. 하지만 첫날 밤에는 나오미가 내 방으로 와서 같이 자면 안 되겠느냐고 물었다. 열여섯이나 열일곱밖에 안 된 어리고 상냥한 나오미는 혼자 있기가 무서웠던 모양이다. 나는 말 할 상대가 있는 게 좋았기 때문에 괜찮다고 했다.

"하지만 아무한테도 말하지 말아요. 아무도 없는 방에 그 많은 돈을 낭비하고 있다는 걸 알면 사람들이 화낼지도 몰라요."

"걱정하지 말고 그냥 내 방으로 와."

수년의 경험을 바탕으로 나는 자연스럽게 엄마 역할을 했다. 실제로 내 친구들은 늘 남들을 보살피는 나를 마마라고 부르곤 했다.

"아무 말도 하지 않을게, 나오미."

다음날 아침 일을 시작했다. 두 사람이 먼저 메이크업과 머리 손질을 받고 세트에서 촬영을 시작하면 나머지 두 사람이 준비를 하는 식이었다. 헤어 스타일리스트가 머리 손질을 시작한 첫날, 나는 짧게 깎아달라고 했다. 그 당시, 나는 모델 치고는 살이 많은 편이었다. 푸짐한 맥도널드 햄버거 때문이었다. 그래서 나는 머리가 짧으면 더 세련돼 보일 거라고 생각했다. 스타일리스트는 머리를 계속 짧게, 더 짧게 잘랐는데 마지막엔 거의 아무것도 남지 않았다. 내 머리는 온통 2cm 정도의 길이 밖에 되지 않았다. 모두가 말했다.

"와, 정말 달라 보인다."

하지만 나는 사람들에게 정말 충격을 주고 싶어서 스타일리스트에게 이렇게 말했다.

"내가 어떻게 할 건지 알아요? 금발이 될 때까지 머리를 탈색할 거예요."

"안 돼! 난 그렇게 안 해줄 거야. 그럼 괴상망측할 거야!"

나오미 캠벨은 웃으면서 이렇게 말했다.

"있잖아, 언니는 나중에 꼭 유명해질 거야. 그때 가서 나 잊지 마, 알았지?"

물론 지금은 반대로 나오미 캠벨이 더 유명해졌다.

우리는 그런 식으로 엿새를 촬영했다. 나는 그런 일을 하고 돈을 받는다는 것이 믿기지 않았다. 저녁에 일이 끝나면 사람들이 내게 무얼 하겠느냐고 물었고 내 대답은 늘 한결같았다. 나는 쇼핑을 하고 싶었다. 차는 내 차지가 되었고 리무진 기사는 내가 원하는 곳에 나를 내려주고 나중에 돌아와서 나를 데리고 갔다. 일이 끝나고 내 사진이 표지에 실리게 되었는데 그건 뜻밖의 영광이었다. 나는 그 일로 더 많이 알려지게 되었다.

우리는 기차를 타고 런던으로 돌아갔다. 도착하자마자 리무진에 올라탔는데 기사가 어디로 가고 싶은지 물었다. 나는 기획사로 가자고 했다. 문을 열고 들어가자마자 사람들이 말했다.

"캐스팅이 또 있어. 바로 요 옆이야. 하지만 서둘러. 지금 바로 가야 해."

나는 피곤해서 싫다고 했다.

"내일 갈게요."

"안 돼, 안 돼. 내일은 너무 늦어. 내일이면 끝나. 새 제임스 본드 영화에 나올 본드 걸을 찾고 있어. 티모시 달튼이 나오는 리빙 데이라이트야. 가방은 여기다 두고 가자. 우리가 같이 가줄게."

기획사 사람 한 명이 나를 데리고 가더니 모퉁이를 돌면 나오는 한 건물을 가리켰다.

"저기 사람들이 들어가는 문이 보이지? 바로 저기야."

안은 테렌스 도노반의 스튜디오와 비슷했지만 좀 더 심했다. 안에는 수많은 여자들이 서서, 기대서, 또는 앉아서, 이야기 하거나 워킹을 하거나 포즈를 잡아보고 있었다.

보조가 말했다.

"여러분 모두에게 말을 시켜볼 거예요."

불길한 소식이었지만 나는 속으로 곱씹었다. 나는 테렌스 도노반과 함께 피렐리 달력 작업을 한 전문 모델이다. 이 일이라고 못 할 리 없다. 내 차례가 되자 보조들은 나를 스튜디오로 데리고 들어가서 표시된 위치에 서라고 했다.

내가 말했다.

"제가 영어가 서툴다는 걸 먼저 말씀드리고 싶어요."

그 사람들은 대사가 적혀 있는 판을 들더니 이렇게 말했다.

"괜찮아요. 여기에 적힌 걸 읽으면 돼요."

맙소사, 이건 또 뭔가? 글을 읽을 수 없다고 말해야 하는 것인가? 너무 했다. 너무 창피한 일이었다. 그럴 수 없었다.

그 대신, 나는 이렇게 말했다.

"죄송합니다. 지금 가봐야 돼요. 금방 돌아올게요."

그러고 나서 나는 건물을 나와 가방을 가지러 기획사로 갔다. 캐스팅 하는 사람들이 내가 돌아오지 않으리라는 사실을 깨닫기까지 얼마나 오래 걸렸을지 나도 모른다. 기획사에는 아직 내 차례가 오지 않았다고 말하고는 얼마나 오래 걸릴지 모르니 미리 가방을 가져가겠다고 했다. 그때가 오후 한 시나 두 시쯤이었는데 나는 집으로 가서 가방을 놓고 미용실을 찾아 밖으로 나갔다. YMCA 근처에 있는 미용실로 들어갔더니 한 남자가 나를 맞았다.

"탈색을 해주세요."

내가 말했다.

남자는 눈썹을 추켜올렸다.

"할 수는 있지만 시간이 오래 걸려요. 우리는 여덟 시에 문을 닫아야 해요."

"그럼 여덟 시까지 해주세요."

"그 전에 예약 손님을 먼저 받아야 해요."

그러나 내가 쉬지 않고 졸라댔더니 남자는 결국 승낙했다. 남자가 내 머리에 과산화수소를 바르는 순간 나는 졸라댄 것을 후회했다. 머리가 너무 짧아서 과산화수소가 두피를 자극하기 시작한 것이다. 머리를 마구 쥐어뜯기는 것 같았다. 하지만 이를 악물고 기다렸다. 머리를 감자 오렌지색이 되었다. 더 밝은 색깔이 나오려면 과산화수소를 한번 더 발라야 했다. 두 번째는 노란색이 나왔다. 세 번째 발랐더니 드디어 금발이 되었다.

나는 물론 만족했다. 그러나 지하철을 타러 가는데 어린 아이들이 엄마 손을 잡고 외쳤다.

"엄마, 엄마, 저게 뭐야? 남자야 여자야?"

나는 이렇게 생각했다. 맙소사. 내가 실수했나? 애들이 겁을 먹고 있잖아. 하지만 YMCA에 다다를 때쯤 되자 나는 상관 않기로 했다. 아이들을 위해서 머리를 염색한 건 아니었기 때문이다. 금발이 되어보고 싶다는 생각은 순전히 나를 위한 것이었고 내 눈에는 굉장히 멋져 보였다.

방으로 돌아오니 기획사에서 전화가 여러 통 와 있었다. 어디 갔었니? 캐스팅하는 사람들이 아직도 널 기다리고 있어. 다시 갈 거니? 널 보고 싶대. 아직도 기다리는 중이래……. 하지만 기획사가 문을 닫은 뒤라서 나는 베로니카의 집으로 전화를 걸었다.

"와리스, 어디 갔었던 거야? 그 사람들은 네가 화장실에 간 줄 알았대! 내일 다시 가겠다고 약속해줄래?"

베로니카는 내일 다시 가겠다는 내 약속을 기어이 받아냈다.

베로니카에게는 말하지 않은 사실을 캐스팅 하는 사람들은 즉각 알아챘다. 그 전날, 나는 평범한 흑인이었는데 다음날 금발의 소말리아 여인이 되어 나타난 것이다. 제작진 전체가 일손을 멈추고 나를 쳐다보았다.

"와! 놀라운데! 그걸 어젯밤에 했어요?"

"네."

"와. 좋아요. 아주 좋아요. 도로 바꾸지 마세요, 알았죠?"

나는 말했다.

"당장은 안 바꿔요. 그 끔찍한 고통을 다시 겪고 싶진 않아요. 지금은 내 두피까지 탈색됐을 걸요."

우리는 전날 멈추었던 부분에서 다시 시작했다.

"영어가 서투른 것 때문에 걱정이에요?"

"네."

나는 여전히 영어를 읽을 줄 모른다는 말을 할 수 없었다.

"알았어요. 그러면 거기 서서 오른쪽을 보았다가 다시 왼쪽을 보세요. 그리고 이름을 말하고 출신 지역과 기획사를 말하세요. 그게 다에요."

그 정도는 할 수 있었다.

일을 마친 나는, 기획사가 근처에 있으니까 잠깐 들러서 머리를 보여주면 재미있겠다는 생각이 들었다. 기획사 사람들은 몹시 흥분했다.

"머리를 대체 어떻게 한 거야?"

"예쁘지 않아요?"

"이럴 수가! 아냐, 예쁘지 않아! 이제 다 글러먹었어! 와리스, 네 겉모습을 이런 식으로 바꾸려면 언제나 우리와 상의한 후에 해야 돼. 고객의 기대에 맞추어야 한단 말이야. 이제 네 머리는 네 맘대로 할 수 있는 게 아니야."

하지만 캐스팅 팀은 내 머리가 멋지다고 생각했다. 그래서 나는 본드 걸 역할을 맡았다. 하지만 그날 이후로 기획사 사람들은 내게 기네스(영국산 흑맥주)라는 별명을 달아주었다. 밑은 검고 위는 하얗기 때문이었다.

영화 데뷔를 하게 되어서 한껏 들떠 있던 어느 날, 기획사에 갔더니 베로니카가 이런 말을 했다.

"좋은 소식이야, 와리스. 리빙 데이라이트는 모로코에서 찍는대."

나는 그 자리에 굳어버렸다.

"저기요, 이런 말을 하게 되어서 유감이지만 해야 할 말이 있어요. 지난번에 제게 여권이 있느냐고 물어봤죠? 있긴 있어요, 그런데 비자가 만료되어서 한 번 영국을 떠나면 다시 들어올 수가 없어요."

"와리스, 너 나한테 거짓말했구나! 모델 일을 하려면 여권이 유효해야지, 그렇지 않으면 우린 널 쓸 수가 없어. 너는 항상 움직일 준비가 되어 있어야 해. 저런, 이 일은 안 되겠구나. 취소해야겠다."

"아니에요. 그러지 마세요. 방법이 있을 거예요. 제가 알아볼게요."

베로니카는 못 미더운 눈치였지만 나는 내가 알아서 할 일이라고 말했다. 그 후로 며칠 동안 방에 앉아 생각하고 또 생각했지만 뾰족한 수가 없었다. 친구들의 조언도 구했지만 친구들이 생각해 낼 수 있는 방법이라고는 위장 결혼을 하는 것뿐이었는데 내겐 결혼 상대도 없었다. 몹시 안타까웠다. 나는 내 모델 인생을 망친 것뿐만 아니라 베로니카에게 거짓말을 했고 기획사 사람들을 실망시켰다.

고민에 빠져 있던 어느 날 밤, 나는 YMCA 안에 있는 수영장으로 내려갔다. 친구 마릴린이 거기서 구조요원으로 일하고 있었다. 마릴린은 런던에서 태어난 흑인이었다. 처음 YMCA에 왔을 때, 물을 좋아하는 나는 수영장에 가만히 앉아 물을 바라보곤 했다. 그러다가 결국 마릴린이 내게 왜 물에 들어가지 않느냐고 물어보았다. 나는 수영을 못 한다고 말했다.

"그럼 내가 가르쳐줄게."

마릴린이 말했다.

"알았어."

나는 깊은 쪽으로 가서 숨을 크게 들이쉬고 뛰어들었다. 마릴린은 구조요원이니까 나를 구해줄 수 있을 터였다. 하지만 놀랍게도 물 밑으로 들어간 나는 물고기처럼 헤엄쳐서 수영장 반대편까지 갔다.

그리고 활짝 웃으며 물 밖으로 나왔다.

"했다! 했어! 내가 수영을 했다니 믿을 수가 없어!"

하지만 마릴린은 화가 나서 말했다.

"왜 수영 못 한다고 했어?"

"태어나서 처음으로 해 본 거야!"

그 일 이후로, 우리는 가까워졌다. 마릴린은 엄마와 함께 시내 반대편에 살았는데 일이 늦게 끝나는 날은 너무 피곤해서 집까지 먼 길을 가기가 힘들었다. 그런 날에는 내 방에서 잤다.

마릴린은 너그럽고 상냥한 사람이었다. 그날 밤, 여권 문제를 잊으려고 수영을 하고 있는데 문득 방법이 떠올랐다. 나는 물 밖으로 나와 물안경을 벗으며 말했다.

"마릴린,"

내가 숨을 헐떡이며 말했다.

"네 여권이 필요해."

"뭐? 무슨 소리야?"

나는 사정을 이야기했다."

"너 미쳤구나, 와리스. 그러면 어떻게 되는지 알아? 넌 잡혀서 영영 추방 당하고 난 감옥에 갈 거야. 그깟 한심한 제임스 본드 영화 때문에 그런 위험을 무릅쓴다고? 안 돼."

"제발이야, 마릴린. 재미있는 모험이 될 거야. 큰맘 먹고 해보자. 같이 우체국으로 가주면 내가 네 이름으로 여권을 신청할게. 네 서명을 위조하고 내 사진을 붙이면 돼. 시간이 별로 없지만, 며칠만 지나면 임시 여권이 나올 거야. 제발 부탁이야, 마릴린! 영화에 나올 수 있는 중요한 기회란 말이야!"

며칠 동안 빌고 간청한 끝에, 모로코로 떠나기 하루 전, 마릴린의 승낙을 받았다. 나는 사진을 찍고 나서 마릴린과 함께 우체국으로 갔다. 한 시간 후, 영국 여권이 나왔다. 그러나 집에 가는 길 내내, 마릴린은 안절부절 어쩔 줄을 몰랐다. 내가 계속 말했다.

"걱정 마, 마릴린. 괜찮을 거야. 믿음을 가져."

"믿음 좋아하네. 이 말도 안 되는 사건이 내 인생을 망칠 거라는 믿음이 있다."

그날 밤, 나는 마릴린 집에서 자기로 했다. 나는 비디오도 빌리고 중국 음식도 시켜 먹으면서 쉬자고 했지만 집에 도착하자마자 마릴린은 이렇게 말했다.

"와리스. 나 못 하겠어. 너무 위험해. 여권 이리 내."

나는 가슴 아픈 얼굴로 마릴린에게 여권을 주었다. 배우의 꿈은 잊혀진 환상의 세계로 물 건너갔다.

"넌 여기 있어. 난 이걸 숨길 거야."

마릴린이 말했다. 마릴린은 여권을 위층 방에 갖다 놓았다.

내가 말했다.

"알았어. 네 생각이 정 그렇다면 굳이 마음 졸일 필요 없지. 일이 잘 안 풀릴 것 같으면 여기서 그만 두자."

그러나 그날 밤, 마릴린이 잠에 들자, 나는 방을 뒤지기 시작했다. 방에는 책이 수백 권 있었는데 그 사이에 있을 것 같았다. 나는 책을 한 권씩 펼쳐 흔들어 보았다. 나를 공항까지 데려다 주기로 한 차가 아침에 오기로 했기 때문에 서둘러야만 했다. 갑자기 여권이 발치에 떨어졌다. 나는 여권을 재빨리 낚아채서 가방에 넣은 다음 잠자리에 들었다. 그리고 아침 일찍 일어나서 기사가 오기도 전에 아래로 내려갔다. 기사가 초인종을 누르면 다른 사람들이 잠을 깰 터였기 때문이다. 추위에 벌벌 떨며 길가에 서 있던 나는 7시에 도착한 차를 타고 히드로 공항으로 향했다.

출국은 어렵지 않았다. 모로코에서 내 역할은 '수영장 가에 누워 있는 아름다운 여자'였는데 고작 몇 장면 찍었을 뿐이다. 카사블랑카에 있는 멋진 저택 안에 앉아 차를 마시는 장면도 있었는데 왜인지는 모르지만 여자들은 다 옷을 벗고 있어야 했다. 제임스 본드가 어처구니없이 천정을 뚫고 떨어지면 우리는 두 손을 얼굴에 갖다 대고 소리를 지르면 되었다.

"어머나, 꺅!"

나는 아무 불만 없었다. 대사가 없는 역할이었으니 적어도 영어를 읽지 못한다는 사실 때문에 걱정할 필요는 없었다.

그 외의 시간에는 그저 집 안팎이나 수영장 가에서 빈둥거리면서,

먹고 또 먹으며 아무 것도 하지 않고 지냈다. 나는 내내 햇볕만 쬐었다. 안개 낀 런던에서 살다가 태양을 보니 그토록 반가울 수가 없었다. 영화배우들과 어울리는 법을 알지 못했던 나는 대개 홀로 시간을 보냈다. 하나같이 잘 생긴 배우들은 접근하기 어려웠다. 모두 완벽한 영어를 구사했고 서로 서로 아는 사이인 듯했다. 이 일은 어떻고 저 일은 어떻고 하며 수다를 떨곤 했다. 나는 아프리카로 돌아왔다는 사실에 신이 날 뿐이었다. 저녁이 되면 나는 식구들을 위해 화려한 식사를 준비하는 마마들을 구경하며 밖에 앉아 있곤 했다. 말은 통하지 않았지만 우리는 서로 미소를 보냈다. 내가 아랍어 한 마디를 하면 그쪽에서 영어 한 마디를 하며 웃곤 했다.

하루는 촬영 스태프들이 와서 물었다.

"낙타 경주 보러 갈 사람? 같이 갑시다."

경주를 한참 보고 있던 나는 아랍인 기수에게 다가가서 낙타를 타게 해줄 수 있느냐고 물었다. 우리는 아랍어와 영어를 뒤죽박죽 섞어가며 의사소통을 할 수 있었다. 그 아랍인 말에 따르면 여자는 낙타를 탈 수 없었다.

"제가 이길 걸요."

내가 말했다.

"태워주세요, 제가 한 수 가르쳐 드릴게요. 내가 이길까봐 겁나서 못 타게 하려는 거죠!"

아랍인 기수는 약이 올랐던 모양이다. 나같이 어린애가 감히 도전하다니. 그래서 그 사람은 나를 경주에 끼워주기로 했다. 영화 관계자들 사이로 내가 경주에 참여할 거라는 소식이 퍼져나갔다. 모두 내 주위로 모여들었고 어떤 사람들은 날 말리기도 했다. 그러나 나는 돈을 꺼내 와리스에게 걸라고 말했다. 나는 모로코 남자들에게 본때를 보여줄 셈이었다. 출발선에는 아랍 남자 열 명이 낙타를 타고 서 있었고, 나도 그 사이에 끼어 있었다. 경주가 시작하자 우리는 총알같이 날아갔다. 무시무시한 경주였다. 나는 내가 타고 있는 낙타에 길이 들지도 않았을 뿐더러 가속하는 요령도 잘 모르고 있었다. 낙타는 빠른 속도로 앞으로 나아갈 뿐만 아니라 위로 아래로 또 옆으로 흔들렸기 때문에 젖 먹던 힘을 다해 붙잡지 않으면 안 되었다. 떨어지면 밟혀 죽을 터였다.

경주가 끝났고 나는 2등으로 들어왔다. 제임스 본드 사람들은 놀라움을 감추지 못했다. 사람들은 괴상할지언정 새로운 눈으로 나를 바라보고 있었다. 돈을 딴 사람들은 특별히 더 그랬다.

"어떻게 그런 걸 할줄 알아?"

한 여자가 물었다.

"쉬워. 낙타 위에서 태어나다시피 한 사람에겐 어렵지 않아."

내가 웃었다.

그러나 낙타 경주는 새발의 피였다. 히드로 공항으로 돌아간 나는 더한 것을 견디어 낼 용기가 필요했다. 비행기에서 내린 우리는 입국수속을 밟기 위해 줄을 섰다. 줄이 점점 짧아지자 사람들은 여권을 꺼내기 시작했다. 입국심사관은 "다음!" 이라고 외치곤 했는데 그 말을 들을 때마다 나는 몹시 고통스러웠다. 체포의 순간이 점점 가까워져 오고 있다는 뜻이었기 때문이다.

영국 심사관들은 입국심사를 할 때 늘 까다롭게 굴지만 아프리카 흑인들에겐 곱절로 심하다. 면도날처럼 날카로운 눈으로 여권을 살펴보는 것이다. 나는 어지러운 나머지 기절하고 싶었다. 나는 바닥에 누워 죽어가는 내 모습을 상상했다. 그러면 더 이상 고통 받지 않아도 될 터였다. 나는 기도했다. 알라 신이여, 제발 도와주세요. 이번 한 번만 도와주시면 다음에는 이런 바보 같은 짓 하지 않을게요.

다리가 풀어져 주저앉지 않는 한 곧 내 차례였다. 그 순간 갑자기 제프리라는 얄미운 남자 모델 하나가 내 손에 있던 여권을 낚아챘다. 그 남자는 다른 사람들을 놀려 먹는 걸 재미로 아는 심술궂은 자식이었는데 이번엔 목표를 제대로 잡은 것이었다.

"제발, 그러지 말아요……."

나는 여권을 빼앗으려고 했지만 나보다 훨씬 키가 큰 그 남자는 내 손이 닿지 않는 높이로 여권을 가져갔다.

촬영 내내 사람들은 모두 날 와리스라고 불렀다. 그들은 내 이름이 와리스 디리라는 것을 알고 있었다. 제프리는 여권을 열어보더니 소리를 질렀다.

"세상에, 이것 좀 봐. 다들 이것 좀 봐. 이 애 이름이 뭔지 알아? 마릴린 먼로래."

"돌려주세요."

나는 몸을 벌벌 떨고 있었다.

제프리는 자지러지게 웃어대더니 원을 그리며 뛰어다녔다. 그러면서 사람들에게 내 여권을 보여주느라 난리였다.

"이름이 마릴린 먼로래! 이것 좀 봐! 무슨 소리래? 대체 어떻게 된 일이야? 이것 때문에 머리를 탈색했구나!"

나는 또 다른 마릴린 먼로가 있다는 사실을 몰랐다. 내게 마릴린 먼로는 YMCA에서 구조요원 일을 하는 내 친구였을 뿐이다. 다행인지는 몰라도, 나는 내가 가지고 다니는 여권에 유명 영화배우의 이름과 내 사진이 담겨 있다는 또 하나의 난처한 사실을 모르고 있었던 것이다. 그때, 나의 가장 큰 걱정은 런던에서 태어난 마릴린 먼로가 영어 한 마디 제대로 못 한다는 점이었다. 온몸이 땀으로 흠뻑 젖었다. 웅, 웅 소리를 내며 머릿속을 맴도는 말이 있었다. 난 죽었다…… 이제 다 끝이구나…… 난 죽었어…… 이제 다 끝이야…….

제임스 본드 일행이 전부 합세했다.

"진짜 이름이 뭐야? 정말 어디서 온 거야? 런던 한복판에서 태어난 사람이 영어를 못 한다니 말이 돼?"

모두 나를 놀려대지 못해서 안달이었다. 제프리라는 자식은 결국 여권을 돌려주었다. 나는 다른 사람들을 먼저 보내고 줄의 맨 뒤에 가서 기다렸다. 내 차례가 될 때까지 모두 사라져주길 바랬다.

"다음!"

입국 심사를 마친 사람들은 아무도 제 갈 길을 가지 않았다. 긴 여행이 끝나면 다들 차를 타고 집으로 가려고 서두르기 마련인데, 그날은 아무도 그렇게 하지 않았다. 사람들은 입국심사대 건너편에 모여 서서 내가 어떻게 그 난관을 극복할지 구경하고 있었다.

정신 차려, 와리스. 넌 할 수 있어.

나는 심사대로 가서 환한 미소를 지으며 심사관에게 여권을 건네주었다. 그리고 "안녕하세요?" 하고 인사하고는 숨을 멈추었다. 나는 한마디도 덧붙이지 않았다. 잘못하면 서툰 영어가 들통 날 수 있었다.

"날씨 좋지요?"

나는 고개를 끄덕이며 미소로 대답했다. 심사관이 내게 여권을 건넸고 나는 미끄러지듯 지나갔다. 제임스 본드 팀은 모두 기가 막힌다는 표정을 하고 나를 쳐다보고 있었다. 나는 숨을 내쉬며 그 자리에 주저앉고 싶었다. 그러나 나는 그 사람들 앞을 역시 미끄러지듯 스쳐지나갔다. 공항을 나서야 비로소 안전할 것 같았다. 계속 움직여, 와리스. 살아서 나가야 돼!

모델

의사들

내가 여전히 YMCA에 살고 있을 때였다. 하루는 아래층에 있는 수영장에서 수영을 했다. 수영이 끝나고 탈의실에서 옷을 입은 나는 위층으로 다시 올라가고 있었는데 건물 안에 있는 작은 카페에서 누군가 내 이름을 부르는 소리가 들렸다. YMCA에 살고 있는 윌리엄이라는 남자였다. 윌리엄은 내게 들어오라고 손짓했다.

"앉아, 와리스. 뭐 좀 먹을래?"

윌리엄이 치즈 샌드위치를 만들고 있는 것을 보고 내가 대답했다.

"나도 그거 먹을게."

내 영어는 여전히 서툴렀지만 요점은 이해할 수 있었다. 식사를 하는 동안 윌리엄은 영화를 함께 보러 가자고 했다. 그때가 처음은 아니었다. 윌리엄은 젊고 잘 생긴 백인이었는데 늘 상냥했다. 그러나 어느 순간부터 윌리엄의 말은 하나도 들리지 않았다. 윌리엄의 입술이 움직이는 것을 빤히 바라보고만 있던 나의 머릿속은 컴퓨터처럼 돌아가기 시작했다.

영화를 보러 가자고 한다
그가 내 비밀을 알고 있다면 좋을 텐데
남자친구가 생기면 얼마나 좋을까
내 말을 들어주고
날 사랑해줄 사람이 있으면
좋을 텐데
하지만 영화를 보러 가면
키스를 하자고 할 테고
키스를 하면 섹스를 하자고 할 텐데
내가 승낙하면
그는 내가 다른 여자들과 다르다는 걸,
상처가 있다는 걸 알게 될 테고
승낙하지 않으면
화를 내다가 싸우게 될 텐데
가지 마라
괜히 가슴만 찢어진다
안 된다고 해라
내 비밀을 그가 안다면, 자기 잘못이 아니라는 것도 알 텐데
나는 미소를 지으며 고개를 저었다.

"고맙지만 일이 바빠."

예상대로 윌리엄은 낙담한 표정이었다. 나는 어깨를 으쓱했다. 우리 두 사람 모두에게 해당되는 말이었다. 어쩔 수 없잖아.

문제는 내가 YMCA에 살면서 시작되었다. 식구들과 함께 살 때는 보호자 없이 모르는 남자들 사이에 섞일 일이 없었다. 부모님 집이나,

사루 이모네 집, 모하메드 이모부네 집으로 찾아오는 남자들은 두 가지 경우에 속했다. 우리 문화에 익숙한 남자일 경우 나를 따로 만날 생각조차 하지 않았고, 그게 아닐 경우 다른 식구들이 알아서 그 남자를 처리했다. 그러나 이모부 집을 떠난 뒤로 나는 혼자였다. 그래서 처음으로 그런 문제들을 스스로 처리해 나가야 했다. YMCA에는 젊은 싱글 남자들이 바글바글했다. 할우와 함께 나이트클럽에 가기 시작하면서 더 많은 남자들을 만났고 모델 일을 하면서 그 보다 더 많은 남자들을 만나게 되었다.

그러나 나는 아무한테도 관심을 갖지 않았다. 섹스 또한 나의 관심 밖이었지만, 불행히도 남자들에게 끔찍한 일을 당하고 나서야, 남자들에게 섹스는 관심 밖이 아니라는 사실을 깨달았다. 늘 궁금한 점이지만, 할례를 받지 않았다면 내 인생이 어땠을지 도저히 상상할 수가 없다. 나는 남자들을 좋아하고 감정이 풍부하며 사랑이 많은 사람이다. 당시는 내가 아버지로부터 도망친 지 6년이 지난 시점이었다. 외로움은 견디기가 힘들었다. 나는 가족이 보고 싶었다. 그리고 언젠가 결혼을 하고 아기를 낳아 나만의 가족을 갖기를 원했다. 그러나 폐매어진 상태의 나는 남녀관계라는 걸 받아들일 수가 없었다. 나는 마음의 문을 닫았다. 할례의 상처가 나로 하여금 그 어떤 남자도 받아들일 수 없게 만드는 듯 했다. 육체적으로, 그리고 정신적으로.

내가 다른 여자들과, 특히 영국 여자들과 다르다는 깨달음은 넘기 어려운 걸림돌이었다. 그 걸림돌이 남자와의 교제를 망설이게 했다. 런던에 도착하고 얼마 지나지 않아 나는 모든 여자들이 할례를 받은 건 아니라는 걸 알게 되었다. 모하메드 이모부 집에서 사촌들과 함께 살 때였다. 다른 아이들과 함께 화장실에 있는데 다른 아이들은 많은 양의 소변을 빠른 시간 내에 보는 것이었다. 나는 소변을 보는 데 10분 정도 걸렸다. 할례를 할 때 남겨놓은 구멍이 너무 작아서 소변이 방울방울 떨어졌기 때문이다.

"와리스, 넌 왜 그렇게 쉬를 못해? 뭐가 잘못됐어?"

나는 대답하고 싶지 않았다. 사촌들이 소말리아로 돌아가면 나와 마찬가지로 할례를 받을 거라고 생각했기 때문이다. 그래서 그냥 웃어 넘겼다.

그러나 생리는 웃을 일이 아니었다. 열한 살, 열두 살 때쯤 생리가 시작되었는데 그야말로 악몽이었다. 처음 생리를 시작할 때 나는 홀로 양과 염소를 치고 있었다. 날은 유난히 더웠고, 나는 힘없이 나무 아래 앉아 있었다. 배가 아팠기 때문에 몸은 더욱 불편했다. 이상한 생각이 들었다. 왜 이렇게 아프지? 임신 했나? 아기를 낳게 되는 걸까? 하지만 남자랑 자지도 않았는데 어떻게 임신을 할 수 있지? 통증은 점점 심해졌고 두려움도 커져갔다. 약 한 시간 후, 소변을 보러 갔는데 피가 나왔다. 나는 내가 죽는 줄로만 알았다.

풀숲에서 풀을 뜯는 가축들을 버려두고 나는 쏜살같이 집으로 달려갔다. 그리고 울며불며 엄마한테 뛰어갔다.

"나 죽어! 엄마, 나 죽어!"

"무슨 소리야?"

"피가 나, 엄마. 나 죽어!"

엄마는 단호한 눈빛으로 날 쳐다보았다.

"안 죽어. 괜찮아. 생리하는 거야."

난생 처음 듣는 말이었다. 나는 생리에 대해 아는 것이 하나도 없었다.

"그게 무슨 말이야? 설명을 해줘."

엄마가 과정을 설명하는 동안 나는 배를 잡고 몸부림을 치며 괴로

위했다.

"어떻게 해야 안 아픈데? 정말 죽을 것 같단 말이야!"

"어쩔 수 없어. 그냥 내버려 두는 수밖에. 저절로 나을 때까지 기다려."

받아들일 수 없는 해답이었다. 어떻게 하면 아픔이 덜할까 고민하던 나는 사막으로 되돌아가서 나무 밑에 땅을 파기 시작했다. 땅을 파는 것만으로도 기분이 나아졌다. 고통을 잊을 수 있었다. 나는 나무막대기를 가지고 파고 또 팠다. 어느새 구멍은 내 하체를 묻을 수 있을 만큼 깊게 파였다. 나는 그 속으로 들어가서 모래를 채웠다. 땅 속 구멍은 시원했다. 마치 얼음찜질을 하는 것 같았다. 나는 한낮의 더위가 가실 때까지 그렇게 하고 쉬었다.

매달 생리가 시작되면 나는 땅을 파는 방법을 이용해 고통을 견디어냈다. 나중에 안 사실이지만 신기하게도 아만 언니 역시 나와 같은 방법을 썼다고 한다. 그러나 그 방법에는 단점이 있었다. 하루는 아버지가 지나가다가 땅에 반쯤 묻힌 나를 발견한 것이다. 멀리서 보면 나는 마치 하체가 잘려나간 채 모래 위에 놓인 것처럼 보였다.

"대체 뭐하는 거냐?"

아버지의 목소리를 듣자마자 나는 구멍 밖으로 나오려고 했지만 흙을 단단하게 눌러 채워놓은 까닭에 쉽게 나올 수가 없었다. 나는 두 팔을 허우적대며 다리를 빼내려고 안간힘을 썼다. 그걸 본 아버지는 미친 듯이 웃어댔다. 창피한 나머지 나는 내가 왜 그러고 있었는지 말할 수 없었고 아버지는 그 이후로 꾸준히 나를 놀려댔다.

"산 채로 묻히고 싶으면 제대로 할 것이지 반만 묻는 건 또 뭐냐?"

아버지는 나중에 내 이상한 행동에 관해 엄마한테 물었다. 아버지는 딸이 두더지처럼 땅굴을 파는 데 집착하는 동물로 변할까 두려웠나보다. 하지만 엄마가 사정을 이야기해주었다.

한편, 엄마가 예상한 대로 고통을 멈출 수 있는 것은 아무것도 없었다. 당시에는 이해하지 못했지만 생리는 소변과 마찬가지로 작은 구멍을 미처 빠져나오지 못해 속에 고이고 있었던 것이다. 하지만 피는 끊임없이 흘러나오고 있었기 때문에, 아니 흘러나오려고 했기 때문에 고인 피의 압박이 그토록 고통스러웠던 것이다. 피는 한 방울씩 흘러나왔다. 따라서 생리는 거의 열흘간 계속되었다.

문제는 모하메드 이모부와 살 때 최고조에 달했다. 어느 이른 아침, 나는 평소와 다름없이 아침 식사를 준비하고 있었다. 식사가 담긴 쟁반을 들고 부엌에서 출발해 이모부가 있는 식당의 식탁까지 가다가 갑자기 정신을 잃었던 것이다. 바닥으로 떨어진 접시는 와장창 깨져 내 곁으로 흩어졌다. 뛰어온 이모부가 날 깨우려고 뺨을 두들겼다. 나는 의식을 되찾기 시작했고 이모부의 목소리는 마치 멀리서 들려오는 듯했다. 이모부가 외치고 있었다.

"여보, 여보! 와리스가 쓰러졌어!"

정신을 차리자 마루임 이모가 무슨 일이냐고 물었다. 나는 그날 아침 생리를 시작했다고 말했다.

"이상하네, 병원에 가봐야겠다. 오후에 약속을 잡아 놓을 테니 이모가 다니는 병원에 가보자."

나는 병원에 가서 생리통이 너무 심하고 생리 때마다 기절을 한다고 말했다. 온몸이 마비되는 듯한 고통이라서 어쩔 줄을 모르겠다고 덧붙였다.

"절 도와주실 수 있어요? 제발 어떻게 좀 해주세요. 더 이상 견딜 수가 없어요."

그러나 나는 어릴 때 할례를 받았다는 사실을 밝힌 적이 없다. 어떻게 이야기를 꺼내야 할지 그것조차 모르고 살았다. 당시의 나를 지배한 것은 무지와 혼란과 부끄러움이었다. 그래서 나는 내 몸의 상태조차 제대로 알고 있지 못했다. 또한 문제의 근원이 할례에 있는지도 확실치 않았다. 그때까지도 나는 모든 여자들이 할례를 받는다고 생각했다. 엄마는 나의 고통을 이상하게 여기지 않았다. 엄마가 아는 여자들은 전부 할례를 한 여자들이었고 모두 같은 고통을 겪었기 때문이다. 여자이기에 벗을 수 없는 짐의 일부였던 것이다.

의사는 검진을 하지 않았기 때문에 나의 비밀을 알지 못했다.

"내가 처방해 줄 수 있는 건 피임약뿐이야. 생리를 하지 않을 테니 아프지도 않을 거다."

할렐루야! 나는 약을 먹기 시작했다. 썩 마음에 들지는 않았다. 바스마는 피임약이 몸에 나쁘다고 했다. 하지만 한 달이 채 되지 않아 생리가 거의 멈추었고 아픔도 사라졌다. 피임약은 내 몸을 임신한 상태처럼 만들었기 때문에 생각지 못한 부작용이 일어났다. 가슴이 커졌고 엉덩이도 커졌으며 얼굴에도 살이 올랐고 몸무게가 폭발적으로 증가했다. 갑작스러운 몸의 변화는 대단히 이상하고 부자연스러웠다. 차라리 고통을 견디겠다고 생각한 나는 약을 끊었다. 나는 곧 말 그대로 고통을 견뎌야 했다. 약을 끊자 고통은 전보다 더 심해졌기 때문이다.

얼마 후, 나는 다른 의사를 찾아가서 도움을 청했지만 전과 다름이 없었다. 그 의사도 피임약을 처방해주려고 했다. 나는 약을 먹어봤지만 부작용이 싫다고 했다. 그러나 약이 없으면 한 달에 며칠은 아무 일도 할 수 없었다. 그저 침대에 누워 죽고 싶다는 생각만 했다. 죽으면 고통이 멈출 테니까. 나는 의사에게 다른 방법이 없는지 물어보았다. 의사가 말했다.

"달리 방법이 있겠니? 피임약을 먹으면 생리가 멈추다시피 하지. 생리를 하면 고통이 따르고. 둘 중에 하나를 선택하는 수밖에."

세 번째 의사까지 같은 처방을 내리자 나는 다른 의사를 알아보았자 소용이 없을 거라는 판단에 이르렀다.

내가 이모에게 말했다.

"특수한 의사에게 가봐야 하는 건 아닐까요?"

"아니야."

이모가 딱 잘라 말했다.

"그건 그렇고 의사들에게 뭐라고 말하고 다니는 거니?"

"아무 말도 안 했어요. 그냥 안 아프게 해달라고 한 것뿐이에요."

드러내 말하지 않아도 나는 이모의 말이 담고 있는 의미를 알고 있었다. 할례는 아프리카의 관습이었다. 백인 남자들과 상의할 수 없었다.

그러나 나는 차츰 깨닫기 시작했다. 백인 남자와 상의해야 했다. 그러지 않으면 한 달에 열흘은 아무것도 못 하고 살아가는 고통을 감수해야 했다. 물론 식구들은 이해하지 못할 터였다. 다음에 취해야 할 행동은 단순했다. 아무도 모르게 의사를 만나서 할례를 받았다고 말해야 했다. 내가 만난 의사들 중 도와줄 수 있는 사람이 있을 터였다.

나는 첫 번째 만났던 마크레이 선생님을 택했다. 큰 병원에서 일하는 의사였다. 큰 병원인 만큼 수술이 필요할 경우 시설이 비교적 완벽할 것 같았다. 전화를 해서 예약을 했지만, 진찰을 받기까지 한 달이라는 괴로운 나날을 보내야 했다. 그날이 되자 나는 이모에게 그럴싸한 핑계를 대고 마크레이 선생님에게 갔다. 나는 의사에게 말했다.

"말 하지 않은 게 있어요. 저는 소말리아 사람인데 저는…… 저는……."

서툰 영어로 그 끔찍한 비밀을 털어놓기란 쉽지 않았다.

"할례를 받았어요."

의사는 내 말을 끊었다.

"어서 옷을 갈아입어. 검사해 보자."

의사는 겁에 질린 내 얼굴을 보았다.

"괜찮을 거야."

의사의 부름을 받은 간호사가 나를 탈의실로 데리고 가서 어떻게 환자복을 입는지 설명해주었다.

간호사와 함께 진찰실로 들어간 나는 또 무슨 일을 저지른 건가 싶었다. 소말리아 여자가 그 낯선 방에서 백인 남자 앞에서 다리를 벌리다니…… 생각할수록 창피한 짓이었다. 의사가 자꾸 내 무릎을 벌리려고 했다.

"몸에 힘 빼. 괜찮아. 나는 의사고 저기 간호사가 있잖아. 바로 저기 서 있잖아."

나는 고개를 쭉 빼고 의사가 가리키는 방향을 쳐다보았다. 간호사는 나에게 안심하라는 듯 웃어주었고 나는 결국 의사가 시키는 대로 했다. 나는 딴 생각을 하려고 애썼다. 진찰을 받는 게 아니라, 날씨 좋은 날 염소들을 데리고 사막을 거닐고 있다고 생각했다.

진찰을 마치자 의사는 간호사에게 소말리아 말을 할 줄 아는 사람이 있느냐고 물었다. 간호사는 아래층에 소말리아 여자 하나가 일하고 있다고 했다. 그러나 간호사는 소말리아 남자를 데리고 나타났다. 여자가 안 보였다고 했다. 나는 생각했다. 세상에! 운도 더럽게 없구나. 이런 흉한 일을 소말리아 남자를 통해서 상의해야 하다니! 최악의 상황이었다.

마크레이 의사가 말했다.

"너무 많이 꿰매었다고 말해주세요. 어떻게 지금까지 아무 일 없었는지 모르겠어요. 가능한 서둘러 수술을 해야 돼요."

곧바로 남자의 얼굴이 어두워지는 걸 알 수 있었다. 남자는 입술을 군게 다물고 의사를 빤히 쳐다보았다. 내가 알아들은 부분과 소말리아 남자의 태도를 종합해서 봤을 때, 상황은 좋지 않아 보였다.

남자가 말했다.

"네가 정말 원하면 꿰맨 걸 열어줄 수 있대."

나는 말없이 남자를 쳐다보았다.

"하지만 관습에 어긋난다는 건 알고 있지? 식구들은 알고 있니?"

"아니요, 사실 모르죠."

"누구랑 살고 있니?"

"이모랑 이모부요."

"두 분은 알고 계시니?"

"아니요."

"나 같으면 두 분과 먼저 상의해 보겠다."

나는 고개를 끄덕이며 생각했다. 전형적인 아프리카 남자의 대답이었다. 형제여, 충고는 고맙지만 그러면 모든 게 물거품이 되어 버린다네.

마크레이 선생님은 당장은 수술을 할 수 없다고 했다. 예약을 해야 한다고 했다. 이모에게 들키지 않고는 수술을 할 수 없었다.

"알았어요. 전화로 예약 할게요."

물론 그 후로 몇 년 동안 나는 전화를 하지 않았다.

식구들이 소말리아로 돌아간 후, 나는 전화를 해서 수술 날짜를 잡았지만 두 달을 기다려야 했다. 두 달이 지나가는 동안 할례를 받을 때의 공포가 되살아났다. 수술도 그러한 과정의 반복일 거라고 생각한 나는 시간이 지날수록 수술할 용기가 나지 않았다. 수술 날짜가 됐지만 나는 전화를 하지도 병원에 가지도 않았다.

당시 나는 YMCA에 살고 있었다. 생리통은 여전했다. 그러나 나는 밖에서 돈을 벌어 와야 하는 처지였다. 한 달에 일주일씩 빠지면서 해고당하지 않기를 바랄 수는 없었다. 나는 어떻게든 견디어냈지만 YMCA에 있던 친구들은 내 몸에 문제가 있다는 걸 알았다. 마릴린은 늘 어디가 아프냐고 묻곤 했다. 나는 어린 시절 소말리아에서 할례를 받았다고 얘기했다.

그러나 런던에서 자란 마릴린은 도통 감을 잡을 수가 없었다.

"나한테 보여줘 봐, 와리스. 도대체 뭘 어떻게 했다는 건지 모르겠어. 여길 잘랐니? 이걸? 아니면 저걸? 뭘 어쨌다는 거야?"

어느 날 마침내, 나는 바지를 내리고 보여주었다. 그걸 본 마릴린의 얼굴을 나는 영영 잊을 수가 없다. 고개 돌린 마릴린의 두 볼 위로 눈물이 주르륵 흘러내렸다. 나는 당황했다. 세상에, 그렇게 끔찍하단 말인가?

"그럼, 아무 느낌도 없는 거야?"

마릴린의 입에서 나온 첫 마디였다.

"그게 무슨 소리야?"

마릴린은 그저 고개를 저었다.

"어렸을 때 거기가 어떻게 생겼었는지 생각 나? 이렇게 되기 전에?"

"응."

"나는 지금도 그때랑 똑같아. 너와 달라."

나는 모든 여자들이 나와 같은 상처를 입었는지 궁금했었다. 그렇길 은근히 바래왔는지도 모른다. 그러나 나는 비로소 알게 되었다. 내가 남들과 다르다는 사실을 분명히 깨달았다. 다른 사람들이 나와 같은 고통을 받게 되기를 바란 것은 아니지만 외톨이가 되는 것도 싫었는데…….

"그럼 너나 너희 엄마는 이런 자국이 없단 말이야?"

마릴린은 고개를 저으며 다시 울기 시작했다.

"끔찍해, 와리스. 누가 너에게 그런 짓을 했니? 믿을 수가 없어."

"그러지 마. 그럼 내가 슬퍼지잖아."

"내가 슬퍼. 슬프고 분해. 어린 아이에게 그런 짓을 하는 사람들이 있다니 믿을 수가 없어서 우는 거야."

우리는 잠시 동안 말없이 앉아 있었다. 나는 조용히 흐느끼고 있는 마릴린을 쳐다 볼 수가 없었다. 그러다 결심했다. 더는 참을 수가 없어서였다.

"그래, 다 상관없어. 난 수술할 거야. 내일 병원에 전화할 거야. 그럼 적어도 화장실에서 고생은 않겠지. 그뿐이라 해도 괜찮아. 하지만 적어도 그런 고생은 모르고 살아야지."

"내가 같이 가줄게, 와리스. 내가 옆에 있어 줄게. 약속해."

마릴린이 병원에 전화를 해서 수술 날짜를 잡아 주었다. 이번에는 한 달을 기다려야 했다. 그 동안 나는 마릴린에게 계속해서 물었다.

"나랑 같이 가주는 거지?"

"걱정 마. 같이 갈 거야. 바로 옆에 있을게."

수술 날 아침이 되자 마릴린이 나를 깨웠다. 우리는 함께 병원에 갔다. 간호사가 나를 방으로 데리고 들어갔다. 수술대가 있었다. 나는 수술대를 보자마자 몸을 돌려 건물을 박차고 나갈 뻔 했다. 풀숲 속 바위보다는 나았지만 그때보다 덜 아플 거라는 기대는 거의 하지 않았다. 그러나 마크레이 선생님은 마취 주사를 놓아주었다. 죽음의 여인이 칼질을 할 때도 마취를 했다면 좋았으련만. 나는 마릴린의 손을 잡고 잠이 들었다.

눈을 뜨자, 나는 막 출산을 마친 여인과 함께 2인실에 누워 있었다. 점심시간 식당에서 만난 사람들과 마찬가지로, 그 여인도 내게 물었다.

"어디가 아파서 왔어요?"

대답할 수 없었다. 질 입구가 꽉 막혀서 수술을 하러 왔다고 솔직히 고백할 수도 없는 노릇이었다. 사실을 말하는 대신 그냥 배탈이 나서 왔다고 했다. 비록 할례를 받았을 때보다는 치유가 빨랐지만 당시의 악몽이 되풀이되기도 했다. 소변을 보는 건 옛날과 다름없이 힘들었다. 뜨거운 소금물을 갖다 붓는 느낌이었다. 하지만 간호사들은 목욕물을 준비해 주었고 나는 따뜻한 물에 몸을 풀 수도 있었다. 아주 좋았다. 아프지 말라고 진통제도 주었지만 다 나았을 때의 기분은 이루 말할 수 없었다.

마크레이 선생님의 실력은 훌륭했고 그 뒤로도 나는 늘 고마운 마음뿐이다. 선생님은 나한테 이렇게 얘기 했었다.

"이건 너 혼자만의 문제가 아니야. 너와 똑같은 문제가 있는 사람들이 수시로 나를 찾아와. 수단, 이집트, 소말리아에서 오는 여자들이 대부분이지. 임신한 몸으로 겁에 질려 찾아오는 사람들도 있어. 꿰맨 상태로 아기를 낳는 건 아주 위험하거든. 여러 가지가 잘못될 수 있어. 좁은 구멍으로 나오려다 아기가 질식해서 죽는 경우도 있고 산모가 피를 많이 흘려 죽을 수도 있어. 그래서 여자들이 남편이나 식구들의 동의 없이 나를 찾아오면 나는 내가 할 일을 하는 거지. 최선을 다해서."

몇 주가 지나자 나는 정상으로 돌아왔다. 물론 완전한 정상은 아니었지만 할례를 받지 않은 여자와 비슷하게 되었다. 와리스는 새 여자로 다시 태어난 것이다. 나는 변기에 앉아 시원하게 소변을 볼 수도 있었다. 도저히 말로 설명할 수 없는 새로운 자유였다.

여권 문제

본드 걸로 영화계 데뷔를 마치고 런던으로 돌아온 나는 기사에게 곧장 마릴린 먼로의 집으로 가자고 했다. 나는 겁쟁이처럼 모로코에 가서도 전화를 하지 않았다. 그 대신 내가 돌아올 때까지 화를 가라앉힐 시간을 주었다. 나는 한 아름 선물을 들고 현관문 앞에 서서 떨리는 마음으로 초인종을 눌렀다. 문이 열리자 마릴린이 싱글벙글 웃으며 달려 나오더니 나를 껴안았다.

"해냈구나! 해냈어, 이 정신 나간 녀석아!"

마릴린은 위조 여권을 훔친 나를 용서해주었다. 내가 겁도 없이 일을 저지른 것이 너무 대견해서 화를 낼 수가 없었다고 한다. 나는 다시는 위조 여권으로 우리 둘을 위험에 빠뜨리지 않겠다고 다짐했다. 히드로 공항에서 입국심사 받을 때 겪었던 고통을 생각하면 더더욱 그래야 했다.

마릴린이 나를 용서해 준 것은 다행이었다. 마릴린은 둘도 없는 친구였다. 그런데 또 다시, 나는 마릴린의 우정에 호소해야 했다. 런던으로 돌아온 나는, 나의 모델 인생이 막 시작되는 줄로만 알았다. 연이어

테렌스 도노반과 작업을 하고 제임스 본드 영화에 출연한 뒤라 더욱 그렇게 느껴졌다. 그러나 마법처럼, 모델로서의 내 인생은 눈 깜짝할 사이에 사라졌다. 시작과 같이 은밀하고 갑작스럽게 끝난 것이다. 더 이상 맥도널드에서 일하지도 않았지만 YMCA에 있을 수도 없었다. 일이 없어서 방세를 지불할 수가 없었던 것이다. 그래서 마릴린이 엄마와 함께 사는 집에 들어갈 수밖에 없었다. 마릴린의 집에서 지내는 것이 나는 여러모로 좋았다. 제대로 된 집에서 가족의 일부로 사는 것이 마음에 들었다. 그 집에서 나는 무려 7개월이나 머물었는데, 마릴린이 불평을 한 건 아니지만, 내가 여전히 반가운 존재일 리는 없었다. 가끔 이런 저런 모델 일이 들어왔지만 경제적으로 독립을 하기에는 역부족이었다. 나는 다른 친구네 집으로 들어갔다. 내 헤어 스타일리스트가 소개시켜 준 프랭키라는 중국 남자의 집이었다. 프랭키는 큰 집에 살았다. 방이 두 개였기 때문에 내 눈에는 무척 커 보였다. 프랭키는 자리를 잡을 때까지 머물러도 좋다고 너그럽게 승낙했다.

1987년, 내가 프랭키와 살게 된 지 얼마 지나지 않아 《리빙 데이라이트》가 개봉했다. 몇주 후, 크리스마스이브에, 한 친구가 나를 데리고 나갔다. 온 런던이 이브를 즐기고 있었다. 나도 분위기에 휩쓸려 그날 밤 매우 늦은 시간에 집에 들어갔다. 나는 머리가 베개에 닿자마자 잠이 들었다. 그러다가 누군가가 계속해서 침실 창을 두드리는 소리에 잠을 깼다. 밖엔 나를 집에 데려다 주었던 친구가 신문을 들고 서 있었다. 말을 하고 있었는데 알아들을 수가 없었다. 그래서 창문을 열었다.

"와리스! 네가 선데이 타임즈 1면에 나왔어!"

"그래……."

나는 눈을 비비며 말했다.

"정말 내가 나왔어?"

"그래! 이것 좀 봐."

그 친구는 신문을 들어보였는데 45도 각도에서 찍은 내 얼굴이 1면 전체를 뒤덮다시피 하고 있었다. 이글거리는 금발머리와 표정이 단호한 얼굴은 실물보다 컸다.

"잘 됐네…… 난 이제 그만…… 잘게."

나는 다시 침대로 기어 들어갔다. 다음날 정오가 되서야, 나는 신문이 몰고 올 갖가지 가능성을 깨닫기 시작했다. 런던의 선데이 타임즈 1면에 났는데 여파가 크지 않을 수 없었다. 그래서 나는 부지런히 뛰기 시작했다. 캐스팅에 가느라 온 런던을 누볐고, 기획사를 들볶다가 결국 회사를 바꾸게 되었다. 그러나 나아진 것은 없었다.

새로 들어간 기획사에서 이렇게 말했다.

"와리스, 흑인 모델에게 런던이 썩 좋은 시장은 아니야. 일을 구하려면 파리, 밀라노, 뉴욕으로 돌아다녀야 해."

나도 돌아다니고 싶었다. 하지만 여전히 풀리지 않는 문제가 있었다. 여권 문제였다. 기획사에서는 해롤드 윌러라는 변호사를 소개해주었다. 여권이 없는 외국인 이주자들을 도와준다고 했다.

해롤드 윌러의 사무실에 갔더니 도움을 받으려면 터무니없이 엄청난 금액을 내야 한다고 했다. 자그마치 2천 파운드였다. 그러나 해외로 다니며 일을 하면 그 정도 돈은 금방 벌 수 있었다. 여권 없이는, 가망이 없었다. 나는 온갖 방법을 동원해서 결국 수수료 2천 파운드를 모았다. 그러나 여기저기서 빌린 돈을 사기당할까 여간 걱정스러운 게 아니었다.

그래서 현금은 집에 놔두고, 다시 변호사 사무실로 갔다. 이번에는 마릴린의 조언을 구하려고 함께 갔다. 인터폰을 눌렀더니 윌러의 비서가 받았다. 그리고 건물 안으로 들여보내주었다. 마릴린이 로비에서 기다리는 동안 나는 사무실로 들어가서 윌러를 만났다.

나는 단도직입적으로 말했다.

"솔직히 말해보세요. 내가 알고 싶은 건 이 여권이 2천 파운드의 가치가 있느냐 하는 거예요. 정말 합법적으로 전 세계를 여행할 수 있나요? 혹시 잘 알지도 못하는 외지에 홀로 떨어져 있다가 추방을 당하는 건 아니겠지요. 그리고 여권은 어디서 어떻게 구하는 거예요?"

"아니, 아니. 공급책은 밝힐 수 없어요. 그건 나한테 맡기세요. 원하는 게 여권이라면 여권을 만들어 줄게요. 그리고 장담하건데 여권은 철저히 합법적인 거예요. 일단 일을 시작하면 2주가 걸려요. 준비가 되면 비서가 전화를 줄 겁니다."

잘 된 일이다! 2주 후면 마음 내킬 때, 마음 내키는 곳으로 떠날 수 있었다.

"좋아요. 괜찮은 것 같군요."

내가 말했다.

"이제 뭘 하면 되죠?"

윌러는 내가 아일랜드 사람과 결혼하면 된다고 했다. 마침 적임자가 있다고 했다. 2천 파운드는 그 아일랜드 사람에게 수고비로 지급된다고 했다. 윌러가 받는 수수료는 극히 적다고 했다. 윌러는 약속 날짜와 시간을 적어 주었다. 그 시간에 등기소에서 새신랑을 만나면 된다고 했다. 추가 비용이 드니 150파운드를 더 가져오라는 말도 덧붙였다.

"오설리반 씨가 나와 있을 거예요."

윌러가 교양 있는 영국 영어로 설명했다. 손으로는 계속 무언가를 적고 있었다.

"그분이 와리스 씨와 결혼할 분이에요. 그건 그렇고, 축하드려요."

윌러가 나를 쳐다보더니 살짝 미소 지었다.

얼마 후 나는 마릴린에게, 윌러를 믿어도 되겠느냐고 물었다. 마릴린의 대답은 이랬다.

"동네도 좋고, 건물도 좋고 사무실도 좋네. 문에 명패도 붙여 놓았고. 전문 비서도 있잖아. 내가 보기엔 제대로 된 변호사 같은데?"

믿음직한 내 친구 마릴린은 결혼식 날 증인이 되어 주었다. 등기소 앞에서 기다리고 있는데 주름진 얼굴에 헝클어진 백발을 하고 낡아빠진 옷을 입은 한 노인이 갈지 자를 그리며 인도를 따라 걸어오고 있었다. 우리가 노인을 보고 웃고 있는데, 노인이 등기소 계단을 올라오기 시작했다. 마릴린과 나는 놀란 얼굴로 서로를 쳐다보다가 다시 노인을 쳐다보았다.

"오설리반 씨세요?"

내가 용기를 내어 물었다.

"그렇고 말고. 내가 오설리반이지."

노인은 목소리를 낮추었다.

"너냐?"

나는 고개를 끄덕였다.

"돈은 있겠지. 돈은 가져왔어?"

"네."

"150파운드?"

"네."

"착하구나. 그럼 빨리 빨리 서두르자. 어서. 시간 낭비 말고."

새신랑은 위스키 냄새로 진동했다. 누가 봐도 노인은 고주망태가 되어 있었다.

노인을 따라 안으로 들어가면서 나는 마릴린에게 속삭였다.

"여권이 나올 때까지 살아있을까?"

등기소 직원이 결혼식을 진행하기 시작했지만 도저히 집중할 수가 없었다. 제대로 서 있지도 못하고 비틀거리는 오설리반 씨 때문에 자꾸 신경이 거슬렸다. 아니나 다를까 직원이 "신부는 신랑을 남편으로 맞아……"라고 말하는데 노인이 '쿵' 하는 소리와 함께 바닥으로 쓰러졌다. 처음에는 노인이 죽었다고 생각했지만 열린 입으로 힘겨운 숨소리가 들렸다. 나는 무릎을 꿇고 앉아 노인을 흔들며 소리쳤다.

"오설리반 씨, 일어나세요!"

그러나 노인은 일어나지 않았다.

나는 마릴린에게 황당하다는 표정을 지으며 말했다.

"결혼식이 이 꼴이 되다니!"

마릴린은 벽을 잡고 쓰러지더니 배꼽을 잡고 웃어댔다.

"지지리 복도 없지! 사랑하는 내 신랑, 주례 앞에서 기절하다니."

어처구니없는 상황에 놓이게 된 나는 차라리 그 상황을 즐기기로 생각하고 끝까지 우려먹었다.

직원은 두 손을 무릎 위에 놓고 허리를 굽혀 작은 돋보기안경 너머로 내 약혼자를 살펴보았다.

"괜찮을까요?"

나는 이렇게 소리치고 싶었다.

"그걸 내가 어떻게 알아요!"

허나 그러면 모든 것이 들통 날 것 같았다.

"일어나요, 어서, 일어나세요!"

나는 노인의 뺨을 꽤 세게 두들기기 시작했다.

"누가 물 좀 갖다 주세요. 누가 어떻게 좀 해봐요!"

나는 웃음 섞인 호소를 했다. 직원이 물을 한 컵 가져와서 노인의 얼굴에 뿌렸다.

"어……."

노인은 코를 쿵쿵대며 신음을 하더니 마침내 눈을 떴다. 온 힘을 다해 밀고 당기기를 반복했더니 노인을 일으켜 세울 수 있었다.

"이럴 수가, 어서 계속합시다."

내가 중얼거렸다. 노인이 다시 쓰러질까 걱정스러웠다. 나는 식이 끝날 때까지 신랑의 팔을 꼭 붙잡고 놓지 않았다. 식이 끝나고 길가로 나오자 오설리반 씨는 150파운드를 요구했다. 나는 혹시 문제가 생길지도 몰라서 주소를 받아 적었다. 노인은, 내게 남아있던 전 재산을 받아 주머니에 넣고 짧은 노래를 흥얼거리며 구부정한 자세로 길을 따라 갔다.

일주일 후 해롤드 윌러가 직접 전화를 해 여권이 준비되었다고 말했다. 나는 신나서 여권을 가지러 사무실로 달려갔다. 윌러가 여권을 건네주었다. 내 검은 얼굴이 나온 사진과 와리스 오설리반이라는 이름이 찍힌 아일랜드 여권이었다. 나는 여권 전문가는 아니었지만 여권이 좀 이상해 보였다. 아니, 아주 이상해 보였다. 허름해 보이는 여권은 누군가가 지하실에서 만들어 낸 것 같았다.

"이게 여권이에요? 이게 합법적인 여권이라고요? 이걸 갖고 여행할 수 있어요?"

"그럼요."

윌러가 단호하게 고개를 끄덕였다.

"보시다시피 아일랜드 거죠. 아일랜드 여권이에요."

"흠."

나는 여권을 뒤집어서 뒤표지를 살펴보았다. 그리고 속을 훑어보았다.

"하긴, 여권 구실만 제대로 한다면 겉모습이 어떻든 무슨 상관이겠어요?"

나는 오래지 않아 여권을 써보게 되었다. 기획사에서는 파리와 밀라노에 있는 일자리를 소개시켜 주었고 나는 여행 비자를 신청했다. 그러나 며칠 후 편지가 한 장 도착했다. 보내는 사람의 주소를 확인한 나는 속이 메스꺼웠다. 이민국에서 온 편지였다. 나를 즉각 만나고 싶다는 내용이었다. 나는 여러 엉뚱한 대책을 세워보았지만 결국 헛수고로 돌아가리라는 걸 알았다. 그래서 이민국에 갈 수밖에 없었다. 이민국은 날 즉시 강제 송환할 수도, 감옥에 보낼 수도 있었다. 안녕, 런던. 안녕, 파리. 안녕, 밀라노. 안녕, 모델 일이여. 반갑다, 낙타들아.

편지를 받은 다음날, 나는 프랭키의 집에서 이민국까지 지하철을 타고 갔다. 거대한 정부 청사 안을 헤매는데 마치 무덤 속에 있는 기분이 들었다. 제대로 찾아 들어간 사무실에서 나를 기다리고 있던 사람들은 지독히도 심각한 얼굴을 하고 있었는데 정말이지 그런 얼굴을 보기는 그때가 처음이었다. 얼굴이 돌처럼 굳은 한 남자가 지시했다.

"여기 앉으십시오."

그 사람들은 나를 외딴 방으로 데리고 가더니 질문을 하기 시작했다.

"이름이 뭡니까? 처녀 적 이름은 뭡니까? 어느 나라 출신입니까? 여권은 어떻게 구했습니까? 그 사람 이름은 뭡니까? 얼마나 지불했습니까?"

말을 조금이라도 잘못 했다간 수갑을 찰 수도 있는 상황이었다. 한편, 이민국 관리들은 내가 하는 말을 전부 기록하고 있었다. 그래서 나는 내 직감을 믿고 말을 많이 하지 않았다. 적당한 대답을 생각해 내느라 시간이 필요할 때는 타고난 재주를 발휘했다. 언어 장벽으로 인해 혼란스럽다는 시늉을 한 것이다.

여권을 압수한 이민국은, 여권을 돌려받으려면 남편을 데려와서 면담을 해야 한다고 말했다. 바라던 소식은 아니었다. 그러나 나는 해롤드 윌러라는 이름을 끝내 언급하지 않고 이민국 사무실을 나올 수 있었다. 정부에서 그 도둑놈을 잡아가기 전에 돈을 되돌려 받아야 했다. 그러지 못하면 2천 파운드와는 영영 이별이었다.

나는 이민국을 나와, 곧장 겉만 번지르르한, 그 변호사 사무실로 가서 인터폰을 눌렀다. 비서가 대답하자 나는 와리스 디리가 급한 일로 월러 씨를 만나러 왔다고 말했다. 그러나 놀랍게도 비서는 월러가 자리에 없다는 핑계를 대며 문을 열어주지 않았다. 나는 매일 사무실로 찾아가거나 전화를 해서 소리를 질러댔지만 충직한 비서는 그 사기꾼을 끝까지 보호했다. 나는 마치 사설탐정처럼, 건물 밖에 숨어 하루 종일 기다렸다. 그 자가 지나가면 덤벼들 요량이었다. 그러나 월러는 사라지고 없었다.

그 와중에도 나는 오설리반 씨를 데리고 이민국에 가야 했다. 오설리반 씨의 주소는 런던 남부, 크로이든으로 되어 있었다. 소말리아 사람들이 많은 이주민 동네였다. 나는 갈 수 있는 데까지 지하철을 타고 갔지만 나머지는 택시를 타고 가야 했다. 전철이 닿지 않는 동네였기 때문이다. 나는 홀로 길을 걸으며 자꾸 등 뒤를 돌아보았다. 동네가 마음에 들지 않았다. 나는 주소에 맞는 집을 찾았다. 쓰러져 가는 임대 주택이었다. 문을 두드렸다. 대답이 없었다. 나는 모퉁이를 돌면 나오는 창문을 통해 안을 들여다보려고 했지만 아무것도 보이지 않았다. 곰곰이 생각했다. 어디 있을까? 낮 시간에 어딜 갔을까? 아, 술집에 있겠구나. 나는 다시 걷기 시작했다. 그리고 가까운 술집을 발견하자마자 안에 들어갔다. 오설리반 씨가 바에 앉아 있었다.

"저 기억하세요?"

내가 물었다.

오설리반 씨는 뒤를 돌아보는 듯하더니 재빨리 원래 자세로 되돌아가서 정면에 늘어서 있는 술병에 시선을 고정시켰다. 서둘러야 했다. 먼저 안 좋은 소식을 전하고 이민국에 가자고 간청해야 했다. 들어주지 않을 게 뻔했지만.

"제 말 좀 들어보세요. 오설리반 씨. 이민국에서 제 여권을 가져갔어요. 오설리반 씨하고 얘기하고 싶대요. 몇 가지 질문에만 대답하면 여권을 돌려준대요. 우리가 정말 결혼했는지 알고 싶은 거죠. 망할 놈의 변호사는 찾을 수가 없어요. 사라졌어요. 그래서 도와줄 사람이 없어요."

노인은 여전히 정면을 주시하면서 위스키를 한 모금 꿀꺽 들이키더니 고개를 저었다.

"이것 보세요, 내가 여권을 만들어달라고 2천 파운드씩이나 줬잖아요!"

그제야 노인이 반응을 보였다. 고개를 돌려 나를 쳐다본 노인은 어처구니없다는 듯 벌어진 입을 다물지 못하고 있었다.

"얘야, 넌 나한테 150 파운드밖에 안 줬어. 나한테 2천 파운드가 있으면 여기 크로이든에서 썩고 있겠냐."

"오설리반 씨와 결혼하는 대가로 해롤드 월러에게 2천 파운드를 줬단 말이에요!"

"글쎄, 나는 못 받았다. 네가 바보 같이 그 남자에게 2천 파운드를 줬다면 그건 네 문제지, 내 문제가 아니야."

나는 도와달라고 간청하며 계속해서 빌었다. 하지만 노인은 관심을 갖지 않았다. 나는 노인에게 이민국까지 택시를 태워 주겠다고, 전철을 탈 필요가 없을 거라고 약속했다. 그러나 노인은 바에서 꿈쩍도 하지 않았다.

노인의 구미를 당길만한 방법을 찾던 나는 이렇게 말했다.

"그럼 돈을 줄게요. 돈을 더 주면 되잖아요. 이민국에서 일이 끝나면 술집에 가서 마음껏 술을 마시게 해줄게요."

노인은 고개를 돌려 나를 보더니 눈썹을 치켜올렸다. 관심은 있지만 수상쩍다는 눈치였다. 못을 박아야 했다.

"위스키를 많이, 아주 많이 마시게 해줄게요. 탁자 위를 온통 위스키 잔으로 채워줄게요. 됐죠? 내일 집에 들를게요. 같이 택시를 타고 런던에 가요. 얼마 안 걸릴 거예요. 몇 가지 질문만 대답하면 바로 술집으로 갈 수 있어요. 알았죠?"

노인은 고개를 끄덕이더니 다시 카운터 뒤에 있는 술병들을 주시하기 시작했다.

다음날 아침, 나는 크로이든으로 가서 노인의 현관문을 두드렸다. 대답이 없었다. 나는 인적 없는 거리를 걸어서 술집으로 들어갔다. 그러나 술집에는 흰 앞치마를 하고 신문을 읽으며 커피를 마시는 바텐더뿐이었다.

"오늘 오설리반 씨 못 보셨어요?"

바텐더는 고개를 저었다.

"오설리반 씨가 오기엔 아직 이르단다."

나는 다시 그 거짓말쟁이 집으로 가서 문을 쾅쾅 두드렸다. 여전히 대답이 없었다. 그래서 나는 지린내가 진동하는 현관에 앉아서 코를 막았다. 거기 앉아 다음 일을 고민하고 있는데 거칠어 보이는 두 20대 남자가 걸어와 내 앞에 섰다.

"넌 누구냐?"

한 명이 투덜대듯 말했다.

"왜 우리 아버지 문 앞에 앉아 있는 거야?"

"아, 안녕하세요."

나는 상냥하게 말했다.

"모르시겠지만 저는 아버지하고 결혼한 사람이에요."

두 사람은 동시에 나를 뚫어져라 쳐다보았다. 그 중 덩치가 큰 남자가 소리쳤다.
"뭐라고! 그게 무슨 빌어먹을 헛소리야?"
"제가 말이죠, 지금 무척 곤란한 처지에 있어서 아버지의 도움이 필요해요. 런던에 있는 사무실로 같이 가서 질문 몇 개만 대답하면 되는 일이에요. 그 사람들이 내 여권을 가져갔는데 돌려받아야 해요, 그러니까 제발……"
"저리 가, 이 빌어먹을 년!"
"이것 봐요! 난 그 노인한테 가진 걸 다 줬다고요."
나는 문을 가리키며 말했다.
"그러니까 혼자서는 돌아갈 수 없어요."
그러나 노인의 아들은 다른 생각이 있었던 모양이다. 남자는 외투 안쪽에서 몽둥이를 꺼내더니 험악하게 치켜들었다. 내 머리통을 부술 기세였다.
"그래? 그럼 우리가 본때를 보여주지. 여기가 어디라고 와서 헛소리를 지껄이고……"
남자의 동생이 입을 벌리고 웃었다. 나는 부러진 이빨을 내 보이며 웃는 남자를 빤히 쳐다보았다. 그걸로 충분했다. 두 남자는 밑질 게 없어 보였다. 그 둘은 현관문 바로 앞에서 날 패죽일 수도 있었다. 아무도 모를 터였다. 아니 아무도 상관하지 않을 터였다. 나는 앉은 자리에서 튀어 올라 달리기 시작했다. 두 남자는 얼마 동안 나를 쫓더니 내가 충분히 겁을 먹었다고 생각했는지 몇 블록 안 가서 멈추었다.
그러나 집에 도착한 나는, 다음날 다시 크로이든에 가리라 마음먹었다. 노인을 찾을 때까지 계속 그럴 생각이었다. 내겐 선택의 여지가 없었다. 당시, 프랭키는 내게 공짜로 방을 빌려주고 있었을 뿐만 아니라

먹을 것까지 사주고 있었다. 게다가 나는 다른 친구들로부터 필요한 돈을 빌려 쓰고 있는 상황이었는데, 언제까지 돈을 빌려 쓸 수는 없는 노릇이었다. 이민 전문 변호사를 사칭한 그 사기꾼에게 가진 돈을 다 쏟아 부은 나는 여권이 없어 일도 할 수 없었다. 더 이상 손해 볼 것이 없었다. 조심하지 않으면 이빨 몇 개 부러질 수도 있겠지만, 두 건달들보다 영리하게 굴면 문제가 없을 거라고 판단했다. 그건 별로 어렵지 않을 터였다.

다음날 오후, 나는 크로이든으로 돌아가서 조용히 동네를 한 바퀴 돌았다. 일부러 노인네 집 앞에는 멈추지 않았다. 작은 공원을 찾은 나는 벤치에 앉았는데 얼마 지나지 않아 다름 아닌 오설리반 씨가 지나갔다. 무슨 연유인지는 몰라도 오설리반 씨는 기분이 좋아 보였고 나를 반갑게 맞아주었다. 그리고 지체 없이 나와 함께 택시를 타고 런던으로 가주었다.

"돈 줄 거지?"

나는 고개를 끄덕였다.

"술도 사줄 거지, 아가씨?"

"일이 끝나면 얼마든지 사드릴게요. 그 전에, 이민국 사람들을 만나면 평범한 사람처럼 굴어야 해요. 그 놈들은 정말 못됐거든요. 그 다음에 술집에 가요……."

이민국 직원은 오설리반 씨를 보자마자 험상궂은 표정을 지으며 물었다.

"이분이 댁의 남편입니까?"

"네."

"오설리반 부인. 쓸데없는 장난은 집어치웁시다. 도대체 어떻게 된

거에요?"

나는 한숨을 내쉬었다. 어차피 들통 날 거짓말, 계속 해봤자 소용없었다. 나는 속마음을 모두 털어놓았다. 모델 일과 해롤드 윌러, 그리고 오설리반 씨와 이른바 결혼을 하게 된 것에 대한 전부를 말했다. 이민국에서는 해롤드 윌러에 관심이 많았다. 나는 주소를 포함해서, 그 사람에 대해 아는 대로 말했다.

"수사가 끝나면 여권에 관해서 연락이 갈 겁니다."

그것뿐이었다. 집에 가도 좋다고 했다.

거리로 나온 오설리반 씨는 술집에 가고 싶어 안달을 떨었다.

"돈을 달라고요? 여기 있어요……"

나는 가방 속에 손을 집어넣어서 마지막 남은 20파운드를 꺼내서 노인에게 주었다.

"이제 내 눈 앞에서 제발 사라져요. 더 이상 눈 뜨고 봐 줄 수가 없네요."

"이게 전부야?"

오설리반 씨가 내게 지폐를 흔들어댔다.

"이게 전부냐고?"

나는 발길을 돌려 거리를 따라 걷기 시작했다.

"빌어먹을 년!"

노인이 소리쳤다. 노인은 몸을 잔뜩 구부리고 있었다.

"엿 먹어라, 이 빌어먹을 년!"

길을 가던 사람들이 멈추어 서서 나를 쳐다보았다. 궁금했을 것이다. 돈을 빌어먹은 건 저 노인인데 왜 날 보고 빌어먹을 년이라고 하는지.

며칠 후, 이민국에서 전화가 왔는데 사무실에 다시 한 번 들러달라고 했다. 해롤드 윌러를 수사하고 있는 중인데 알아낸 것은 별로 없다고 했다. 비서의 말에 따르면 윌러는 인도에 있는데 언제 돌아올지 분명치 않았다. 한편, 이민국에서는 내게 두 달 간 유효한 임시 여권을 만들어 주었다. 그 지긋지긋하고 난처한 상황에 빠진 이후, 처음 생긴 절호의 기회였다. 나는 그 두 달을 유용하게 쓰기로 작정했다.

먼저 이탈리아로 가기로 했다. 옛 이탈리아 식민지에 살았던 나는 그 나라 말을 조금 할 줄 알았다. 사실, 내가 아는 이탈리아 말은 대부분 엄마한테 배운 욕설이었지만 쓸 데가 있을지도 모르는 일이었다. 밀라노는 내 마음에 쏙 들었다. 나는 밀라노에서 열리는 패션쇼에서 런웨이 모델을 했다. 그러다가 줄리라는 모델을 만났다. 금발이 어깨까지 내려오는 줄리는 키가 크고 몸매가 훌륭했다. 그래서 란제리 분야 일을 자주 하는 편이었다. 우리 둘은 밀라노를 샅샅이 돌아보며 즐거운 시간을 보냈다. 밀라노 패션쇼가 끝나자 우리는 함께 파리로 가서 우리의 운을 시험해 보기로 했다.

굉장한 두 달이었다. 나는 새로운 도시로 가서 새로운 사람들을 만나고 새로운 음식을 먹어 보았다. 큰돈을 번 것은 아니지만 유럽을 순회하는 동안 쓰기에는 모자람이 없었다. 파리에서 일거리가 떨어지자 줄리와 나는 함께 런던으로 돌아왔다.

런던으로 돌아온 나는 뉴욕에서 기획 일을 하고 있는 사람을 만났다. 그 사람은 새로운 얼굴을 찾으러 영국으로 온 것이었다. 그는 내게 미국으로 오라고 적극 권했다. 미국으로 오면 일을 많이 주겠다고 했다. 물론, 나도 간절히 원하는 바였다. 사람들은 뉴욕이야말로 돈이 되는 곳이라고 했다. 흑인 모델에게는 더더욱 그랬다. 나는 기획사를 통해 필요한 절차를 밟고 미국행 비자를 신청했다.

미국 대사관은 내 서류를 보고 즉시 영국 정부와 접촉했다. 그 결과 나는 편지 한 장을 받았다. 30일 내에 영국에서 소말리아로 강제 송환된다는 내용이었다. 나는 울며불며 줄리에게 전화를 걸었다. 당시 줄리는 첼튼햄에 있는 오빠의 집에 머물고 있었다.

"큰일 났어. 아주 큰일이야. 이제 다 끝이야. 소말리아에 돌아가야 돼."

"저런. 와리스, 그러지 말고 우리 집에 와서 좀 쉬는 건 어때? 기차를 타고 오면 돼. 런던에서 몇 시간 걸리지도 않고 경치도 아주 아름다워. 잠시 시골에 내려와 있는 것도 좋을 거야. 그럼 방법이 생각날지도 모르잖아."

내가 도착하자, 역으로 마중 나와 있던 줄리는 나를 차에 태우고 푸른 벨벳 같은 시골 들판을 지나 집으로 갔다. 거실에 앉아 있으려니 줄리의 오빠 나이젤이 들어왔다. 제법 키가 큰 나이젤은 피부가 희고, 금발이 곱고 길었다. 앞 이빨과 손가락에는 니코틴이 배어 있었다. 나이젤이 쟁반에 차를 내어 와서는 자리를 잡고 앉아 줄담배를 피우는 동안, 나는 여권 문제에 대한 악몽 같은 이야기를 풀어 놓았고, 안타까운 결말이 다가오고 있다는 말도 덧붙였다.

의자에 등을 기댄 채 팔짱을 끼고 있던 나이젤이 갑자기 이렇게 말했다.

"걱정 마, 내가 도와줄게."

만난 지 30분 된 남자의 말에 화들짝 놀란 내가 물었다.

"어떻게 할 건데? 어떻게 도와 줄 건데?"

"내가 너랑 결혼할게."

나는 고개를 절레절레 흔들었다.

"그건 안 돼. 그건 이미 해 봤어. 그것 때문에 이 지경이 된 거야. 다시는 그 짓 안 해. 됐어. 더 이상 고생하기 싫어. 아프리카로 돌아가서 행복하게 살 거야. 거기에는 식구들도 있고 모르는 것도 없어. 이 정신 없는 나라는 모르는 것투성이야. 전부 어지럽고 뒤죽박죽이야. 난 고향으로 갈 거야."

나이젤은 갑자기 자리에서 일어나더니 위층으로 뛰어올라갔다. 그리고 내 얼굴이 1면에 실린 선데이 타임즈를 들고 내려왔다. 1년이 넘은 신문이었다. 줄리를 만나기 훨씬 전의 일이었다.

"이게 왜 여기 있는 거야?"

"언젠간 널 만날 줄 알았기 때문에 가지고 있었어."

나이젤은 사진에 있는 내 눈을 가리키며 말했다.

"이 사진을 처음 본 날, 나는 여기 네 눈의 눈물을 보았어. 물줄기가 뺨을 타고 흘러내리고 있었지. 네 얼굴을 보니 너는 울고 있어서 나는 네가 도움이 필요하다는 걸 알았어. 그때 알라신이 말씀하셨어. 나의 임무는 널 돕는 거라고 말씀하셨어."

큰일이었다. 나는 치켜뜬 눈으로 나이젤을 뚫어져라 쳐다보며 이렇게 생각했다. 이 정신 나간 자식은 대체 누구야? 도움이 필요한 건 내가 아니라 너다.

그러나 주말 내내, 줄리와 나이젤은 끝없이 나를 설득했다. 나이젤이 도움이 될 수 있다면 거부할 이유가 없지 않느냐…… 소말리아에 가면 앞날이 어떻게 되겠느냐…… 거기 가면 뭘 하겠느냐. 염소와 낙타를 치겠느냐…… 나는 나이젤에게 머릿속에서 끊임없이 맴돌던 질문을 했다.

"무슨 속셈이야? 대체 무슨 이유로 온갖 불편을 감수하고 나와 결혼하겠다는 거야?"

"내가 말했잖아. 속셈 같은 건 없다고. 알라신이 네게 날 보내셨어."

나는 분명히 말했다. 나와 결혼하는 건 쉬운 일이 아니라고. 등기소로 깡충깡충 뛰어 가서 해결할 수 있는 단순한 문제가 아니었다. 나는 이미 결혼을 한 상태였다.

"그러면 이혼을 하면 되지. 정부 놈들에겐 우리가 결혼할 예정이라고 말하면 되는 거고."

나이젤이 설명했다.

"그러면 널 추방하지 않을 거 아냐. 내가 같이 가줄게. 나는 영국 시민이야. 그러니까 허락할 거야. 네가 가여워 보여서 돕겠다는 거야. 최선을 다 할게."

"정말 고맙군……."

줄리가 이렇게 덧붙였다.

"와리스, 오빠가 널 도울 수 있다면 도움을 받아봐. 달리 방도가 없으니까 되든 안 되든 시도해 봐야 않겠니?"

며칠에 걸쳐 두 사람의 말을 듣고 난 후 결심했다. 줄리는 내 친구였고 나이젤은 줄리의 오빠였다. 나이젤의 집이 어딘지도 아니까 믿을 수 있을 것 같았다. 줄리 말이 맞았다. 되든 안 되든 해봐야 했다.

우리는 계획을 세웠다. 나는 나이젤을 대동하고 오설리반 씨한테 가서 이혼 문제를 상의하기로 마음먹었다. 두 아들을 우연히 다시 만날 가능성을 고려하면 혼자 갈 수는 없었다. 노인은 뭐든지 돈으로 해결되는 양반이었으므로 나는 노인이 이혼에 동의하기 전에 돈을 요구하리라는 당연한 결론에 이르렀다. 한숨이 나왔다. 생각만 해도 피곤했다. 그러나 줄리와 나이젤은 쉬지 않고 나를 격려했다. 나는 우리의 작전에 대해서 좀 더 낙관적으로 생각하기 시작했다. 나이젤이 말했다.

"가자. 지금 당장 차를 타고 크로이든으로 가자."

우리 둘은 차를 타고 노인이 사는 동네로 갔다. 내가 나이젤에게 집으로 가는 길을 안내해 주었다.

"조심해."

운전하는 나이젤에게 내가 경고했다.

"그 남자들, 그러니까 두 아들 말이야. 미쳤어. 차에서 나가기도 무섭다니까.

나이젤이 웃었다.

"정말이야. 쫓아와서 날 때려죽이려고 했어. 미쳤다니까. 아주 조심해야 돼."

"걱정 마, 와리스. 노인한테 가서 이혼하자고 말하면 되는 거야. 그게 전부야. 별 일 아니라고."

우리는 거의 저녁이 다 되어서 오설리반 씨 집 앞에 도착했다. 나이젤이 길에 차를 세우고 문을 두드렸다. 나는 자꾸 고개를 돌려 길에 누가 없는지 좌우로 살펴보았다. 대답이 없었지만 놀랄 일은 아니었다. 길모퉁이에 있는 술집으로 가봐야 할 듯했다.

나이젤이 말했다.

"옆으로 돌아가서 창문으로 들여다보자. 집에 있는지 없는지."

나이젤은 나와 달리 키가 커서 손쉽게 안을 들여다볼 수 있었다. 하지만 자리를 옮기며 창문을 여럿 들여다보아도 아무것도 보이지 않자 나이젤이 어리둥절한 표정을 지으며 말했다.

"뭔가 잘못된 것 같은 느낌이야."

나는 이렇게 생각했다. 이제야 사태 파악이 되나 보구나. 나는 이 기분 나쁜 늙은이를 만나야 할 때마다 그런 느낌이 들어.

"뭔가 잘못된 것 같다니 그게 무슨 뜻이야?"

"모르겠어…… 그냥 그런 느낌이…… 이 창문을 열고 들어갈 수만 있다면……"

말이 끝나기도 전에 나이젤은 손바닥으로 창문을 세게 두드려 열려고 했다.

이웃집 여자가 나와 소리쳤다.

"오설리반 씨를 찾고 있는지는 모르겠지만 우리도 그 노인을 못 본 지 몇 주 됐어요."

앞치마를 한 여자는 두 팔을 꼬고 우리를 지켜보았다. 나이젤이 두드리던 창문이 빠끔 열렸다. 그 사이로 지독한 악취가 새어나왔다. 나는 양 손으로 코와 입을 막고 고개를 돌렸다. 나이젤은 열린 문틈에 눈을 갖다 대고 자세히 들여다보았다.

"죽었어. 바닥에 누워 있는 게 보여."

우리는 이웃집 여자에게 구급차를 부르라고 한 다음 차를 타고 달아났다. 인정하기 부끄럽지만, 나는 슬프기는커녕 마음이 편안했다.

오설리반이 부엌에서 썩고 있는 것을 발견한 뒤 얼마 지나지 않아 나이젤과 나는 부부가 되어 있었다. 영국 정부는 나를 강제 송환하기로 했던 계획은 거두어들였지만, 나와 나이젤의 결혼을 새빨간 거짓말이라고 여긴다는 사실은 구태여 숨기지 않았다. 물론, 새빨간 거짓말이었다. 그럼에도 나는 여권이 나올 때까지 첼튼햄에 있는 나이젤의 집에 머무는 것이 안전할 거라고 생각했고 나이젤도 동의했다. 첼튼햄은 런던 서쪽의 코츠월드 힐즈에 있었다.

모가디슈와 런던에서 지낸 7년 동안 나는 내가 얼마나 자연을 좋아하는지 잊고 있었다. 푸른 잎이 우거진 시골 들판에는 여기 저기 밭과 호수가 흩어져 있었는데 비록 소말리아의 사막과는 전혀 딴판이었지만, 창문 없는 스튜디오와 고층 빌딩 안에 있는 것보다 밖에서 시간을 보내는 것이 더 즐거웠다. 첼튼햄에서, 나는 내가 유목민일 때 주로 맛보았던 기쁨을 다시 맛볼 수 있었다. 나는 걷기도, 뛰기도 하며 야생화를 꺾기도 하고 밖에서 소변을 보기도 했다. 때로는 덤불 속에서 엉덩이를 내놓고 앉아 있다가 사람들에게 들키기도 했다.

나이젤과 나는 각각 다른 방에서 잤고 부부가 아닌 룸메이트처럼 살았다. 우리가 결혼한 이유는 순전히 여권 때문이었고 나이젤도 그 점에 동의했다. 돈을 벌기 시작한 나는 나이젤을 경제적으로 돕고 싶다고 했지만 나이젤은 어떤 보답도 기대하지 않는다고 대답했다. 나이젤은 곤경에 빠진 타인을 도우라는 알라의 지시를 따른 결과로 얻은 기쁨으로 족했다. 어느 날, 나는 런던에 있는 캐스팅에 가기 위해 평소보다 일찍, 6시쯤 일어났다. 나는 아래층으로 내려와서 커피를 끓였다. 나이젤은 여전히 방에 잠들어 있었다. 노란 고무장갑을 끼고 막 설거지를 하려고 하는데 초인종이 울렸다.

나는 비눗물이 뚝뚝 떨어지는 고무장갑을 벗을 새도 없이 문을 열었다. 두 남자가 서 있었다. 잿빛 양복, 잿빛 얼굴의 두 남자는 심각한 표정을 짓고 있었다. 손에는 검은 서류가방이 들려 있었다.

"리차드 부인?"

"네?"

"남편 계십니까?"

"네, 위층에 있어요."

"물러서 주십시오. 정부에서 공무가 있어 나왔습니다."

그건 차림새만 봐도 뻔히 짐작할 수 있었다.

"어서 들어오세요. 커피 드실래요? 앉으세요. 제가 남편을 부를게요."

두 남자는 나이젤의 커다랗고 폭신한 거실 의자에 앉았지만 등을 기대지는 않았다.

"자기야, 내려와봐. 누가 찾아왔어."

잠이 덜 깬 눈으로 내려온 나이젤의 금발머리는 잔뜩 헝클어져 있었다.

"안녕하세요."

나이젤은 겉모습만 보고도 두 남자의 정체를 눈치 챘다.

"무슨 일이십니까?"

"네, 몇 가지 여쭤볼 것이 있습니다. 먼저, 리차드 씨가 부인과 함께 살고 있는지 확인하고 싶습니다. 함께 살고 계십니까?"

아주 넌더리가 난다는 듯한 나이젤의 표정을 보니 사태가 흥미로워질 것 같았다. 나는 벽에 등을 기대고 서서 구경했다. 나이젤이 내뱉듯 말했다.

"댁이 보기엔 어떻습니까?"

긴장한 두 남자는 방을 둘러보았다.

"네. 그런 것 같습니다만 집을 둘러보아야 합니다."

나이젤의 얼굴은 비구름처럼 어둡고 험악해졌다.

"이것 봐요. 집을 둘러보다니 말도 안 되는 소립니다. 댁들이 누군지는 모르지만 이 사람은 내 아내고 우리는 같이 삽니다. 보고도 몰라요. 이렇게 들이닥치는 게 무슨 경우입니까. 보다시피 우리는 잠옷 차림이에요. 그러니까 나가요!"

"리차드 씨, 너무 흥분하지 마세요. 우리는 법에 따라······."

"지긋지긋하군요!!!"

도망쳐, 이 자식들아. 늦기 전에 피해. 내 생각과 달리 두 남자는 의자에 달라붙어 꼼짝도 하지 않았다. 창백한 얼굴은 소스라치게 놀란 표정이었다.

"내 집에서 당장 나가! 오지도 말고 전화도 하지 마. 안 그러면 총을 가지고 나와서 쏴 죽일 거야. 난 저 여자를 위해서 죽을 수도 있어."

나이젤이 나를 가리키며 말했다.

나는 머리를 절레절레 흔들며 생각했다. 미쳤군. 나한테 완전히 빠져들고 있군. 큰일 났어. 난 왜 여기 있는 거지? 아프리카로 돌아갔어야 했어. 그게 더 나았을 뻔 했어.

나이젤의 집에서 지낸 지 몇 달이 지난 뒤, 나는 이렇게 말하곤 했다.

"나이젤, 단정하게 하고 다녀. 신발도 사 신고. 그래야 여자친구가 생기지"

그러면 나이젤은 이렇게 대답했다.

"여자친구? 여자친구 필요 없어. 세상에, 아내가 있는데 여자친구 있어서 뭘 해?"

그런 말을 들으면 화가 머리끝까지 치밀어 올랐다.

"이 싸이코야, 가서 변기에 머리나 박고 물이나 내리든가! 정신 차리고 날 좀 내버려 둬! 난 널 사랑하지 않아! 우리는 합의를 본 거야. 네가 날 도와주고 싶다고 했잖아. 하지만 난 네 아내가 아니야. 네 기분에 맞춰준답시고 널 사랑하는 척 할 수는 없어."

나이젤과 나는 합의에 이르렀었지만 그 합의를 깬 나이젤에게는 자기만의 생각이 있었다. 집으로 찾아온 관리들에게 얼굴이 파래져서 한 말은 거짓이 아니었다. 나이젤의 머릿속에서는 전부 진실이었다. 문제는 갈수록 복잡해졌다. 내가 나이젤을 친구로 여기고 의지하고 있었기 때문이다. 나를 도와준 것은 고마웠지만 나이젤을 이성으로 본 것은 아니었다. 나이젤이 나를 자기 아내인 양, 자기 소유인 양 다룰 때는 정말 죽여버리고 싶었다. 나는 금방 깨달았다. 떠나야했다. 나이젤처럼 돌아버리기 전에 한시라도 빨리 떠나야했다.

그러나 여권 문제는 쉽게 해결되지 않았다. 나이젤은 내가 자신에게 의지하고 있다는 사실을 잘 알고 있었다. 자신이 유리한 위치에 있다는 사실을 안 나이젤은 내게 점점 더 많은 걸 요구하기 시작했다. 나 나이젤은 내게 집착했다. 내가 어디서 누구랑 뭘 하는지 알고자 했다. 내게 자기를 사랑해달라고 끊임없이 간청했다. 그러면 그럴수록 나는 나이젤을 혐오했다. 나는 때때로 일을 하러 런던에 가거나 친구를 만나러 갔다. 돌아버리지 않기 위해서 기회가 있을 때마다 나이젤을 멀리했다.

그러나 명백히 제 정신이 아닌 남자와 살다보니 나도 미쳐가고 있는 듯했다. 나를 자유롭게 만들어줄 여권을 기다리던 어느 하루, 지친 나는 런던으로 가는 기차 승강장에 섰다. 다가오는 열차에 몸을 던지고 싶은 마음이 간절했다. 그 짧은 시간 동안, 나는 기차 소리를 들으며, 달리는 기차가 몰고 온 차가운 바람이 내 머리카락을 날리는 걸 느꼈다. 나는 저 무지막지한 쇳덩어리가 내 뼈를 잘게 부수면 어떤 느낌이 들까 생각했다. 나의 걱정거리를 전부 날려 보낼 수 있다는 유혹은 강했다. 그러나 마침내 나는 스스로에게 물었다. 별 볼일 없는 남자 하나 때문에 인생을 망쳐?

일 년이 넘게 기다렸지만 여권이 오지 않자, 이민국 사무실로 가서 큰 소란을 피운 나이젤 덕분에 나는 임시 여권을 얻을 수 있었다. 나이젤은 이렇게 외쳤다고 한다.

"내 아내는 세계적인 모델인데 임시 여권이라도 있어야 해외로 다니며 일을 할 것 아닙니까."

나이젤은 내 사진집을 책상 위에 패대기쳤다.

"나는 빌어먹을 영국 시민이에요, 근데 내 아내를 이 따위로 대접하다니 진절머리가 날 지경이군요. 내가 영국인이라는 게 부끄러워요. 당장 이 문제를 해결해주세요!"

나이젤이 사무실을 방문한 후 얼마 되지 않아 정부는 나의 옛 소말리아 여권을 압수하고 임시 여권을 보내주었다. 출국은 가능했지만 끊임없이 재발급 받아야 하는 불편함이 있었다. 여권 안쪽에는 이런 말이 찍혀 있었다.

"소말리아를 제외한 모든 국가에서 유효함."

그보다 더 우울한 말은 없었을 것이다. 당시 소말리아에는 내전이 벌어지고 있었다. 영국은 내가 자국의 보호 아래 있는 동안, 전쟁이 벌어지고 있는 국가를 방문하는 사태를 미연에 방지하고 싶었던 것이다. 영국 주민인 나에 대한 책임은 영국에 있었던 것이다. "소말리아를 제외한 모든 국가에서 유효함"이라는 문구를 읽으면서 나는 작은 소리로 이렇게 중얼거렸다.

"맙소사. 내가 무슨 짓을 한 거지? 내 나라도 마음대로 못 가다니."

나는 완벽한 외톨이였다.

누군가가 내게 선택을 하라고 했다면, 나는 됐으니 소말리아 여권을 달라고 했을 것이다. 그러나 어느 누구도 나와 상의하지 않았다. 과거로 돌아가기에도 이미 늦은 상태였다. 뒤돌아갈 수 없으니 전진하는 수밖에 없었다. 나는 미국 비자를 신청했다. 그리고 뉴욕 행 비행기 표를 예약했다. 나 혼자서.

큰물에서
놀기

나이젤은 자기도 뉴욕에 가겠다고 처음부터 끝까지 우겨댔다. 가본 적도 없으면서 다 아는 듯이 말했다.

"그 동네는 아주 복잡한 동네야. 그리고 넌 뭘 할지도, 어디로 갈지도 모르잖아. 내가 없으면 갈피도 못 잡고 헤맬 거라고. 게다가 혼자 가는 건 위험해. 내가 보호해줄게."

그러면 누군가가 나를 나이젤로부터 보호해야 할 터였다. 나이젤은 상대방을 설득할 때 앞뒤가 맞지 않는 논리를 끝없이 반복하곤 했다. 나이젤은 상대방이 지칠 때까지, 맛 간 앵무새처럼 했던 말을 하고 또 하고, 또 하고, 또 했다. 남의 말은 듣지도 않았다. 말이 통하지 않는 사람이었다. 그건 그나마 귀여운 구석에 속했다. 어쨌든 이번만은 포기할 수 없었다. 이번 여행은 내 장래를 위해서 놓칠 수 없는 기회였다. 일 때문이기도 했지만 동시에 나이젤과 넌더리 나는 관계를 접고 영국을 떠나 새로운 출발을 할 수 있기 때문이기도 했다.

1991년, 나는 홀로 미국에 도착했다. 뉴욕 기획사의 내 담당자는 내게 자신의 아파트를 빌려주고 자신은 친구네 집에 머물렀다. 아파트는 그리니치 빌리지에 있었다. 맨해튼 내의 온갖 신나는 일들은 바로 이 그리니치 빌리지에서 일어났다. 방 한 개로 이루어진 아파트에는 큰 침대를 제외하면 살림살이가 거의 없었지만 나는 단순한 게 마음에 들었다.

내가 도착했을 때, 이미 기획사에서는 수많은 일자리를 구해 놓고 있었다. 나는 즉시 바쁘게 뛰어다니기 시작했다. 그렇게 바쁘기는 처음이었다. 그렇게 많은 돈을 벌기도 처음이었다. 나는 도착한 뒤 일주일을 하루도 쉬지 않고 일했다. 일자리가 없어 4년을 고생한 뒤라 불평하지 않았다.

모든 것이 다 잘 되어 가던 어느 오후였다. 촬영이 있던 날이었다. 휴식 시간이 되자, 나는 다음날 스케줄을 확인하려고 기획사에 전화를 걸었다. 내 담당자가 말했다.

"남편한테 전화가 왔었어요. 지금 오고 있는 중인데 오늘 밤 집에서 기다린대요."

"남편…… 집 주소를 줬어요?"

"네, 와리스 씨가 너무 급하게 떠나는 바람에 주소 가르쳐주는 걸 잊었다고 하셔서요. 정말 상냥하시더라고요. 와리스 씨가 뉴욕은 처음 와보니까 걱정이 되어 오셨다고요."

나는 수화기를 거칠게 내려 놓았다. 그리고 가쁜 숨을 몰아쉬며 잠시 그대로 서 있었다. 기획사에 있는 담당자를 탓하는 건 아니었다. 나 이젤이 진짜 남편이 아니라는 사실을 알 리 없었다. 그렇다고 일일이 설명해줄 수도 없었다. 그게 말이죠, 우리가 결혼한 사이인 건 맞지만 그 남자는 완전히 미쳤어요. 나는 당시 불법 체류자였는데 소말리아로 강제 소환되지 않으려고, 여권 때문에 그 남자와 결혼한 것뿐이에요. 알겠어요? 그건 그렇고 내일 스케줄은…… 제일 끔찍한 사실은 내가 그 미친놈과 실제로 결혼한 사이라는 점이었다.

그날 저녁, 일이 끝나자, 나는 마음을 굳게 먹고 집으로 갔다. 담당자가 말한 대로 나이젤이 와서 문을 두드렸다. 나는 문을 열어주었다. 그리고 나이젤이 겉옷을 벗기도 전에, 허튼소리는 듣기 싫다는 듯 냉정한 목소리로 말했다.

"가자. 내가 저녁 사줄게."

사람들이 많은, 안전한 장소에 자리를 잡은 나는 차근차근 말하기 시작했다.

"나이젤. 난 널 참을 수가 없어. 참을 수가 없다고. 네가 지긋지긋해! 난 네가 옆에 있으면 일을 할 수가 없어. 생각을 못 하겠어. 짜증 나고, 긴장이 돼. 네가 그냥 돌아갔으면 좋겠어."

나는 내가 끔찍한 소리를 하고 있다는 사실을 알고 있었다. 나이젤에게 상처를 주어야 하는 나도 가슴이 아팠다. 그러나 나는 절박했다. 아주 잔인하고 못되게 굴어야, 겨우 내 말이 먹힐 것 같았다.

한없이 우울하고 딱한 모습의 나이젤을 보자 죄책감이 들기 시작했다.

"알았어. 네 말 알았어. 내가 오지 말았어야 했어. 내일 아침 첫 비행기로 돌아갈게."

"그래! 잘 생각했어! 내일 스튜디오에 갔다가 집으로 돌아오면 넌 가고 없는 거야. 난 여기 놀러 온 게 아니야. 일 하러 왔어. 그러니까 네 얼빠진 짓을 받아줄 시간이 없어."

그러나 다음날 밤, 내가 집에 도착하자 나이젤은 꼼짝도 않고 그대로 있었다. 불 꺼진 집 안에 앉아서 창밖을 멍하니 내다보고 있던 나이젤은 외롭고 비참해 보였다. 하지만 영국으로 돌아간 것은 아니었다. 내가 소리를 지르기 시작했더니 다음날 돌아가겠다고 했다. 그리고 또 그 다음날 같은 일이 벌어졌다. 나이젤이 마침내 런던으로 돌아가자 나는 이렇게 생각했다. 감사합니다, 알라 신이여. 이제야 마음 편히 쉴 수 있겠군요. 그 후, 일이 쏟아져 들어오는 바람에, 나는 예정보다 오래 뉴욕에 머물게 되었다. 그러나 나이젤은 나를 잠시도 가만 놔두지 않았다. 몰래 알아낸 내 신용카드 번호를 가지고 비행기 표를 구입해서 두 번이나 더 뉴욕에 왔다. 세 번 다, 말도 없이 나타난 것이다.

나이젤과의 황당한 상황에도 불구하고 내 인생의 다른 모든 일들은 더할 나위 없이 훌륭하게 돌아가고 있었다. 나는 뉴욕에서 새로운 사람들을 만나면서 즐거운 시간을 보내고 있었고 모델 일도 갑자기 잘 되기 시작했다. 나는 베네통과 리바이스의 모델이었고 포멜라토라는 보석상의 광고에, 흰 아프리카 드레스를 입고 여러 번 출연했다. 레블론에서는 화장품 모델로 시작해서 곧 새롭게 출시하는 '아지'라는 향수를 대표하는 모델이 되었다. 광고 문구는 이랬다. "아프리카의 품속에서, 전 세계 여성들의 마음을 사로잡을 향수가 태어났습니다." 나를 고용한 회사들은 남들과 다른, 나의 이국적인 외모를 활용하고 있었던 것이다. 런던 모델 계에서 외면 받았던 바로 그 아프리카적인 외모를 말이다. 레블론 측에서는 아카데미상 시상식 때 내보낼 특별 광고를 제작했는데, 나와 신디 크로포드, 클라우디아 쉬퍼, 로렌 허튼이 출연했다. 그 광고에서 우리는 각각 같은 질문을 묻고 또 대답했다.

"어떤 여성이 혁신적인 여성입니까?"

내 대답은 기상천외한 내 인생을 있는 그대로 요약해서 말한 것이었다.

"소말리아에서 유목민으로 태어나 레블론의 전속 모델이 된 여성이죠."

그 이후, 나는 오일 오브 올레이(미국의 화장품 회사) 광고에 나온 최초의 흑인 여성이 되었다. 그리고 로버트 팔머와 미트로프의 뮤직 비디오에 출연하기도 했다. 일거리는 눈덩이처럼 불어나서, 나는 이내 《엘르》, 《얼루어》, 《글래머》, 《보그》 이탈리아 판 그리고 《보그》 프랑스 판과 같은 유명한 패션 잡지에 등장하게 되었다. 그러면서 나는 그 분야에서 손꼽히는 여러 사진작가들과 함께 일하게 되었는데, 그 중에는 리차드 애비든이라는 신화적인 존재도 있었다. 리차드는 함께 작업하는 모델들보다 더 잘 알려진 사진작가였음에도 불구하고 매우 겸손하고 재치있었다. 수십 년의 경력이 있었지만 늘 나의 의견을 묻곤 했다.

"와리스, 이 사진 어떻게 생각해?"

내 의견을 물어볼 정도로 나를 생각해준다는 점은 무척 고마운 일이었다. 내가 처음으로 만난 훌륭한 사진작가, 테렌스 도노반에 이어 리차드도 내가 존경하는 사진작가가 되었다.

세월이 흐르는 동안, 내게는 좋아하는 사진작가들이 생겼다. 하루 종일 사진 찍는 게 쉬운 일 같아 보여도, 경험이 쌓이자, 사진작가에 따라 사진의 질에 큰 차이가 난다는 걸 알게 되었다. 적어도 사진의 대상인 내 관점에서는 그랬다. 훌륭한 패션 사진작가는, 모델에게 고정된 이미지를 강요하기보다 모델의 진정한 개성을 포착해서 두드러져 보이게 만든다. 나이를 먹으면서, 나는 내 자신, 그리고 나를 이 분야에서 일하는 다른 여성들로부터 구별 짓는 나만의 개성을 감사히 여길 줄 알게 되었다. 모두가 180cm를 넘는 큰 키에, 무릎까지 찰랑거리는 머리카락과 사기그릇처럼 뽀얀 피부를 가지고 있는 모델 업계에서 흑인으로서 일한다는 것은 예외 취급을 받는다는 뜻이다. 어떤 사진작가들은 조명과 화장, 헤어스타일을 이용해 나를 전혀 다른 사람으로 만들어 놓기도 한다. 그런 작업은 즐겁지도 않고 결과물도 마음에 들지 않는다. 신디 크로포드를 원한다면 신디 크로포드를 고용해야지, 흑인 여자를 데려다 놓고 긴 가발을 씌우고 흰 파운데이션을 처발라서 괴상한 흑인 신디 크로포드를 만들어 놓으면 안 되는 것이다. 내가 함께 작업하기를 즐겼던 사진작가들은 여성의 자연스러운 아름다움에 감동할 줄 알고 그런 아름다움을 찾아내려고 하는 사람들이었다. 나 같은 경우, 굳이 힘들게 찾아내지 않아도 되었지만, 사진작가들의 노력은 가상했다.

얼굴이 알려지자 일거리가 늘어났고 내 스케줄은 캐스팅과 패션쇼, 사진 촬영 약속으로 빈틈이 없었다. 여전히 시계를 거부하고 있던 나에게 스케줄을 지키는 것은 보통 힘든 일이 아니었다. 옛날 방식으로 시간을 아는 데는 문제가 있었다. 맨해튼의 고층 건물들 사이에서 내 그림자의 길이를 짐작하는 데는 어려움이 많았기 때문이다. 나는 약속시간을 지키지 못해 어려움을 많이 겪었다. 게다가 나는 내게 난독증이 있다는 사실도 알았다. 자꾸 잘못된 장소로 갔던 것이다. 기획사에서 주소를 적어주면, 나는 늘 그 주소를 거꾸로 읽었다. 브로드웨이가 725번지라는 주소를 주면, 브로드웨이가 527번지로 가서 다른 사람들이 다 어디로 가 있는지 고민하고 했던 것이다. 런던에서도 같은 경험을 했었지만. 일거리가 훨씬 많던 뉴욕에서는 난독증이 끊임없는 문제가 되었다.

모델 일을 하면서 경험을 쌓고 자신감을 갖게 되다 보니, 그 분야에서 내가 제일 좋아하는 부분이 생겼다. 바로 런웨이였다. 일 년에 두 번, 디자이너들은 새 디자인을 공개하기 위해 패션쇼를 연다. 패션쇼는 밀라노에서 시작해서 두 주간 계속 된다. 다음은 파리, 그 다음은 런던, 그리고 뉴욕으로 이어진다. 유목민이었던 내게 이동하는 삶은 어렵지 않은 삶이었다. 나는 최소한의 짐을 갖고 일자리를 따라 움직이면서 인생이 주는 것들을 기꺼이 받아들이고 최대한 활용했다.

밀라노에서 패션쇼 시즌이 시작되면 모델 업계에 종사하는 여자들은 나이를 불문하고 전부 밀라노로 향한다. 단 한번이라도 모델의 꿈을 가져보았던 여자들도 마찬가지다. 도시는 갑자기 개미처럼 빨빨거리며 돌아다니는 키가 큰 돌연변이 여성들로 가득 찬다. 거리 곳곳에도, 버스 정류장에도, 커피숍에도 모델들이 있다. "저기, 한 명 있네. 저기도 있네. 저기 또 하나 간다."라고 할 수 있을 정도다. 모델이 모델을 몰라보기는 힘들다. 어떤 여자들은 상냥하게 "안녕" 하고 인사를 하지만 어떤 여자들은 서로를 아래위로 훑어보면서 "흠" 한다. 어떤 여자들은 서로 아는 사이이고 어떤 여자들은 전혀 상관없는 사이다. 그런 여자들은 대부분 난생 처음, 홀로 와서 잔뜩 겁을 먹은 여자들이다. 어떤 여자들은 서로 사이좋게 지내고 어떤 여자들은 그렇지 않다. 온갖 유형의 사람들이 다 있다. 질투와 시샘이 없다고 하는 사람들은 새빨간 거짓말을 하고 있는 것이다. 모델들 사이에는 질투와 시샘도 아주 많다.

기획사가 약속을 잡아 놓으면 모델들은 캐스팅에 참가해서 패션쇼 일을 얻기 위해 밀라노 시내를 누빈다. 모델 일이 화려하기만 한 직업이 아니라는 사실을 깨닫게 되는 시점이다. 전혀 아니다. 하루에 약속이 일곱 개, 열 개, 열한 개까지 생길 수도 있다. 하루 종일 돌아다녀야 하기 때문에 아주 힘든 일이다. 약속 장소에 도착했어도 이미 다른 약속에 늦은 상태라면 밥을 먹을 수도 없다. 겨우 다음 장소에 도착한다고 해도 서른 명 남짓 되는 사람들이 이미 기다리고 있을 수도 있다. 그 서른 명이 다 끝나야 자기 차례가 온다. 차례가 되면, 사진이 들어 있는 포트폴리오를 보여준다. 고객의 마음에 들면 워킹을 해볼 기회가 주어진다. 고객이 정말 관심을 가지고 있다면 옷을 입어보라고 할 것이다. 하지만 거기까지다.

"수고했어요. 다음!"

일을 땄는지 못 땄는지 알 수는 없지만, 다음 장소로 이동해야 하기 때문에 고민할 새도 없다. 관심 있는 고객은 기획사로 연락을 해서 스케줄을 잡는다. 그 사이, 빨리 깨달아야 하는 사실이 있다. 한 일자리에 너무 집착하거나, 진심으로 원하던 일자리를 얻지 못했다고 속상해 하거나, 좋아하는 디자이너에게 거부당했다고 상처 받으면 안 되는 것이다. "그 자리를 얻었을까? 얻을 수 있을까? 왜 안 됐지?"라고 생각하기 시작하면 미쳐버리기 십상이다. 특히 일을 따내지 못했을 때는 더하다. 그것 때문에 속상해 하면 얼마 가지 않아 산산조각이 나 버린다. 결국 깨닫게 되는 사실은 대부분의 캐스팅 결과는 실망스럽다는 것이다. 처음에는 나도 이렇게 걱정하곤 했다. "왜 그 자리를 못 얻었지? 정말 원하던 일이었는데!" 그러나 나중에는, 모델 일에 관한 한 나만의 좌우명을 갖게 되었다. C'est la vie(인생은 다 그런 것). 잘 안 된 것은, 잘 안 된 것이다. 고객의 마음에 들지 않은 것뿐이지 내 잘못이 아니다. 고객이 찾는 것이 키 2미터에 긴 금발머리를 한 몸무게 40 킬로그램짜리 모델이라면 와리스에게 관심이 없는 게 당연하다. 그러니까 잊어버려야 한다.

고용이 되면 패션쇼에서 입게 될 옷을 몸에 맞게 고칠 수 있도록 입어보러 가야 한다. 온갖 일로 바쁘지만 정작 패션쇼는 시작도 되지 않은 상태다. 녹초가 되어 잠도 편히 잘 수 없고 제대로 먹지도 못 한다. 지치고 야윈 모습이 되는 것이다. 갈수록 야위어 가지만 매일 최상의 외모를 유지하기 위해 애쓰지 않으면 안 된다. 직업의 성패가 달린 일이다. 그래서 이런 생각이 들 때도 있다. "내가 왜 이러고 있는 거지? 내가 왜 여기 있는 거지?"

패션쇼를 하면서도, 동시에 캐스팅에 가야 할 때가 있다. 패션쇼가 열리는 기간이 두 주밖에 되지 않기 때문이다. 패션쇼가 있는 날에는 시작하기 약 다섯 시간 전에 도착해야 한다. 모델들로 빼곡 들어찬 곳에서 메이크업을 받고, 좀 기다리다가, 머리를 고치고, 쇼가 시작되길 기다린다. 첫 번째 의상을 입고 난 후에는 서서 기다려야 하는데, 앉으면 옷에 구김이 가기 때문이다! 패션쇼가 시작하면 갑자기 난장판이 된다. 완전히 뒤죽박죽이다.

"너 어디 갔니? 뭐 하니? 와리스 어디 있니? 나오미 어디 있니? 이리 와. 앞으로 나와. 서둘러. 넌 9번이야. 다음이 네 차례야."

알지도 못하는 사람들 앞에서 재빨리 옷을 입어야 한다.

"네, 네, 가고 있어요. 기다려요."

서로 이리 밀치고 저리 밀치곤 한다.

"무슨 짓이야? 저리 비켜, 내가 나갈 차례야!"

그렇게 갖은 애를 쓰고 나면 짧지만 최고의 순간이 온다. 무대에 나갈 차례인 것이다. 무대 뒤에 서 있다가 "짠!" 하고 런웨이로 걸어 나가면 번쩍이는 조명과, 시끄럽게 울려대는 음악 속에 사람들의 시선이 내게 집중된다. 가진 힘을 다 해 우아하게 무대 위를 활보하면서 이렇게 생각한다. "나에요. 여러분, 날 보세요!" 머리와 메이크업은 그 분야 최고의 전문가들이 손봐 준 것이고 입고 있는 옷은 너무 비싸서 직접 살 엄두도 내지 못하지만 그 순간에는 전부 내 것이고 나는 내가 말 할 수 없이 아름답다는 사실을 안다. 그 기쁨이 온몸을 흔들고 지나가면 런웨이에서 내려온 후에도 어서 옷을 갈아입고 다시 나가고 싶은 마음뿐이다. 그토록 많은 준비를 하고도 쇼는 길어봤자 30분이다. 그러나 그 날 잡힌 패션쇼가 네댓 개라면, 끝나자마자 쏜살같이 튀어나가 다음 장소로 향해야 한다.

2주간의 밀라노 패션쇼가 끝나면 디자이너와 메이크업 아티스트, 헤어스타일리스트 그리고 모델들로 이루어진 거대한 무리가 마치 집시 족처럼 파리로 향한다. 같은 과정이 반복되고, 사람들은 런던으로, 그리고 그 다음엔 뉴욕으로 향한다. 순회가 끝나면, 기진맥진 넋이 빠지는 까닭에 뉴욕 일이 끝나면 휴식을 취해야 한다. 전화가 없는 작은 섬으로 가서 쉬고 싶은 마음이 굴뚝같아진다. 쉬지 않고 계속 일하다 보면 피곤해서 머리가 돌아버릴 것이다.

모델은 재미있는 직업이다. 매력적이고 화려하며 아름다운 직업임을 솔직히 인정한다. 그러나 여성에게는, 특히 자신감 없는 어린 여성에게는 치유하기 어려운 상처를 입힐 수도 있는 잔인한 면이 있는 직업이다. 일자리를 구하러 가면 스타일리스트나 사진작가가 기겁을 해서 이렇게 소리칠 때가 있다.

"세상에나! 너 발이 왜 그래? 온통 흉하고 시커먼 상처투성이잖아!"

그러면 나는 말문이 막히곤 했다. 소말리아 사막에 살면서 수많은 가시와 돌을 밟아 생긴 흉터를 보고 한 소리였다. 14년 동안 신발 없이 걸어다닌 내 어린 시절을 상기시켜주는 흉터들이었다. 파리의 디자이너가 어떻게 그걸 이해할 수 있겠는가?

캐스팅을 하는 사람들이 내게 미니스커트를 입어보라고 하면 나는 곧바로 상태가 안 좋아지곤 했다. 걸어 나가서 한쪽 다리로 서서 몸을 비비 꼬면서 들키지 않길 바라곤 했다. 내 다리는 O자로 휘어 있다. 유목민 가정에서 자라면서 영양섭취를 충분히 하지 못해 물려받은 슬픈 유산인 것이다. 내가 어찌할 수 없는 이 신체적 결함 때문에 해고당한 적도 있다.

나는 다리 때문에 너무 창피하고 괴로워서 의사를 찾아가 고쳐달라고 한 적도 있다. 그때 명령하듯 말했었다.

"차라리 다리를 부러뜨려주세요. 더 이상 창피 당하지 않게요."

그러나 다행히도 나는 나이가 너무 많았고 뼈가 자리를 잡은 상태여서 어떻게 할 수가 없었다. 철이 들자, 나는 이렇게 생각했다. 내 다리가 어떻든 이 다리는 내 다리고, 나라는 사람과, 내 과거의 결과물이라고. 나는 내 몸에 대해 알아가기 시작하면서, 내 다리를 점점 더 좋아하게 되었다. 그깟 패션쇼 때문에 다리를 부러뜨렸었다면 오늘날 내 자신을 절대 용서할 수 없을 것이다. 고작 어떤 사람의 옷을 돋보이게 하기 위해 다리를 부러뜨리는 짓을 해서는 안 되는 것이다. 이제는 내 다리가 자랑스럽다. 내 인생사의 일부이기 때문이다. O자로 구부러진 내 다리는 나로 하여금 사막을 가로질러 수천 킬로를 가게 해주었고 물결치는 듯 느긋한 걸음걸이는 아프리카 여자의 전형적인 걸음걸이다. 내가 물려받은 유산인 것이다.

모델이라는 직업의 또 하나의 단점은, 다른 업계와 마찬가지로, 패션 업계에도 기분 나쁜 사람들이 있다는 것이다. 잘못된 결정이 치명타를 부를 수 있는 일이기 때문에 스트레스를 받아 그렇게 된 건지도 모른다. 한 유명 패션 잡지의 아트디렉터가 생각난다. 사진 촬영장을 장례식장으로 만들어 놓기가 일쑤였던 그 사람은 인정사정없고 신경질적인 태도의 전형을 보여주었다. 우리는 카리브 해의 아름답고 자그마한 섬에서 촬영을 하고 있었다. 그곳은 낙원이었고 우리 모두 즐거운 시간을 보내고 있어야 옳았다. 남들은 비싼 돈을 내고 휴가를 보내러 올 곳에서 돈을 받으며 일하고 있었기 때문이다. 그러나 그 여자는 생각이 달랐다. 도착하자마자 여자는 나를 닦달하기 시작했다.

"와리스, 제발 정신 좀 차려. 부지런히 움직이란 말이야. 넌 너무 게을러. 너 같은 애하고는 일을 할 수가 없어."

그 여자는 뉴욕에 있는 내 기획사에 전화를 해서 내가 일 하기를 거부하는 저능아라고 했다. 기획사에서는 어리둥절해 했지만 정작 어찌할 바를 모른 건 나였다.

그 아트디렉터는 가슴 아플 정도로 딱한 여자였다. 누가 봐도 그 여자는 욕구불만이었다. 애인도 없고, 친구도 없고, 사랑할 사람이 하나도 없었다. 여자는 잡지 일에 사랑과 열정과 인생을 바쳤다. 달리 신경 쓸데가 없었기 때문이다. 그런 여자가 불만을 퍼붓기로 한 대상이 바로 나였다. 물론, 나는 처음도 마지막도 아니었다. 그러나 며칠이 지나자, 더 이상 여자를 동정할 수 없었다. 나는 여자를 보고 이렇게 생각했다. 내가 저 여자에게 할 수 있는 건 두 가지다. 뺨을 후려치거나, 그저 물끄러미 쳐다보고 말없이 미소 짓는 것이다. 아무 말 않는 게 나을 것 같았다.

정말 안타까운 일은 막 모델 일을 시작한 소녀들이 그 아트디렉터 같은 여자를 만나는 경우다. 어린 티도 벗지 못한 소녀들은 오클라호마, 조지아, 혹은 노스 다코타를 떠나 홀로 뉴욕이나 프랑스, 이탈리아로 가서 꿈을 이루려고 한다. 소녀들은 나라도, 언어도 잘 알지 못한다. 순진해서 이용당하기도 한다. 일자리를 구하지 못해서 산산이 무너지는 경우도 있다. 자기 잘못이 아니라는 걸 알기에는 경험도, 지혜도, 정신력도 없다. 다수의 소녀들이 몹시 실망스럽고 쓰라린 마음으로, 울며 고향으로 돌아간다.

이 업계에는 도둑놈과 사기꾼도 많다. 모델이 되고 싶은 마음이 간절한 소녀들은 곧잘 사기를 당하곤 한다. 기획사라고 하는 곳에서 포트폴리오를 만들어준답시고 엄청나게 큰돈을 요구하는 것이다. 해롤드 윌러에게 사기를 당해 본 나는, 그런 사기에 분노하지 않을 수 없다. 모델 일은 돈을 벌려고 하는 것이지 돈을 내고 하는 게 아니다. 모델이 되기 위해서는 기획사에 타고 갈 버스 비만 있으면 된다. 전화번호부에서 기획사를 찾아서 전화를 한 다음 약속을 잡으면 된다. 기획사에서 수수료 얘기를 꺼내면 뛰쳐나와야 한다! 제대로 된 기획사에서는 외모가 시대의 흐름에 적합하다고 생각되면 포트폴리오를 만들 수 있도록 도와준다. 그리고 캐스팅 약속을 잡아준다. 그러면 일하게 되는 것이다.

모델 업계에 기분 나쁜 사람들이 있듯이, 딱히 최고라고 말할 수 없는 작업 환경도 있다. 한때 나는 황소가 나오는 일을 하기로 한 적이 있는데, 뉴욕에서 로스앤젤레스까지 비행기를 타고 가서, 거기서 헬리콥터를 타고 사막으로 들어가기 전까지는, 어떤 황소를 데리고 어떻게 촬영한다는 건지 잘 모르고 있었다.

캘리포니아 사막 한 가운데에는 나와 촬영진, 그리고 길고 뾰족한 뿔을 가진 거대한 황소를 제외하곤 아무것도 없었다. 나는 좁은 트레일러 안에 들어가서 메이크업을 받고 머리 손질도 마쳤다. 그러자 사진작가가 나를 황소가 있는 곳으로 데리고 갔다.

"인사해, 사탄이라고 해."

작가가 말했다.

"와, 사탄 안녕."

황소는 내 맘에 꼭 들었다.

"너무 예뻐요. 아주 좋아요. 그런데 안전한가요?"

"그럼, 물론이지. 이분이 주인이셔."

작가는 사탄의 줄을 잡고 있는 사람을 가리켰다.

"알아서 해주실 거야."

사진작가가 작업에 대해서 설명해주었다. 술병에 붙일 라벨에 들어갈 사진이었다. 내가 황소 위에 앉아 있는 모습을 찍는다고 했다. 아무것도 입지 않고. 실로 충격적인 소식이었다. 도착하기 전까지는 전혀 몰랐던 사실이었다. 그러나 나는 사람들도 많은데 공연히 소란을 피우고 싶지 않았고 서둘러 끝내자는 생각뿐이었다.

황소가 불쌍했다. 사막은 무척 더웠고 황소의 코에서는 콧물이 떨어지고 있었다. 네 발은 움직이지 못하게 묶여 있었다. 거대한 짐승은 초라해 보였다. 사진작가는 내가 황소 등에 타기 쉽도록 손을 받고 올라가게 해주었다. 그리고 손을 휘저으며 지시했다.

"누워요. 황소 등에 몸을 쭉 펴고 누워요. 상체를 먼저 눕힌 다음 다리를 펴 봐요."

아름답고, 편안하고, 즐겁고, 섹시하게 보이려고 노력하는 내내 속으로는 이렇게 생각했다. 황소가 한 번 날뛰면, 나는 끝장이다. 갑자기 황소의 털가죽이 벌거벗은 내 배 밑에서 꿈틀하는 것이 느껴졌다. 나는 모하비 사막의 풍경이 스쳐 지나가는 걸 보며 공중을 날아 뜨거운 모래 위에 쿵하고 떨어졌다.

"괜찮아요?"

"네, 네."

나는 강인한 척하고 있었다. 당황한 것처럼 보이고 싶지 않았다. 와리스 디리는 겁쟁이라는 소리가, 늙어빠진 황소를 겁낸다는 소리가 듣기 싫었다.

"괜찮아요, 계속 합시다. 다시 위로 올려주세요."

촬영진은 나를 일으켜 세워 흙을 털어주었고 우리는 다시 시작했다. 황소는 더위를 즐기고 있지 않는 것이 틀림없었다. 나를 두 번이나 더 내팽개쳤기 때문이다. 세 번째 떨어졌을 때 발목을 삐었는데 금방 붓고 아리기 시작했다.

"다 찍으셨어요?"

내가 땅바닥에 앉은 채 물었다.

"필름 한 통만 더 찍으면 아주 훌륭할 텐데……."

다행히도 황소와 찍은 사진은 아무데도 나오지 않았다. 사진을 쓰지 않은 이유는 모르지만 어쨌든 기뻤다. 늙은이들이 둘러앉아 술을 마시며 내 발가벗은 엉덩이를 보는 모습을 상상하니 몹시 슬퍼졌던 것

큰물에서 놀기 251

이다. 그 일이 있은 뒤, 나는 더 이상 누드 사진을 찍지 않기로 했다. 그냥 찍고 싶지 않았다. 그렇게까지 돈을 벌고 싶지는 않았다. 나는 내가 무력하다는 느낌이 싫었고, 어서 쉬는 시간이 되어 수건을 두를 수 있길 바라며 사람들 앞에 서 있는 것도 거북하고 곤혹스러웠다.

황소와 함께 한 작업은 최악에 가까웠지만 대개는 일이 즐거웠다. 세상에서 제일 재미있는 직업이다. 테렌스 도노반이 나를 배스로 데려가서 카메라 앞에 세운 순간에도 그랬지만, 아직까지도 나는 외모로 돈을 번다는 사실이 이따금 생소하다. 이토록 일 같지 않은 일을 하고도 먹고 살 수 있으리라고는 생각지 못했다. 모델 일은 단지 어이없는 장난 같을 뿐이었다. 어쨌든 꾸준히 일을 한 걸 다행으로 여긴다. 이 분야에서 성공할 기회를 얻게 된 것을 늘 감사히 여긴다. 누구든 나와 같은 행운을 얻는 것은 아니다. 많은 소녀들이 열심히 노력하지만, 안타깝게도 뜻대로 되지 않을 때가 많다.

어린 시절 모하메드 이모부 집에서 가정부로 일하면서 모델의 꿈을 키웠던 기억이 떠오른다. 어느 날 밤, 겨우 용기를 내서 이만에게 어떻게 하면 모델이 될 수 있는지 물어보았던 것도 생각난다. 10년 뒤, 내가 뉴욕에 있는 한 스튜디오에서 레블론 광고를 촬영하고 있는데 메이크업 아티스트가 들어오더니 옆방에서 이만이 자신의 이름을 딴 화장품 브랜드의 광고를 찍고 있다고 말했다. 나는 서둘러 이만을 보러 나갔다.

"화장품 사업을 시작하셨다고 들었어요. 왜 광고에 저 같은 소말리아 여자를 쓰지 않으셨어요?"

이만은 변명하듯 중얼거렸다.

"와리스 씨는 모델료가 너무 비싸서요."

나는 이만에게 소말리아 어로 말했다.

"언니를 위해서라면 모델료는 안 받았을 거예요."

신기하게도, 이만은 내가 자기에게 차를 가져다주던 바로 그 어린 가정부라는 사실을 깨닫지 못하고 있었다.

특이한 사실은 내가 모델이 되려고 한 것이 아니라 저절로 그렇게 되었다는 점이다. 그래서 모델 일을 한 번도 심각하게 생각해본 적이 없는지도 모르겠다. '슈퍼 모델'이나 '스타'가 되는 건 내게 그다지 신나는 일이 아니었다. 나는 아직도 모델들이 왜 그토록 유명해졌는지 알 수가 없다. 날이 갈수록 패션계가 슈퍼 모델에 대한 잡지 기사와 TV 프로그램으로 점점 더 혼란스러워지고 있는 걸 보는 나는 이렇게 묻곤 한다. 도대체 왜 저러는 거지?

모델이라는 이유만으로, 사람들은 우리를 여신처럼 대하기도 하고 바보처럼 대하기도 한다. 나는 후자와 같은 태도를 가진 사람들을 많이 만나보았다. 내가 얼굴로 먹고 살기 때문에 머리가 나쁠 거라고 생각한다. 그런 사람들은 거만한 표정으로 이렇게 말하곤 한다.

"모델이라고요? 머리에 든 게 없다니 안 됐네요. 그거, 카메라 앞에 서서 예쁘게 보이기만 하면 되는 일이잖아요."

나는 온갖 유형의 모델을 만나보았다. 물론, 그 중에는 머리가 나쁜 모델도 있다. 그러나 대부분은 지적이고, 세련되었으며 여행 경험이 많고 보통 사람들과 다름없는 상식을 가지고 있다. 자신을 돌볼 줄도, 일을 조절할 줄도 알고 철저한 전문가로서 활동한다. 아름다움과 지성을 모두 갖춘 여자가 있다는 사실을, 욕구불만에다 인정머리 없는 그 아트 디렉터와 같은 사람은 받아들이기 힘들다. 그래서 그런 사람들은 우리들이 마치 아무데서나 넋 놓고 생글거리는 얼간이인양 우리를 모욕함으로서 비로소 설 자리를 찾는 것이다.

모델이라는 직업과 광고계를 둘러싼 윤리적인 문제들은 엄청나게 복잡하다. 나는 자연과, 착한 마음, 가족, 그리고 우정이 세상에서 가장 우선시 되어야 한다고 믿는다. 그러나 나는 실제로 "이걸 사세요, 아름다워 보이니까" 라고 말하며 먹고 살고 있다. 환한 미소를 지으며 물건을 팔고 있는 것이다. 냉소적인 태도를 가진다면 이렇게 생각할 수도 있다.

"내가 왜 이러고 있는 거지? 난 세상을 망치고 있어."

그러나 나는 누구나 자신의 직업에 대해서 한번쯤은 그런 생각을 해본다고 믿는다. 나는 모델 일을 통해 아름다운 사람들을 만나고, 아름다운 나라들을 보고, 다양한 문화를 접하면서 세계를 파괴하는 데가 아니라 돕는 데 힘쓰고 싶다는 생각을 하게 되었다. 나는 단지 가난에 찌든 또 하나의 소말리아 사람이 아니라 그들을 도울 수 있는 위치에 서게 된 것이다.

나는 인기 스타나 유명인이 되고 싶어서 모델이 된 것은 아니다. 내가 모델이라는 직업을 즐기는 이유는 내가 세계인이라는 것을 실감할 수 있기 때문이다. 또한 지구상에서 가장 아름답다는 곳들을 다닐 수 있기 때문이다. 촬영을 위해서 아름다운 섬에 가게 되면 나는 기회가 날 때마다 해변으로 가서 마구 뛰었다. 다시금 태양 아래에서 자유롭게 자연을 만끽할 수 있다는 것은 신나는 일이었다. 그리고 나서는 몰래 숲 속으로 들어가 가만히 앉아 새들의 노랫소리를 듣곤 했다. 아, 나는 눈을 감고 달콤한 꽃향기를 맡으며 얼굴에 내리비치는 햇볕을 쬐곤 했다. 그리고 새소리를 들으며 거기가 아프리카라는 상상을 했다. 소말리아를 생각하면 떠오르는 그 편안하고 고요한 느낌을 다시 불러일으키려고 애쓰면서 고향에 온 상상을 하곤 했다.

다시 소말리아로

1995년, 잇따른 촬영과 패션쇼가 끝나자, 나는 휴식을 취하기 위해 트리니다드로 갔다. 마침 카니발 때였는데 사람들은 모두 화려한 의상을 입고 춤추고 즐거워하며 생의 기쁨을 만끽했다. 나는 알고 지내던 한 가족의 집에 머무르고 있었다. 도착한 뒤 며칠 후, 한 남자가 문을 두드렸다. 내가 모니카 숙모라고 부르던 나이 든 안주인이 문을 열어주었다. 늦은 오후였다. 바깥의 태양은 뜨거웠지만 우리가 앉아 있던 방은 그늘이 져서 시원했다. 눈부신 빛 때문에, 문 밖에 서 있는 남자의 윤곽만이 보였다. 와리스라는 사람을 찾고 있다는 남자의 목소리가 들렸다. 그리고 모니카 숙모가 외쳤다.

"와리스, 너한테 전화가 왔대."

"전화요? 전화가 어디 있는데요?"

"이 남자하고 같이 가. 전화기가 있는 곳으로 안내해줄 거야."

나는 남자를 따라 그의 집으로 갔다. 남자는 근처에 사는 모니카 숙모의 이웃이었는데 동네에서 유일하게 전화기를 가지고 있었다. 우리는 거실을 통해서 복도로 들어갔다. 수화기가 내려져 있었다.

"여보세요?"

런던의 기획사였다.

"안녕하세요. 귀찮게 해서 미안하지만 BBC에서 연락을 해왔어요. 급한 일이니까 바로 연락해 달래요. 다큐멘터리 제작에 대해서 나누고 싶은 이야기가 있다는데요."

"무슨 다큐멘터리요?"

"슈퍼모델의 인생에 관한 거겠죠. 고향에 관한 이야기, 새 삶을 살게 되서 어떤 기분인지, 등등."

"이야기 감이 안 되잖아요. 그렇게 할 이야기가 없대요?"

"어쨌든 직접 말씀하세요. 몇 시에 전화한다고 할까요?"

"이것 보세요, 난 아무하고도 얘기하고 싶지 않아요."

"하지만 당장 통화하고 싶어 하던데요."

"상관없어요. 그냥 런던에 도착하면 전화하겠다고 전해주세요. 여기에서 뉴욕으로 갔다가 다시 런던으로 갈 거예요. 도착하면 전화할게요."

"알았어요, 그렇게 말 할게요."

그러나 다음날, 내가 시내를 구경하고 있는 동안 같은 남자가 모니카 숙모네에 와서 와리스에게 전화가 와 있다고 전했다. 나는 그 말을 철저히 무시했다. 다음날, 또 한통의 전화가 왔다. 이번에는 남자를 따라 갔다. 그러지 않으면 남자가 왔다 갔다 하느라 지칠 때까지 계속 전화가 올 것 같았다. 물론, 기획사에서 온 전화였다.

"네, 무슨 일이에요?"

"또 BBC에서 전화가 왔어요. 급한 일이래요. 내일 이 시간에 전화를 하겠대요."

"이것 보세요, 난 휴가 중이에요. 아무하고도 얘기하고 싶지 않아요. 그래서 여기에 숨어 있는 거예요. 그러니까 나 좀 내버려 둬요. 그리고 우리 옆집 아저씨도 귀찮게 하지 말아요."

"몇 가지 질문만 하고 싶대요."

나는 한숨을 쉬었다.

"지독하군요. 알았어요. 내일 이 번호로 전화하라고 전해주세요."

다음날, 나는 BBC 다큐멘터리를 만드는 제리 포머로이 감독과 통화했다. 감독은 내가 살아온 이야기를 듣고 싶다고 했다.

나는 퉁명스럽게 대답했다.

"그것보다도, 난 지금 그런 얘기하기 싫어요. 지금은 휴가 중이란 말이에요. 알아요? 그러니까 나중에 얘기해요."

"미안합니다만 최종 결정을 내리기엔 정보가 부족해요."

그래서 나는 트리니다드의 한 낯선 남자의 집에서, 런던의 한 낯선 남자에게 내 인생사를 털어놓게 되었다.

"고마워요, 됐어요, 와리스. 다시 전화할게요."

이틀 후, 같은 남자가 다시 모니카 숙모네에 와서 말했다.

"와리스 씨 전화요."

나는 어깨를 으쓱한 뒤 고개를 절레절레 흔들고는 남자를 따라 갔다. BBC의 제리였다.

"와리스 씨의 이야기를 다큐멘터리로 만들고 싶어요. 〈내 인생을 바꾼 하루〉라는 30분짜리 프로그램에 나갈 거예요."

처음 기획사에서 전화가 온 뒤로 제리와 두 번째 통화를 하기까지 나는 그 다큐멘터리라는 것에 대해 깊이 생각을 해본 터였다.

"제리, 내가 제안 하나 할게요. 만약 BBC에서 나와 함께 소말리아로 가서 엄마를 찾는 걸 도와준다면 다큐멘터리를 찍어도 좋아요."

제리는 그러자고 했다. 아프리카로 돌아가는 걸로 다큐멘터리의 결말을 맺으면 좋을 것 같다는 생각이었다. 제리는 런던에 도착하자마자 전화하라고 말했다. 직접 만나서 계획을 세우자고 했다.

무수했던 여권 문제와 소말리아의 부족 간 분쟁, 그리고 혼자서는 가족을 찾을 수 없으리라는 생각 탓에 한 번도 고국을 찾지 못했었다. 비행기를 타고 모가디슈로 간다고 해도 엄마한테 전화 한 통으로 간단히 공항에서 만나자고 할 수는 없는 노릇이었다. BBC와 함께 간다면 모가디슈를 떠난 이후 처음으로 고국으로 돌아가게 되는 것일 터였다. BBC가 나와 함께 가기로 약속한 순간부터 나는 다른 생각은 할 수 없었다. 나는 제리, 그리고 조수 콤을 여러 번 만나 귀국을 계획하고 내가 살아온 이야기를 들려주었다.

우리는 런던에서 곧장 촬영에 들어갔다. 나는 내가 한때 자주 드나들던 곳에 다시 가보게 되었다. 먼저 모하메드 이모부의 집, 그러니까 소말리아 대사관저부터 시작했다. BBC에서 출입 승낙을 받아냈다. 촬영진은, 말콤 페어차일드가 나를 발견한 장소인 올 소울즈 가톨릭 학교도 찍었다. 그리고 나중에 말콤과 인터뷰도 찍었는데 얼굴 없는 가정부의 사진을 찍는데 그토록 관심을 가졌던 이유에 대해서 물어보았다. 촬영진은 내가 테렌스 도노반과 작업하는 걸 담기도 했다. 그리고 런던의 모델 기획사인 스톰의 사장이자 나와 친한 친구인 새라 두카스도 인터뷰했다.

내가 최고의 흑인 음악을 선보이는 TV 프로그램 소울 트레인의 사회를 하루 동안 맡게 되자 BBC가 촬영을 하기 위해 따라 나섰고 나는 상당히 큰 부담감을 갖게 되었다. 처음으로 해보는 일이었기에 나는 신경이 극도로 쇠약해져 있었다. 게다가 로스앤젤레스에 도착했을 때 나는 심한 감기에 걸려서 제대로 말조차 할 수 없는 상태였다. 런던에서

로스앤젤레스로 이동하는 내내, BBC 촬영진은 나를 그림자처럼 따라다니며 내가 코를 풀며 대본을 외우는 모습, 촬영할 준비를 하는 모습, 리무진을 타는 모습 등을 찍었다. 그리고 BBC 촬영진이, 나를 촬영하고 있는 소울 트레인 촬영진을 찍기 시작하자 일이 점점 복잡하게 되었다. 한편, 내게 카메라에 담고 싶지 않은 모습이 있다면 바로 그 당시 내 모습이었다. 나는 소울 트레인 역사상 최악의 사회자였다. 그러나 돈 코넬리우스와 제작진은 매우 참을성이 있었다. 우리는 아침 아홉 시에 시작해서 밤 열 시까지 일했다. 그렇게 장시간 녹화해본 건 처음이었을 것이다. 제임스 본드 영화 데뷔 때 그랬듯이, 역시 읽기가 문제였다. 실력은 훨씬 나아졌지만 소리 내어 읽는 것은 여전히 힘들었다. 그러나 두 제작진과, 수십 명의 댄서들, 세계적으로 이름난 가수 여럿 앞에서 따가운 조명을 받으며 대사를 읽기란 내가 생각했던 것보다 훨씬 어려웠다. 제작진은 이렇게 소리치고 있었다.

"26번째 테이크입니다…… 컷!"

"76번째 테이크입니다…… 깃!"

음악과 함께 댄서들이 춤을 추기 시작하고 카메라가 돌아가면 나는 대사를 실수했다.

"96번째 테이크입니다…… 컷!"

갑자기 동작을 멈추고 팔을 털썩 내려 놓은 댄서들은 나를 노려보면서 이런 생각을 하는 것 같았다.

'저 바보 같은 계집애는 도대체 누구야? 대체 어디서 찾아 온 거야? 정말 집에 가고 싶다.'

사회자로서 나의 역할에는 도나 서머를 소개하는 것도 포함되었다. 도나 서머의 팬이었던 내게는 큰 영광이었다.

"신사 숙녀 여러분, 박수로 맞아주세요. 소울의 여왕 도나 서머입니다."

"컷!!"

"왜요?"

"레코드 라벨을 빼먹었어. 제대로 읽어, 와리스."

"이런, 빌어먹을! 그것 좀 높이 들어줄래요? 잘 안 보여요. 아니 내리지 마세요. 똑바로 들어주세요. 조명 때문에 아무것도 안 보여요."

그러면 돈 코넬리우스는 나를 한 구석으로 데려가서 이렇게 말하곤 했다.

"심호흡을 하고 네 기분을 말해 봐."

나는 대본이 나와 맞지 않는다고 설명했다. 내가 말하는 방식과 달랐다. 내 "스타일"이 아니었다.

"그럼 어떻게 하고 싶니? 네 생각대로 해봐. 네 마음대로 해봐."

제작진은 놀라울 정도로 참을성이 많고 침착했다. 돈과 제작진은 내가 마음대로 하게 내버려 두었다가, 모든 게 뒤죽박죽이 되자 바로잡아 주었다. 훌륭한 제작진, 그리고 베스트 앨범에 사인까지 해서 준 도나 서머와 일할 수 있었다는 점이 정말 좋았다.

그 뒤, 나는 BBC와 함께 뉴욕으로 이동했다. BBC가 이번에는 야외 사진 촬영에 동행했다. 나는 검은 슬립과 비옷을 입고 우산을 든 채, 비 오는 맨해튼 거리를 왔다 갔다 해야 했다. 하루는 내가 할렘에 있는 집에서 친구들과 함께 저녁을 만들어 먹는 동안 촬영 기사가 조용히 구석에 앉아 촬영을 했다. 너무 신나게 놀아서 카메라가 있다는 사실조차 잊을 정도였다.

다음 단계를 위해서 제작진과 나는 런던에서 만나 아프리카로 가야 했다. 거기서 가출한 뒤 처음으로 식구들과 만나게 될 터였다. 우리가 런던과 로스앤젤레스, 뉴욕에서 촬영하는 동안 아프리카에 가 있던 BBC 직원들은 부지런히 우리 엄마를 찾고 있었다. 식구들을 찾기 위해서 우리는 함께 지도를 살펴보았고, 나는 우리가 주로 움직이던 지역을 가르쳐주려고 애썼다. 그리고 우리 가족의 부족과 씨족 이름을 일일이 설명해주었다. 여간 복잡한 이름이 아니었는데 특히 서양 사람에게는 더 어려웠을 터였다. 수색을 시작한 지 3개월이 지난 후였지만 여전히 감감 무소식이었다.

나는 BBC에서 엄마를 찾았다고 할 때까지 뉴욕에 있다가, 소식이 오면 런던으로 간 다음, 제작진들과 함께 아프리카로 가서 다큐멘터리의 결말을 촬영할 예정이었다. BBC에서 엄마를 찾기 시작한 지 얼마 되지 않았을 때 제리한테 전화가 왔다.

"엄마를 찾았어요."

"어머, 잘됐네요!"

"찾은 것 같다는 말이에요."

"찾은 것 '같다니' 무슨 뜻이에요?"

"어떤 여자를 찾았어요. 와리스라는 딸이 있냐고 물었더니 있대요. 런던에 사는 것도 맞고요. 그런데 구체적인 이야기를 하지 않아서 소말리아에 있는 직원들이 곤란해 하고 있어요. 다른 와리스의 엄마일지도 모르잖아요."

추가적인 조사를 한 BBC는 그 여자가 내 엄마가 아니라는 판단을 내렸다. 그러나 그것은 시작일 뿐이었다. 갑자기 온 사막이 우리 엄마를 사칭하는 여자들로 들끓었다. 전부 와리스라는 딸이 있는데 런던에 살고 있다고 했다. 내가, 나와 이름이 같은 사람을 단 한 명도 본 적이 없다는 점을 감안한다면 흥미로운 주장이 아닐 수 없었다.

내가 먼저 사태를 파악하고 설명해주었다.

"그쪽 사람들은 너무 가난해서 못 할 일이 없어요. 내 가족이라고 말하면 혹시라도 당신들이 동네로 찾아와서 영화를 찍고 돈이나 음식이라도 주지 않을까 생각하는 거죠. 우리 엄마인 척하는 여자들도 대가를 기대하고 있을 거예요. 어떻게 끝까지 우릴 속일 수 있다고 생각하는지 모르지만, 그렇다고 시도도 하지 않을 수는 없겠죠."

불행히도 내겐 엄마의 사진이 없었다. 그러나 제리는 다른 아이디어를 떠올렸다.

"엄마만 알고 있는 비밀 같은 게 있어야 해요."

"엄마는 내가 입이 작다고 나를 아브도홀이란 별명으로 부르곤 했어요."

"엄마도 기억하실까요?"

"물론이죠."

그 뒤로, 아브도홀이 암호가 되었다. BBC가 만난 여자들은 대부분 처음 몇 가지 질문에는 대답을 할 수 있었지만 한결같이 별명은 몰랐다. 탈락이었다. 그런데 마침내 BBC에서 연락이 왔다.

"찾은 것 같아요. 별명은 기억하지 못했지만 와리스라는 딸이 런던 대사관저에서 일했대요."

바로 다음날, 나는 뉴욕 발 비행기를 탔다. 런던에 도착하자 BBC는 며칠간 준비기간이 필요하다고 했다. 우리는 에티오피아의 아디스아바바로 가서 작은 전세기를 타고 소말리아 국경으로 가기로 했다. 위험한 여정이었다. 내전 때문에 소말리아로 들어갈 수는 없었다. 식구들이 국경을 넘어서 우리가 있는 곳으로 와야만 했다. 우리가 착륙하게 될 사막 한가운데는 활주로가 아니라 덤불이 무성한 돌밭이 있었다.

BBC가 여행 준비를 하는 동안, 나는 런던에 있는 호텔에 묵고 있었다. 나이젤이 찾아왔다. 조금만 잘못 돼도 큰일이 나는 상황에 처해 있었던 나는 나이젤에게 최대한 잘 해주려고 애썼다. 당시 나는 나이젤이 첼튼햄에 있는 집을 구매하기 위해 진 빚을 대신 갚아주고 있었다. 나이젤은 일자리도 없었고 구하려고 하지도 않았기 때문이다. 한번은 아는 사람을 통해서 그린피스에 일자리를 구해주었는데 얼마나 생각 없이 굴었으면 그린피스는 나이젤을 3주 만에 해고했다. 그리고 다시는 코빼기도 보이지 말라고 했다. 나이젤은 다큐멘터리를 찍는다는 소리를 듣자마자 아프리카에 데려가 달라고 나를 졸라댔다.

"나도 가고 싶어. 가서 널 지켜주고 싶어."

나는 이렇게 대답했다.

"안 돼, 갈 수 없어. 엄마한테 뭐라고 말해? 네가 누구라고 해?"

"난 네 남편이야!"

"아니야! 이건 너랑 상관없는 일이야. 알았어? 그러니까 신경 꺼."

한 가지는 분명했다. 나이젤은 내가 엄마한테 소개하고 싶은 사람이 아니었다. 게다가 남편이라고 소개할 수는 더더욱 없었다.

초반에 촬영 계획을 세우기 위해서 BBC와 회의를 할 때도 나이젤은 고집스레 나를 따라다녔다. 제리는 금방 나이젤을 귀찮아하기 시작했다. 우리는 종종 저녁식사를 같이 하며 회의를 했는데 그런 날이면 제리는 낮에 미리 전화를 해서 이렇게 물었다.

"나이젤은 안 오는 거죠? 제발 그 사람 없이 합시다."

내가 런던으로 돌아오자 나이젤은 내가 머물고 있는 호텔에 와서 다시 아프리카로 가고 싶다고 조르기 시작했다. 내가 안 된다고 하자 나이젤은 내 여권을 숨겼다. 며칠 있으면 우리가 해외로 떠난다는 사실을 알고 있었던 것이다. 내가 무슨 말을 해도 나이젤은 여권을 돌려주지 않았다. 어느 날 밤, 나는 제리를 만나 얘기했다.

"제리, 믿기지 않겠지만 나이젤이 여권을 가져가서 돌려주지 않아요."

제리는 고개 숙여 두 손으로 이마를 감싸더니 눈을 감았다.

"세상에, 정말이지 더 이상은 못 참겠어요, 와리스. 이젠 아주 지긋지긋해요. 정말 더 이상은 못 참겠어요."

제리와 BBC의 다른 직원이 나이젤을 설득해보려고 애썼다.

"이것 봐요, 어린애처럼 굴지 말아요. 남자답게 행동해요. 일이 거의 다 끝나가는 마당에 이럴 수는 없어요. 이 이야기는 아프리카에서 끝나야 하고 그러려면 와리스를 데리고 가야 해요. 그러니까, 제발 부탁합니다……"

그러나 나이젤은 관심 없었다. 나이젤은 내 여권을 가지고 첼튼햄으로 돌아갔다.

나는 혼자 두 시간이 걸려 첼튼햄으로 가서 나이젤에게 빌었다. 나이젤은 자신을 데려가지 않으면 여권을 줄 수 없다고 되풀이했다. 이러지도 저러지도 못하는 상황이었다. 나는 엄마를 다시 볼 수 있게 해 달라고 15년을 기도했다. 나이젤이 가면 엄마와의 만남을 엉망으로 만들어 놓을 게 뻔했다. 틀림없었다. 그러나 나이젤을 데리고 가지 않으면 엄마를 볼 수조차 없었다. 여권이 없으면 여행을 할 수 없기 때문이다.

"나이젤, 네가 우리를 따라다니면 사람들이 전부 피곤해져. 아직도 모르겠니. 15년 만에 처음으로 엄마를 만날 수 있는 기회란 말이야!"

나이젤은 우리가 자기만 빼놓고 아프리카로 간다는 사실을 못 견뎌 하고 있었다.

"빌어먹을, 이건 너무 불공평해!"

나이젤이 소리쳤다.

나는 나이젤에게, 이번 일이 끝나면 언젠가 단 둘이 아프리카로 가자는 약속을 하고 마침내 여권을 받아냈다. 유치한 속임수였고, 절대로 지키지 않을 약속이었기에 양심의 가책도 느꼈다. 그러나 나이젤과 점잖게 앉아 이치에 맞는, 어른스러운 대화를 하는 것은 불가능했다.

조잡한 쌍발기는 에티오피아의 갈라디라는 마을에 도착했다. 소말리아 피난민들이 전쟁을 피해 국경을 넘어 모인 곳이었다. 비행기는 돌덩이들로 뒤덮인 사막의 붉은 흙 위에 착륙하자마자 심하게 요동쳤다. 먼지구름이 멀리서도 눈에 띈 모양이었다. 온 동네 사람들이 우리를 보고 뛰어왔기 때문이다. 그들에겐 처음 보는 광경이었을 것이다. 제작진과 나는 모두 비행기에서 내렸다. 나는 우리를 보러 서둘러 뛰어오는 사람들에게 소말리아 말을 하기 시작했지만 의사소통이 어려웠다. 일부는 에티오피아 사람들이었고 일부는 나와 다른 방언을 쓰는 소말리아 사람들이었기 때문이다. 나는 곧 포기했다.

뜨거운 공기와 모래의 냄새를 들이마시자 갑자기 잃어버린 어린 시절이 떠올랐다. 사소한 기억들까지 물밀듯 밀려왔고 나는 달리기 시작했다. 제작진이 소리치고 있었다.

"와리스, 어디가요?"

"하던 일, 마저 하세요. 곧 올게요."

나는 달려가다가 땅에 있던 흙을 집어 손가락으로 비벼 보았다. 나무도 만져보았다. 나무는 메말라 있었지만 나는 곧 비가 오리라는 것을, 그래서 사막이 활짝 피어나리라는 걸 느낄 수는 있었다. 나는 폐 속까지 숨을 들이쉬었다. 어린 시절의 추억이 담긴 냄새였다. 그 시절 나는 사막의 초목과 붉은 흙을 집으로 삼고 바깥에서 살았었다. 바로 그 곳이 내 집이었다. 나는 고향에 온 기쁨의 눈물을 참을 수 없었다. 나무 밑에 앉은 나는, 드디어 내 집으로 돌아왔다는 넘치는 행복감과, 그 동안의 애타는 그리움이 낳은 깊은 슬픔을 동시에 느꼈다. 주위를 돌아보던 나는, 어떻게 그토록 오랫동안 고향을 떠나 살 수 있었는지 알 수 없었다. 마치 그날 이전에는 감히 열 수 없었던 문을 연 것 같았다. 잃어버린 나의 일부를 찾은 것 같았다. 마을로 돌아가자 사람들이 내 주위를 둘러싸고 악수를 청했다.

"잘 왔어요, 자매여."

그러고 난 뒤, 우리는 일이 잘못 되어가고 있음을 깨달았다. 자신이 와리스의 엄마라고 주장했던 여자는 사실 내 엄마가 아니었다. 우리 식구들을 찾을 방법이 없었다. 제작진은 풀이 죽었다. 한 번 더 오기에는 비용이 너무 많이 들었다. 제리는 계속 이렇게 말했다.

"이 부분이 없으면 결말을 못 지어. 결말이 없으면 이야기 전체가 소용없게 돼. 무용지물이 된다고. 이를 어쩌면 좋나?"

우리는 마을을 샅샅이 뒤지며, 사람들에게 나의 가족을 아는지, 소식을 들은 적은 없는지 물어보았다. 마을 사람들은 하나 같이 도움을 주고 싶어 했고 우리의 사연은 소문을 타고 빠르게 퍼졌다. 그날 오후, 한 노인이 내게 다가와 물었다.

"날 기억하니?"

"아니요."

"난 이스마일이다. 네 아버지와 같은 부족 사람이야. 아주 친한 친구지."

그제야 노인을 알아본 나는 더 일찍 알아보지 못 한 것이 부끄러웠다. 그러나 어릴 때 본 것이 전부였으니 그럴 만도 했다.

"네 식구들이 어디 있는지 알 것 같아. 네 엄마를 찾을 수 있을 것 같아. 그런데 먼저 기름 값이 필요해."

나는 곧바로 이런 생각이 들었다. 또 시작이군. 이 사람을 어떻게 믿지? 여기 사람들은 전부 다 사기꾼인가? 노인에게 돈을 주면 노인은 도망칠 테고 다시는 볼 수 없을 텐데.

노인은 말을 계속 했다.

"나한테 트럭이 한 대 있어. 별 거 아니지만."

이스마일 씨는 화물 트럭을 가리켰다. 미국의 폐차장이나 아프리카가 아니면 절대로 볼 수 없는 물건이었다. 조수석의 유리창은 깨져 있었고, 운전석의 유리창은 아예 없었다. 차를 달리면 사막의 모래와 파리가 전부 운전석으로 날아 들어와 얼굴을 때릴 것 같았다. 바퀴는 돌밭을 다니느라 이곳저곳이 휘어진데다 흠집투성이였다. 차체는 누가 쇠망치로 두들겨 놓은 것 같았다. 나는 고개를 저었다.

"잠깐만 기다리세요. 상의 좀 하고요."

나는 제리를 찾아가 말했다.

"저기 있는 사람이 우리 식구 있는 곳을 알 것 같대요. 그런데 가서 찾아보려면 기름 값이 필요하대요."

"저 사람을 어떻게 믿어요?"

"맞아요. 하지만 믿어 보는 수밖에 없어요. 달리 방법이 없잖아요."

제작진은 내 말에 동의하고 노인에게 약간의 현금을 주었다. 노인은 곧바로 트럭에 올라타더니 먼지구름을 피우며 사라졌다. 우울한 표정으로 트럭을 바라보고 있던 제리는 속으로 이렇게 말하고 있는 것 같았다.

"또 쓸데없이 돈 낭비했군."

나는 제리의 어깨를 두드리며 말했다.

"걱정 말아요. 엄마를 찾을 거예요. 약속해요. 3일째 되는 날 찾을 거예요."

내가 예언했음에도 불구하고 제작진은 마음을 놓지 못했다. 8일 후면 비행기가 우리를 데리러 올 터였다. 시간은 그뿐이었다. 비행사에게 "아직 할 일이 남았으니까 다음주에 다시 한 번 와 보세요."라고 할 수는 없는 노릇이었다. 아디스아바바에서 런던으로 가는 비행기도 예약

되어 있는 상태였다. 엄마를 찾든 못찾든 우리는 떠나야 했고 다시는 돌아올 수 없을 터였다.

나는 동네 사람들과 움막에 앉아 음식을 나누어 먹으며 즐거운 시간을 보냈다. 그러나 영국 사람들은 그다지 잘 지내지 못했다. 제작진은 유리창이 깨진 한 건물을 찾아 그 안에서 침낭을 펴고 잠을 잤다. 책과 손전등을 가져 왔지만 모기가 많아 잠을 잘 수 없었다. 콩 통조림을 먹으며 버티던 제작진은 이내 콩에 질렸다며 먹을 게 없다고 투덜거렸다.

며칠 후, 한 소말리아 남자가 근사한 식사를 대접하겠다는 생각에 아름다운 새끼 염소 한 마리를 데리고 왔다. 제작진은 염소를 쓰다듬으며 귀여워 해주었다. 그런데 얼마 후 남자는 가죽을 벗긴 염소를 들고 와서 자랑스럽게 내보였다.

"저녁식사하세요."

제작진은 충격을 받은 것 같았지만 아무 말도 하지 않았다. 나는 불을 지피고 냄비를 빌려와 염소 고기와 쌀을 요리했다. 소말리아 남자가 떠나자 사람들이 말했다.

"설마 우리가 그걸 먹을 거라고 생각하는 건 아니겠지요?"

"먹어야지요. 왜요?"

"싫어요, 와리스."

"그런데 왜 아까는 아무 말도 안 했어요?"

제작진은 남자의 호의를 무시하고 싶지 않았기 때문이라고 말했다. 그러나 쓰다듬기까지 한 아기 염소를 먹을 수는 없었다. 사람들은 입에도 대지 않았다.

내가 말 한 사흘이 지났지만 엄마는 보이지 않았다. 제리는 날이 갈수록 초조해졌다. 나는 엄마가 꼭 올 거라고 확신했지만 제작진은 내 말을 우습게 여겼다. 나는 이렇게 말했다.

"약속해요. 엄마는 내일 여섯 시까지 여기 도착할 거예요."

나도 내가 왜 그런 믿음을 가졌는지 모르지만 느낌이 그랬다. 그래서 그렇다고 말한 것뿐이다.

제리와 제작진은 내가 가장 최근에 한 예언을 두고 나를 놀리기 시작했다.

"그래요? 정말? 어떻게 알아요? 아하, 그냥 알 수 있군요! 와리스는 모르는 게 없어요. 그냥 알 수 있답니다. 언제 비가 올지도 알지요!"

제작진은 신나게 웃어댔다. 왜냐하면 내가 자꾸 비가 올 거라고 말했기 때문이다. 나는 비의 냄새를 맡을 수 있었다.

"비가 왔잖아요, 안 그래요?"

내가 물었다.

"와리스, 그건 우연의 일치일 뿐이에요."

"우연이 아니에요. 여기는 내가 자란 곳이에요. 내가 잘 알아요. 직관에 의존하지 않으면 살아남지 못한답니다."

사람늘은 서로 곁눈질을 하기 시작했다.

"좋아요. 마음대로 생각하세요. 내일 여섯 시가 되면 알 테니까."

다음날, 내가 한 할머니와 이야기를 하며 앉아 있는데 제리가 종종걸음으로 내게 다가왔다. 여섯 시 십 분 전이었다.

"믿기지 않는 일이 일어났어요!"

"뭔데요?"

"엄마가 오셨어요, 아니 오신 것 같아요."

나는 일어서서 미소를 지었다.

"하지만 잘은 몰라요. 그때 그 남자가 한 여자를 데리고 돌아왔어요. 엄마가 맞대요. 와서 보세요."

소문은 온 동네에 산불처럼 퍼져나갔다. 그 극적인 사건은 아주 오랫동안 잠잠하기만 하던 동네의 최대 관심사였다. 모두 궁금해 했다. 여자는 진정 와리스의 엄마인가 아니면 또 다른 사기꾼인가? 이미 어둠이 깔리고 있었는데 사람들이 너무 많이 모이는 바람에 제대로 걸을 수도 없었다. 제리가 날 데리고 작은 골목을 따라 내려갔다. 유리창에 구멍이 난 남자의 화물 트럭이 저 앞에 보였다. 한 여자가 조수석에서 내리고 있었다. 얼굴은 보이지 않았지만 스카프를 두른 모습은 영락없는 엄마였다. 나는 뛰어가서 엄마를 붙잡고 말했다.

"엄마!"

엄마가 말했다.

"겨우 이거야? 내가 이 고물 트럭을 타고 얼마나 멀리 온 줄 알아? 세상에, 정말 끔찍했다. 이틀 밤낮을 쉬지 않고 달려왔는데 겨우 이거냐?"

나는 제리를 보고 웃었다.

"우리 엄마 맞아요!"

나는 제리에게 며칠 동안 우리끼리 있게 해달라고 부탁했다. 제리는 기꺼이 동의했다. 엄마와 나눈 대화는 어색했다. 나는 내 소말리아어 실력이 형편없다는 걸 깨달았다. 그러나 그보다 더 받아들이기 힘든 사실은 우리가 낯선 사이가 되어 버렸다는 점이었다. 처음에 우리는 그저 평범한 이야기만 나누었다. 그러나 엄마를 만나 느낀 기쁨은 우리 사이의 거리감보다 훨씬 컸다. 나는 엄마 옆에 앉아 있는 것만으로도 즐거웠다. 엄마는 이스마일과 함께 이틀 낮, 이틀 밤을 쉬지 않고 달려왔기 때문에 무척 피곤해 보였다. 15년 만에 본 엄마는 많이 늙어 있었다. 사막에서 지독하게 힘든 삶을 산 결과였다.

아버지는 함께 오지 않았다. 트럭이 도착했을 때 아버지는 물을 찾으러 떠난 뒤였다고 한다. 엄마는 아버지도 늙어가고 있다고 말했다. 아빠는 여전히 비를 찾아 구름을 따라다녔지만 시력이 너무 안 좋아서 안경이 간절히 필요하다고 했다. 엄마가 집을 떠났을 때는 아버지가 물을 찾아 간 지 8일이 지난 후였다. 엄마는 아버지가 길을 잃지는 않았을까 걱정했다. 아버지의 옛 모습을 떠올려본 나는 아버지가 많이 변했을 거라는 사실을 알 수 있었다. 내가 집을 떠났을 때만 해도 아버지는, 우리가 아버지 모르게 자리를 옮겨도 우리를 찾아왔었다. 달빛 하나 없는 칠흑 같은 밤에도 마찬가지였다.

엄마는 남동생 알리와, 마침 집에 와 있던 사촌동생을 데리고 왔다. 그러나 알리는 더 이상 애기 같은 내 동생이 아니었다. 키가 190cm인 동생은 자기가 나보다 훨씬 키가 크다는 사실에 한없이 기뻐했다. 내가 알리를 꼭 붙잡고 있으면 알리는 이렇게 외치곤 했다.

"저리 치워! 난 이제 어린 애가 아니야. 곧 결혼도 한단 말이야!"

"결혼이라니! 너 몇 살인데?"

"몰라. 결혼할 나이야."

"그래도 상관없어. 넌 내 동생이잖아. 이리와."

그러면서 동생을 끌어안고는 머리를 문질러주었다. 사촌동생이 그걸 보고 웃기에 내가 이렇게 말했다.

"넌 내 밥이었어!"

사촌동생이 어렸을 때 식구들과 함께 우리 집에 놀러오면 내가 어린 동생을 돌봐주곤 했었다.

"그래? 이제 어디 한 번 해보시지."

사촌동생은 나를 밀치더니 껑충 껑충 뛰었다. 내가 외쳤다.

"얼씨구! 생각도 하지 마. 두들겨 맞고 싶지 않으면."

사촌동생도 결혼을 앞두고 있었다. 그래서 내가 말했다.

"살아서 결혼하고 싶으면 날 건드리지 않는 게 좋을걸."

밤이 되면, 엄마는 움막에서 잤다. 갈라디의 한 주민이 자기 집에 잠자리를 마련해준 것이다. 나와 알리는 옛날처럼 밖에서 잤다. 밖에 누워 있는 게 정말로 평온하고 행복했다. 우리는 별들을 바라보면서 밤늦게까지 이야기했다.

"아버지 둘째 부인을 나무에 매달아 놓은 일 생각나?"

우리 둘은 큰 소리로 웃어 젖혔다.

처음에는 어색해하던 알리도 곧 솔직한 심정을 말했다.

"누나가 되게 보고 싶었어. 너무 오랫동안 못 봤잖아. 누나와 내가 어른이 되었다는 게 정말 이상해."

다시금 식구들과 모여 모국어로 익숙한 것에 대해 이야기하며 웃고 떠드니 굉장한 기분이었다.

동네 사람들은 우리를 무척 따뜻하게 맞아주었다. 우리는 매일 다른 집에 초대되어 점심과 저녁을 먹었다. 사람들은 우리에게 과한 친절을 보여주며 좋은 인상을 심어주려 했고 우리가 다녀본 곳의 이야기를 듣고 싶어 했다.

"이리 와요. 우리 아이를 소개할게요. 우리 할머니를 소개할게요."

사람들은 이렇게 말하고 우리를 데리고 가서 가족들에게 소개해주었다. 내가 '슈퍼모델'이기 때문만은 아니었다. 그 지역 사람들은 그게 뭔지도 몰랐다. 나는 그들과 다름없는 유목민이었다. 그런 내가 고향으로 돌아온 것이다.

내가 아무리 설명하려고 애를 써도 사랑스러운 엄마는 내가 무슨 일을 하는지 도저히 이해하지 못했다.

"그게 뭐라고? 모델이 뭐야? 뭘 한다고? 그게 대체 무슨 뜻이냐?"

그러던 어느 날, 사막을 지나가던 누군가가 엄마에게 런던 선데이

타임즈 한 부를 갖다 주었다. 표지에는 내 사진이 실려 있었다. 소말리아 사람들은 애국심이 매우 강해서 영국 신문에 소말리아 여자가 실린 걸 보고 몹시 기뻐했다. 엄마는 그걸 보고 이렇게 말했다.

"와리스잖아! 내 딸 와리스잖아!"

엄마는 신문을 동네방네 보여주고 다녔다.

둘째 날이 되자 어색함을 털어버린 엄마는 나와 친해져서 어느새 잔소리를 늘어 놓기 시작했다.

"요리를 그렇게 하면 안 되지, 와리스! 쯧, 쯧, 이리 줘봐! 엄마가 하는 걸 봐. 네가 사는 데서는 요리도 안 하니?"

다음엔 내 동생이 내게 이것저것 묻기 시작했다. 그러면 나는 동생을 놀려대곤 했다.

"됐어, 입 다물어. 넌 아무것도 모르는 촌놈이잖아. 넌 여기 너무 오래 살았어. 그래서 그런 말도 안 되는 소릴 하는 거야."

"그래? 좀 유명해졌다고 해서 집에까지 와서 그깟 서양 놈들처럼 구는 거야? 서양에 좀 살았다고 다 아는 척하는 거야?"

우리는 몇 시간 동안 말다툼을 하곤 했다. 알리에게 상처를 주고 싶진 않았지만 내가 말해주지 않으면 영영 모르고 있을 것만 같았다.

"다 아는 건 아니지만, 사막에서 살 때는 몰랐던 것들을 많이 보고 배웠어. 세상은 낙타와 소만 가지고 살 수 있는 게 아니야. 다른 것도 많아."

"그게 뭔데?"

"먼저, 유목민들은 나무를 잘라 환경을 파괴해. 파릇파릇한 나무들을 잘라다가 저 별 볼일 없는 가축을 가둔답시고 우리를 만들잖아.

나는 가까이 있는 염소를 가리키며 말했다.

"그건 잘못된 거야."

"그게 무슨 소리야?"

"우리가 나무를 잘라서 여기가 다 사막이 되었잖아."

"비가 안 와서 사막이 된 거야! 북쪽에는 비가 오니까 나무가 있잖아!"

"나무가 있어서 비가 오는 거야! 여기에서는 매일 어린 나무를 베어내니까 숲이 미처 자랄 수가 없잖아."

우리 식구들은 그 별난 논리를 믿어야 할지 말아야 할지 모르는 눈치였다. 그러나 적어도 한 가지에 관해서는 나를 꺾을 자신이 있는 듯했다.

엄마가 먼저 시작했다.

"넌 왜 결혼 안 했니?"

그토록 오랜 시간이 지났지만 결혼 문제는 아물지 않은 상처를 건드렸다. 내가 가족과 집을 버려야 했던 건 결혼 때문이었다. 악의는 없었지만 아버지가 제시한 길은 두 가지 모두 끔찍했다. 나는 아버지가 시키는 대로 늙은이와 결혼하든지, 내가 알고 있던 것들, 내가 사랑한 것들을 모두 버리고 떠나야 했다. 내가 자유를 위해 치러야 했던 대가는 엄청났다. 나는 내 아이가 그토록 괴로운 선택을 하지 않아도 되길 빌었다.

"왜 결혼을 해야 돼, 엄마? 안 하면 안 돼? 내가 혼자 힘으로 성공하는 거 보고 싶지 않아? 결혼을 안 한 건, 적당한 사람을 찾지 못해서 그래. 사람을 찾으면 그때 할 거야."

"어쨌든 난 손자들이 보고 싶다."

이윽고 알리와 사촌 동생도 엄마 편에 섰다. 사촌 동생이 이렇게 말했다.

"너무 늦었지. 누가 누나를 데려가겠어? 너무 늦었어."

스물여덟 노처녀와 결혼이라니, 사촌 동생은 진저리를 치며 고개를 설레설레 흔들었다.

나는 두 손을 번쩍 들었다.

"누가 결혼을 강요받고 싶겠어? 너희 둘은 왜 결혼하니?"

내가 알리와 사촌 동생을 가리키며 말했다.

"누가 너희들에게 강요했구나."

"아냐, 아냐."

둘의 의견이 일치했다.

"하지만 그건 너희들이 남자애들이기 때문이야. 여자는 선택권이 없어. 정해진 사람과 정해진 때에 결혼해야 돼. 그게 뭐니? 누가 그딴 생각을 해 냈대?"

"시끄러워, 와리스."

알리가 투덜댔다.

"네가 더 시끄러워!"

떠나기 이틀 전, 제리는 촬영을 시작해야 한다고 했다. 그래서 엄마와 함께 여러 장면을 찍었다. 그러나 엄마는 처음 본 카메라를 무척 싫어했다.

"저거 치우라고 해. 난 저게 싫어."

그러면서 엄마는 촬영 기사를 찰싹 찰싹 때리곤 했다.

"와리스, 저걸 내 눈앞에서 좀 치우라고 해."

나는 엄마에게 괜찮다고 말해 주었다.

"날 보고 있는 거니, 널 보고 있는 거니?"

"둘 다 보고 있는 거야."

"나는 저 남자가 보기 싫다. 그렇게 전해줘라. 내 말이 들리는 건 아니지?"

나는 엄마한테 전 과정을 설명해주려고 시도했으나 소용없다는 걸 알았다.

"들려, 엄마. 엄마가 하는 말이 다 들려."

나는 웃으면서 대답했다. 촬영 기사는 자꾸 우리가 웃는 이유를 알고 싶어 했다.

"너무 황당해서요······."

내가 대답했다.

그러고 나서 제작진은 온 종일 나를 촬영했다. 나는 홀로 사막을 거닐었다. 우물가에서 낙타에게 물을 먹이는 어린 남자 아이를 본 나는 내가 물을 먹여 봐도 되는지 물어 보았다. 제작진은 내가 낙타의 입에 두레박을 갖다 대는 모습을 찍었다. 그 동안, 나는 애써 눈물을 참고 있었다.

떠나기 전날, 마을의 한 여자가 내 손톱을 헤나로 장식해주었다. 나는 카메라에 대고 자랑했는데 마치 손가락 끝에 물렁한 소똥을 찍어 놓은 것처럼 보였을지 모른다. 그러나 나는 여왕이 된 듯한 기분이었다. 헤나는 우리 민족의 전통 미용 기법으로 원래는 신부를 위한 것이었다. 그날 밤, 우리는 잔치를 벌였고 마을 사람들은 모두 춤추고 손뼉 치며 노래를 불렀다. 어린 시절, 비가 내린 걸 축하할 때의 기억과 똑같았다. 자유와 기쁨의 감정이 가슴을 뜨겁게 했다.

다음날 아침, 나는 비행기가 도착하기 전에 일어나서 엄마와 아침 식사를 했다. 나는 엄마에게 나와 함께 영국이나 미국에 가서 살지 않겠느냐고 물었다.

"내가 거기서 뭘 하겠니?"

엄마가 물었다.

"바로 그거야. 아무것도 하지 마. 일은 할 만큼 했어. 이제 다리 쭉 펴고 쉬어. 내가 잘 해줄게."

"안 돼. 그럴 순 없다. 네 아버지도 늙었어. 내가 필요해. 내가 있어 줘야 해. 거기다 애들도 봐야 해."

"애들이라니? 우린 다 컸잖아!"

"네 아버지 애들 말이다. 이름은 잊었다만, 네 아버지와 결혼한 그 어린 둘째 기억하지?"

"하지……"

"애를 다섯이나 낳았어. 그런데 더 버틸 수가 없었나봐. 우리처럼 사는 게 힘들었던 게지. 네 아버지가 싫어졌든가. 어쨌든, 집을 나갔어. 사라져버렸어."

"엄마…… 어떻게 그럴 수가 있어. 이젠 그럴 나이가 아냐! 그 나이에 어떻게 애들 꽁무니를 쫓아다녀. 그렇게 힘들게 일 하면 안 돼."

"네 아버지도 이제 나이가 들어서 내가 필요해. 게다가 가만히 쉴 수만은 없다. 쉬면 늙어버릴 거야. 이제 와서 가만히 있으면 몸이 근질근질해서 못 참을 거야. 자꾸 움직여야지. 싫다. 엄마를 위해서 뭘 해주고 싶으면 아프리카, 여기 소말리아에 집을 마련해 줘. 피곤하면 가서 쉴 수 있게. 여기가 엄마 고향이야. 엄마는 여기밖에 몰라."

나는 엄마를 꼭 껴안았다.

"엄마, 사랑해. 다시 돌아올게. 잊지 마. 내가 다시 돌아올게……"

엄마는 미소를 지으며 손을 흔들었다.

비행기에 올라탄 나는 소리 내어 크게 울고 말았다. 나는 언제 다시 엄마를 만날 수 있을지 몰랐다. 만날 수 없을지도 몰랐다. 나는 눈물을 흘리며 창밖을 바라보았다. 마을이, 그 다음엔 사막이 멀리 사라져갔다. 촬영진은 카메라를 내게 가까이 갖다 댔다.

빅애플

1995년 봄, BBC 다큐멘터리의 촬영이 끝났다. 제목은 〈뉴욕의 유목민 A Nomad in New York〉이었다. 아프리카를 떠난 지 수년이 흘렀지만 나는 여전히 제대로 된 집이 없는 유목민인 것이 사실이었다. 나는 일이 있는 곳으로 옮겨 다녔다. 뉴욕, 런던, 파리, 밀라노. 친구네 집에 머물거나 호텔에서 지냈다. 가진 건 몇 장의 사진과 책, 그리고 CD가 전부였고 모두 첼튼햄에 있는 나이젤의 집에 있었다. 대부분의 일자리가 뉴욕에 있었기 때문에 나는 뉴욕에서 가장 많은 시간을 보냈다. 그러다 어느 순간 첫 아파트를 빌리게 되었다. 소호에 있는 방 한 개짜리 아파트였다. 그 다음에는 그리니치 빌리지에 방을 구했고, 그 다음에는 브로드웨이의 서쪽 끝에 있는 집에 살았다. 브로드웨이의 집은 모든 게 엉망이었다. 나를 미칠 지경으로 몰아갔다. 지나가는 차 소리가 너무 컸다. 차가 집 안에 있다는 느낌이 들 정도였다. 길모퉁이에는 소방서가 있었는데 밤새 사이렌이 울렸다. 충분한 휴식을 취할 수가 없었다. 열 달 후, 나는 집을 포기하고 유목민의 삶으로 되돌아갔다.

그해 가을, 파리에서 패션쇼 일을 마친 나는 런던으로 가지 않고 곧장 뉴욕으로 갔다. 집을 구해 정착해야만 할 때인 것 같았다. 아파트를 구경하는 동안, 나는 가장 친한 친구 중의 하나인 조지의 집에 머물렀다. 조지는 그리니치 빌리지에 살고 있었다. 하루는, 조지 친구 루시의 생일이었다. 루시는 시내로 나가 놀고 싶다고 했지만 조지는 너무 피곤한 데다 다음날 아침 일찍 출근해야 한다며 거절했다. 그래서 내가 루시와 놀아주기로 했다.

우리는 집을 나서서 발길 닿는 대로 갔다. 8번가가 나오자 나는 멈춰 서서 내가 살던 아파트를 가리켰다.

"나 옛날에 저기 살았어. 저 재즈바 위에. 음악은 좋은 것 같았는데 한 번도 안 들어가 봤어."

나는 거기 서서 문 밖으로 흘러나오는 음악에 귀를 기울였다.

"우리 한 번 들어가 보지 않을래?"

"별로. 넬스에 가자."

"그러지 말고 가서 구경만 하자. 지금 나오는 저 음악이 정말 좋단 말이야. 춤추고 싶어."

루시는 마지못해 동의했다. 우리는 계단을 따라 내려가 작고 아담한 클럽 안으로 들어갔다. 바로 앞에 밴드가 있었다. 나는 무대를 향해 걸어가다가 멈춰 섰다. 드럼 주자가 제일 먼저 눈에 들어왔다. 클럽 안은 어두웠으나 불빛이 남자를 비추고 있었다. 그 사람은 신나게 드럼을 두드리고 있었다. 나는 가만히 서서 남자를 쳐다보았다. 머리는 커다랗고 펑키한 70년대식 아프로였다. 루시가 내 옆으로 오자 내가 말했다.

"안 돼, 안 돼. 우리 여기 있자. 앉아서 한 잔 하자. 좀 있다 가자."

밴드는 정말 신나게 연주를 하고 있었고 나는 미친 듯이 춤을 추기 시작했다. 루시도 함께 춤을 추었다. 곧 얌전하게 앉아서 구경만 하던 사람들도 일어나서 우리와 함께 춤을 추기 시작했다.

나는 덥고 목이 말라서 술 한잔을 들고 한 관객 옆에 섰다.

"정말 신나는 음악이에요. 밴드 이름이 뭐래요?"

여자가 대답했다.

"잘 몰라요. 다들 프리랜서거든요. 색소폰 주자가 우리 남편이에요."

"그렇군요. 드럼 주자는요?"

여자는 느린 미소를 지었다.

"미안하지만 잘 모르겠어요."

잠시 후 밴드의 휴식시간이 되었다. 드럼 주자가 지나가자 여자는 그 남자의 팔을 붙잡더니 이렇게 말했다.

"실례합니다. 제 친구가 인사하고 싶대요."

"그래요? 그게 누군데요?"

"이 친구요."

여자는 그 말과 함께 내 등을 떠밀었다. 나는 너무 당황한 나머지 무슨 말을 해야 할지 몰랐다.

꿔다 논 보릿자루처럼 서 있던 나는 마침내 이렇게 말했다.

"안녕하세요."

긴장하지 말자, 와리스.

"듣기 좋네요."

"고마워요."

"이름이 뭐예요?"

"데이나에요."

남자는 그렇게 말하고 수줍은 듯 주위를 둘러보았다. 그러더니 "잠깐" 하고는 돌아서 갔다. 이런! 그러나 나는 데이나를 그렇게 쉽게 놓아줄 생각이 아니었다. 그래서 나는 데이나의 뒤를 따라갔다. 데이나는 밴드 멤버들과 함께 앉았다. 그래서 나도 의자를 갖다 놓고 데이나 옆에 앉았다. 데이나는 고개를 돌려 나를 보더니 깜짝 놀랐다. 내가 나무랐다.

"제가 말하고 있던 중이었을 텐데요. 아까는 무례했어요. 날 내버려 두고 갔잖아요."

데이나는 어리둥절한 표정으로 나를 보더니 곧 큰 소리로 웃으면서 탁자 위에 쓰러졌다.

"이름이 뭐예요?"

웃음이 멎자 데이나가 물었다.

"그런 건 이제 상관없잖아요."

나는 콧대를 높이고 가능한 도도한 태도로 대답했다. 우리는 곧 이런저런 얘기를 시작했는데, 어느새 데이나가 연주할 시간이 돌아왔다.

"갈 거예요? 여기 누구랑 왔어요?"

데이나가 물었다.

"친구랑 왔어요. 저기 어딘가에 있어요."

다음 휴식시간이 되자 데이나는 몇 곡만 더 하면 연주가 끝난다고 했다. 그리고 내가 괜찮다면 끝나고 나서 어디로 가자고 했다. 연주가 끝나자 우리는 함께 앉아서 온갖 얘기를 다 했다. 그러다가 내가 이렇게 말했다.

"여긴 공기가 너무 탁하네요. 나가서 얘기 할까요?"

"그래요, 바깥에 계단이 있는데 그 위에 앉아서 얘기해요."

계단을 다 오르자 데이나가 멈추었다.

"부탁 하나 들어줄래요? 나 좀 안아줄래요?"

나는 그것이 세상에서 가장 자연스러운 부탁이라는 듯 데이나를 쳐다보았다. 늘 알고 지내던 사람 같았다. 그래서 나는 데이나를 꼭 안아

주었다. 그 순간, 나는 알았다. 런던에 갈 때 알았던 것처럼, 모델 일을 시작할 때 알았던 것처럼, 나는 멋진 아프로 머리의 수줍은 드럼 주자가 내 인연이라는 걸 알았다. 다른 데로 움직이기에는 너무 늦은 시간이어서 나는 데이나에게 조지네 전화번호를 주고 다음날 전화하라고 했다.

"오전에 약속이 있으니까 정확히 3시에 전화해요. 알았죠?"

나는 데이나가 나의 말에 어떤 반응을 보일지 궁금했을 뿐이었다.

나중에 데이나로부터 들은 얘기인데, 데이나는 그날 밤, 할렘에 있는 집으로 가기 위해 지하철을 타러 갔다고 한다. 지하철 역에 들어서 고개를 들었는데 거대한 광고판에 찍힌 내 얼굴이 자신을 내려다보고 있었다고 한다. 그 전에는 거기 광고가 있는 줄도, 내가 모델이라는 사실도 몰랐다고 한다.

다음날, 3시 20분에 전화벨이 울렸다. 나는 수화기를 급히 집어 들었다.

"늦었어요."

"미안해요. 같이 저녁 먹을래요?"

우리는 그리니치 빌리지에 있는 작은 커피숍에서 만나 이야기하고 또 이야기했다. 데이나의 성격을 잘 알게 된 지금 생각해보면 참으로 데이나답지 않은 행동이었음을 깨닫는다. 데이나는 잘 모르는 사람 앞에서는 거의 말을 하지 않기 때문이다. 나는 갑자기 웃기 시작했다. 데이나는 놀란 것 같아 보였다.

"뭐가 그리 우스워?"

"내 생각을 들으면 아마 내가 미쳤다고 할 걸."

"말 해봐. 벌써 그렇게 생각하고 있으니까."

"난 데이나의 아이를 가질 거야."

데이나는 자신이 미래의 내 아이의 아버지가 될 거라는 말을 썩 유쾌하기 여기지 않는 것 같았다. 그 대신 내가 아주 미칠 대로 미쳤다는 표정으로 나를 바라보았다.

"이상한 소리라는 건 알지만 말하고 싶었어. 어쨌든 그 얘기는 그만해. 잊어버려."

데이나는 말없이 나를 쳐다보았다. 충격을 받은 것 같았다. 당연했다. 나는 데이나의 성도 모르는 상태였다. 나중에 데이나에게 들은 얘기에 따르면 데이나는 그때 이렇게 생각하고 있었다. 다시는 보지 말아야겠군. 절대로 만나주지 말아야겠어. 《위험한 정사》에 나오는 그 정신나간 스토커 같아.

저녁 식사가 끝난 뒤 데이나는 나를 집으로 데려다 주었지만 거의 말이 없었다. 다음날, 나는 내 자신이 미워 견딜 수가 없었다. 그렇게 촌스럽기 그지없는 말을 한 내 자신이 믿기지 않았다. 그러나 당시에는 "비가 올 것 같아요"라는 말처럼 자연스럽게 느껴졌다. 물론, 데이나는 일주일이 지나도 전화를 하지 않았다. 마침내 내가 먼저 전화를 했다. 데이나가 물었다.

"어디 있니?"

"친구네 집에. 우리 만날까?"

"그럼. 만나자. 같이 점심 먹자."

"사랑해."

"나도."

나는 전화를 끊자마자 충격과 공포에 휩싸였다. 자제하기로 맹세해 놓고 사랑한다고 말한 것이다. 아기 이야기는 물론, 비슷한 이야기도 일체 꺼내지 않기로 했는데 사랑한다고 말 하다니. 와리스, 넌 도대체 왜 이 모양이니? 그 이전에, 나는 남자의 관심을 받으면 도망치곤 했다. 사라져버리곤 했다. 그러나 이번엔 잘 알지도 못하는 남자를 쫓아다니고 있었다. 데이나를 만난 날 밤, 나는 흐트러진 아프로 머리에 녹색 스웨터를 입고 있었다. 나중에 안 사실이지만, 그날 밤, 데이나는 어디로 고개를 돌려도 흐트러진 아프로 머리에 녹색 스웨터밖에 보이지 않았다고 했다. 나는 데이나에게 설명했다. 나는 원하는 게 있으면 쟁취하는 사람이라고. 왜 그랬는지 모르지만 나는 난생 처음, 남자를 원하고 있었던 것이다. 다만 데이나가 늘 알고 지내던 사람처럼 느껴진 이유는 설명할 수 없었다.

데이나와 나는 함께 점심을 먹으며 가지각색의 이야기를 하고 또 했다. 이주 후, 나는 데이나의 집에 살고 있었다. 그리고 여섯 달 후, 우리는 결혼하기로 마음먹었다.

만난 지 일 년이 되어갈 즈음, 문득 데이나가 말했다.
"너 임신한 것 같아."
내가 소리쳤다.
"세상에, 대체 무슨 소릴 하는 거야!"
"어서 와, 약국에 가보자."
나는 반대했지만 데이나는 쉽게 포기하지 않았다. 우리는 약국으로 가서 자가 임신 진단 테스트를 사 왔다. 결과는 양성이었다.
"설마 이딴 걸 믿는 건 아니겠지?"
내가 상자를 가리키며 물었다.
"다시 해봐."
데이나가 새 걸 꺼내 주었다. 그것도 양성이었다. 몸 상태가 안 좋은 것은 사실이었지만 나는 생리할 때가 되면 늘 몸 상태가 좋지 않았다. 그러나 이번엔 달랐다. 평소보다 기분이 좋지 않았고 더 고통스러웠다. 그러나 임신 같지는 않았다. 나는 뭐가 크게 잘못 되었다고 생각했다.

죽어가고 있을지도 모른다고 생각했다. 나는 의사를 찾아가서 상황을 설명했다. 의사가 혈액 검사를 했다. 결과가 나오기까지 고통스러운 사흘을 기다려야 했다. 빌어먹을! 도대체 무슨 일이야? 너무 무시무시한 병에 걸려서 차마 말을 못하고 있는 건 아니겠지?

마침내 어느 날, 집에 온 나에게 데이나가 말했다.

"의사한테 전화가 왔었어."

나는 즉각 두 손을 목으로 가져갔다.

"저런, 뭐라고 했어?"

"나중에 이야기하자고 했어."

"무슨 일이냐고 묻지도 않았어?"

"응, 내일 열한 시나 열두 시쯤 전화 한대."

그날 밤은 내 평생 가장 긴 밤이었다. 나는 누워서 내 미래에 대해 생각했다. 다음날, 전화가 울리자 나는 재빨리 낚아챘다. 의사가 말했다.

"할 말이 있어요. 와리스 씨는 이제 혼자가 아니에요."

그랬다! 나는 혼자가 아니었던 것이다. 온몸에 종양이 퍼져 있다는 뜻인지도 모르는 일이었다.

"저런, 그게 무슨 뜻이죠?"

"임신하셨어요. 2개월이에요."

그 말을 듣자 나는 좋아서 어쩔 줄을 몰랐다. 데이나도 매우 기뻐했다. 데이나는 아버지가 되는 게 평생의 소원이었기 때문이다. 우리 둘은 곧바로 아이가 아들일 거라는 느낌을 받았다. 그러나 나는 무엇보다도 아이의 건강이 궁금했다. 그래서 아이를 가졌다는 소식을 듣자마자 산부인과로 갔다. 의사가 초음파 검사를 마치자 나는 성별은 알고 싶지 않다고 했다.

"아기가 건강한지만 알려주세요."

"건강한 아기에요, 아주 건강한 아기에요."

내가 기다리던 말이었다.

데이나와 행복한 가정을 이루는 데 큰 걸림돌이 하나 있었는데 바로 나이젤이었다. 임신 4개월이 되자, 우리는 함께 첼튼햄으로 가서 나이젤과 담판을 짓기로 했다. 런던에 도착했을 때, 나는 입덧과 감기 때문에 몸이 좋지 않았다. 친구네 집에 머물고 있던 나는 며칠 후 기운을 차리고 용기를 내서 나이젤에게 전화를 했다. 그러나 나이젤이 자기도 감기에 걸렸다고 하는 바람에 며칠을 더 기다려야 했다.

데이나와 내가 런던에서 기다린 지 일주일이 훨씬 지난 뒤에야 나이젤로부터 몸이 나았다고 연락이 왔다. 나는 나이젤이 역으로 마중 나올 수 있도록 전화로 기차 도착 시간을 알려주었다. 그리고 말했다.

"데이나랑 같이 가니까 그렇게 알고 있어. 괜히 말썽 피우지 마, 알았어?"

"그 자식은 보기 싫어. 지금 말해 두지. 이 일은 너와 나의 일이야."

"나이젤……."

"듣기 싫어. 듣기 싫어. 그 자식과는 상관없는 일이야."

"이제 상관 있어. 데이나는 내 약혼자야. 나랑 결혼할 사람이라고, 알았어? 그러니까 내가 무슨 일을 하든, 데이나가 같이 있을 거야."

"난 그 자식 보기 싫으니까 알아서 해."

그래서 나이젤은 내가 혼자 기차를 타고 첼튼햄에 오리라고 생각하고 있었던 모양이다. 기차에서 내리자 주차장에 있는 전봇대에 기대어 나를 기다리는 나이젤이 보였다. 평소와 다름없이 담배를 피우고 있었다. 요전에 봤을 때보다 훨씬 더 안 좋아 보였다. 머리는 더 길었고 눈 밑은 거무튀튀했다.

나는 데이나에게 말했다.

"저 사람이야. 침착하게 행동해."

우리는 나이젤에게 다가갔다. 내가 말 한 마디 꺼내기도 전에 나이젤이 말했다.

"저 자식 보기 싫다고 했잖아. 그렇게 말했을 텐데. 똑똑히 말했어. 아주 똑똑히 말했어. 단둘이 만나고 싶다고."

데이나는 가방을 바닥에 떨어뜨렸다.

"무슨 말투가 그 따위야. 앞으로 와리스한테도, 나한테도 그딴 식으로 말하지 마. 단둘이 만나고 싶다고? 그건 또 무슨 속셈이야? 단둘이 만나고 싶다고? 나는 네가 와리스와 단둘이 만나는 게 싫어. 다시 한 번 그런 말을 하면, 죽도록 패줄 테니 각오하고 있어, 이 빌어먹을 새끼!"

나이젤의 창백한 얼굴은 한층 더 하얗게 질려 있었다.

"글쎄…… 차에 자리가 없어."

"네 빌어먹을 차는 어떻든 상관없어. 택시를 타면 돼. 그러니까 어서 해치워 버리자고."

이미 빠른 걸음으로 차를 향해 가고 있던 나이젤은 어깨 너머로 이렇게 말했다.

"아니, 싫어. 그건 내 방식이 아냐."

나이젤은 차에 올라타더니 시동을 걸었다. 차는 시끄러운 소리를 내며 우리 앞을 지나갔다. 데이나와 나는 가방 옆에 서서 멀어져가는 나이젤의 차를 바라볼 수밖에 없었다. 우리는 호텔을 찾는 게 낫겠다고 생각했다. 다행히 기차역 근처에 민박집이 있었다. 초라하고 침울해 뵈는 집이었지만 까다롭게 굴 형편이 아니었다. 그리고 인도 음식을 먹으러 갔지만 입맛이 없어서 물끄러미 쳐다만 보고 있다가 방으로 돌아가기로 했다.

다음날, 나는 다시 나이젤에게 전화를 걸었다.

"짐이나 챙겨오게 해줘. 알았어? 다른 건 싫으면 안 해도 돼. 내 물건이나 돌려줘."

나이젤은 거부했다. 데이나와 나는 다른 호텔로 옮겨야 했다. 우리가 하룻밤을 지낸 민박집은 다음날 예약이 꽉 차 있었을 뿐더러 일이 쉽게 끝날 것 같지 않았기 때문이다. 나이젤이 얼마나 오래 시간을 끌지는 오직 알라 신만 알 수 있었다. 우리는 다른 호텔로 옮겼고 나는 나이젤에게 다시 전화를 했다.

"왜 그렇게 심술궂게 굴어? 왜 그러는 거야? 우리 몇 년 동안 이렇게 살았니? 7년? 8년? 이제 그만 하자."

"좋아, 날 만나고 싶다면 그렇게 하자. 너만 나와야 해. 내가 호텔로 데리러 갈게. 그 자식이 나와 있으면 그대로 가버릴 거야. 너만 나와."

나는 한숨을 쉬었지만 그 난처한 상황에서 벗어날 다른 방법이 없었으므로 그렇게 하기로 했다.

나는 전화를 끊고 데이나에게 사정을 설명했다.

"데이나, 혼자 갈 수 있게 해줘, 제발. 내가 대화로 해결할게. 날 봐서 허락해줘."

"알았어. 그게 나을 것 같으면 그렇게 해. 하지만 널 건드리기라도 하는 날에는 끝장이야. 지금 말해 둘게. 마음에 들지는 않지만 네가 바라는 일이라면 막지는 않을게."

나는 데이나에게 필요하면 전화할 테니 호텔에 있으라고 했다.

나이젤은 나를 차에 태운 다음, 세 들어 살고 있는 작은 집으로 갔다. 안으로 들어가자 나이젤이 차를 끓였다. 내가 말했다.

"나이젤. 데이나는 내가 결혼할 사람이야. 데이나의 아기도 가졌어. 네 어처구니없는 환상의 세계도 이제 끝이야. 난 네 소중한 아내도 아니고 우리 사이엔 아무 것도 없어. 다 끝났어. 알았어? 알았냐고? 자,

그러니까 얼른 해치우자. 이혼해줘. 이번 주에. 네가 이 쓰레기 같은 문제를 해결하기 전에는 절대 뉴욕으로 못 돌아가."

"일단, 내 돈을 갚기 전에는 이혼 못 해."

"내가 네 돈을 갚아야 한다고? 그게 얼만데? 돈을 번 사람이 누군데? 몇 년 동안 네게 돈을 준 게 누군데?"

"그건 다 네 음식 값으로 들어갔어."

"그렇구나. 나는 여기 있지도 않았는데. 그렇게 돈에 미쳤다면 말 해 봐. 얼만데?"

"적어도 4만 파운드야."

"허, 참! 나한테 그런 돈이 어디 있니? 난 없어."

"듣기 싫어. 듣기 싫어. 듣기 싫어. 어쩔 수 없어. 내 돈을 갚기 전에 난 아무데도 안 가. 이혼도, 아무 것도 안 해. 어떻게 해서라도 내 돈을 갚기 전에는 자유롭지 못 할 거야. 난 너 때문에 내 집도 팔았어."

"네가 집을 판 건 이자를 갚지 못해서야. 나도 더 이상은 갚아주기 싫었고. 일자리를 구하면 다 해결되는 문제였지만 넌 그것도 못 했잖아."

"일자리? 내가 무슨 일자리? 내가 무슨 일을 구하겠어? 맥도널드에서 일을 하겠어?"

"이자를 갚을 수 있다면 뭔들 못해?"

"난 그런 일은 잘 못 해."

"네가 잘 하는 게 뭐가 있니?"

"난 환경주의자야."

"그래. 그래서 그린피스에 일을 구해줬더니 거기서 널 해고하고 다시는 오지 말라고 했지. 전부 네 탓이야. 난 더 이상 네 뒤치다꺼리 안 해. 그리고 한 푼도 줄 수 없어. 그깟 여권도 필요 없으니까 네 마음대로 해. 더 말해봤자 입만 아프지. 이 결혼은 무효야. 우리는 같이 잔 적도 없으니까."

"그렇지 않아. 지금은 안 그래. 너는 법적으로 내 아내야. 난 널 절대로 놓아주지 않을 거야. 네 아기는 평생 사생아로 살아야 할 거야."

나는 가만히 앉아 나이젤을 바라보았다. 터럭만큼 남은 동정심이 그 순간 증오로 굳어졌다. 지독히도 얄궂은 상황이었다. 나이젤이 '알라 신의 뜻'을 들먹이며 나를 몹시 돕고 싶다고 했을 때 그와 결혼하기로 한 건 나였다. 나이젤의 동생이 나와 친한 친구였기에 문제가 생기면 도와주리라고 믿었다. 그러나 내가 줄리를 마지막으로 본 곳은 정신병원이었다. 나는 여러 번 줄리를 찾아갔다. 줄리는 완전히 미칠 대로 미쳐 있었다. 다급하게 주위를 둘러보며, 누가 쫓아온다느니, 자길 죽이려 한다느니 횡설수설했다. 줄리가 그렇게 된 건 몹시 가슴 아픈 일이었지만, 정신 이상은 분명 집안 내력이었다.

"이혼 할 거야, 나이젤. 네가 동의하든 말든. 더 이상 할 말 없어."

나이젤은 잠시 동안 나를 진지하게 바라보더니 조용히 말했다.

"나한테 네가 없으면 아무것도 없는 거나 마찬가지야. 널 죽이고 나도 죽을 거야."

나는 꼼짝도 못하고 서서 어떻게 해야 할지 생각했다. 그리고 둘러대기 시작했다.

"데이나가 나를 데리러 오는 중이야. 내가 너라면 허튼 짓은 안 할 거야."

나는 즉시 그 자리에서 빠져나와야 했다. 나이젤은 단단히 미쳐 있었다. 바닥에 둔 가방을 집으려고 몸을 숙이는데 나이젤이 뒤에서 나를 밀쳤다. 나는 스테레오에 머리를 박고 단단한 나무 바닥에 나동그라졌다. 나는 움직이기가 겁나서 그대로 있었다. 이런, 내 아기! 나는 아기가 다쳤을까봐 겁이 나서 어쩔 줄을 몰랐다. 천천히 일어섰다.

"이런 젠장. 괜찮니?"

나이젤이 물었다.

"응, 괜찮아."

나는 침착하게 말했다. 그때 깨달았다. 혼자 오는 건 바보 같은 짓이었다. 온전한 몸으로 그곳을 빠져나오고 싶은 마음뿐이었다.

"괜찮아. 안 다쳤어."

나이젤이 나를 일으켜 세워주었다. 나는 침착한 척하며 겉옷을 입었다.

"내가 데려다줄게. 차에 타, 빌어먹을."

나이젤은 다시 화를 내고 있었다. 나이젤이 운전을 하는 동안 나는 이런 생각을 하며 앉아 있었다. 나이젤은 내 아기를 싫어하니까 아기가 죽는 걸 보고 싶은 마음이 간절할 거야. 차를 절벽으로 몰아가는 건 아닐까? 나는 안전벨트를 했다. 한편 나이젤은 큰 소리로 갖은 악담과 욕설을 퍼붓고 있었다. 나는 가만히 앉아서 말없이 정면을 바라보았다. 한 마디라도 잘못했다간 나이젤이 나를 때릴 것 같았다. 내 머릿속은 텅 비어 있었다. 나는 더 이상 내가 어떻게 되든 상관하지 않았다. 그러나 아기가 어떻게 될까봐 심각하게 걱정하고 있었다. 나는 지고는 못 배기는 사람이다. 만약 임신한 상태가 아니었더라면 나이젤의 불알을 잡아 뜯어주었을 것이다.

호텔에 다다르자 나이젤이 소리쳤다.

"계속 그럴 거야? 그 꼴로 앉아서 한 마디도 안 할 거야? 내가 너한테 얼마나 잘 해줬는데!"

나이젤은 차를 멈추자마자 내쪽으로 팔을 뻗어 문을 연 다음 나를 문밖으로 밀쳐냈다. 그러나 한쪽 다리가 미처 빠져나오지 못하고 차 바닥에 걸쳐졌다. 나는 애써 다리를 빼낸 다음 호텔 안으로 뛰어 들어가 방으로 올라갔다.

데이나가 문을 열었을 때, 내 얼굴은 눈물로 뒤범벅이 되어 있었다.

"왜 그래? 그 자식이 무슨 짓을 한 거야?"

나는 똑똑히 알고 있었다. 데이나에게 사실을 말하면 데이나는 나이젤을 죽여버릴 터였다. 그러면 데이나는 감옥에 갈 테고 나는 홀로 아기를 키워야 할 터였다.

"아무 것도 아니야. 그 자식이 원래 성질이 고약하잖아. 내 물건을 안 주겠대."

내가 코를 풀면서 말했다.

"그래서 울었어? 와리스, 그런 건 없어도 돼. 그것 때문에 울 필요 없어."

데이나와 나는 다음 비행기를 타고 뉴욕으로 돌아갔다.

내가 임신 8개월일 때, 소문을 들은 한 아프리카 사진작가가 나를 찍고 싶다고 했다. 작가는 나를 자신이 일하고 있는 스페인으로 불렀다. 당시 몸 상태가 좋아져 있던 나는 여행이 두렵지 않았다. 임신 6개월 이후에 비행기를 타서는 안 된다는 걸 알았지만 나는 헐렁한 스웨터를 입고 몰래 비행기에 올랐다. 사진작가의 더할 나위 없이 훌륭한 작품은 《마리끌레르》에 실렸다.

그 후, 나는 임신한 몸으로 비행기를 한번 더 탔다. 아기를 낳기 20일 전, 나는 데이나의 식구들이 있는 네브라스카로 갔다. 아기가 태어나면 나를 도와 아기를 봐줄 수 있는 사람들이 필요했기 때문이다. 나는 오마하에 있는 데이나의 부모님 댁에서 지냈다. 데이나는 클럽에 연주 일정이 잡혀 있었기 때문에 일주일 뒤 출발할 예정이었다. 오마하에 도착하고 얼마 지나지 않아 아침에 일어나보니 뱃속이 이상했다. 나는 전날 밤 뭘 먹었기에 그토록 소화가 안 되는지 계속 궁금해 했다. 온종일 아팠지만 아무 말도 하지 않았다. 다음날 아침, 복통은 굉장히 심해졌다. 나는 소화불량이 아닐지도 모른다고 생각했다. 아기가 나오려고 하는지도 모르는 일이었다.

나는 회사에 가 있는 데이나의 어머니에게 전화를 했다.

"어머니, 배가 아팠다가 안 아팠다가 해요. 어제 하루 종일 그랬어요. 밤에도 그랬고요. 그런데 지금은 점점 심해지고 있어요. 뭘 먹었는지는 모르지만 좀 이상해요."

"와리스, 세상에. 진통이 온 거야!"

아하! 몹시 기뻤다. 나는 마음의 준비를 마친 상태였다. 뉴욕에 있는 데이나에게 전화를 걸어 말했다.

"곧 아기를 낳을 것 같아!"

"안 돼, 안 돼! 내가 도착할 때까지 낳으면 안 돼. 못 나오게 해! 바로 비행기 타고 갈게."

"네가 와서 해 봐라! 어떻게 그러니? 못 나오게 하라니!"

남자들이란 참 어이가 없다! 그러나 나는 첫 아이가 나올 때 데이나가 곁에 있어 주었으면 했다. 데이나가 보지 못하면 실망스러울 터였다. 나와 통화를 마친 데이나의 어머니는 병원에 전화를 했고 간호사가 내 상태를 알아보기 위해 나한테 전화를 했다. 간호사는 아기를 낳으려면 걸어 다녀야 한다고 했다. 나는 당장은 아기를 낳고 싶지 않았으므로 그 반대로 했다. 아주 가만히 누워 있었던 것이다.

데이나가 도착한 것은 다음날 밤이었다. 나는 사흘째 진통 중이었다. 데이나의 아버지가 데이나를 데리러 공항으로 갔을 때쯤, 나는 숨을 헐떡이고 있었다.

"아, 아, 아야! 아! 젠장! 아이고!"

"숫자를 세, 와리스. 숫자를 세!"

데이나의 어머니가 외쳤다. 우리는 병원에 갈 때가 되었다고 생각했지만 데이나의 아버지가 차를 가지고 나간 뒤라서 갈 수가 없었다. 데이나와 아버지가 집에 도착하자, 우리는 두 사람이 집에 발을 들여놓기도 전에 큰 소리로 외쳤다.

"어서 다시 차에 타요, 병원에 가야 해요!"

우리는 밤 10시에 병원에 도착했다. 다음날 아침 10시에도 진통은 멈추지 않고 있었다.

"나무에 거꾸로 매달리고 싶어!"

나는 자꾸 시끄럽게 소리쳤다. 순전히 동물적인 본능이었다. 원숭이의 본능과 다를 것 없었다. 동물들은 그렇게 한다. 걷기도 하고 앉기도 하고 쪼그리기도 하고 뛰기도 하고 매달리기도 하다가 아기를 낳는 것이다. 그냥 누워 있지는 않는다. 그날 이후로 데이나는 나를 원숭이라고 부른다. 그리고 여자 목소리를 내며 이렇게 외치곤 한다.

"아아, 나무에 거꾸로 매달리고 싶어!"

분만실에 들어갔을 때, 아기의 아빠는 자꾸 이렇게 말했다.

"숨 쉬어, 자기야. 숨 쉬어."

"시끄러! 저리 비켜, 이 망나니야! 죽여버릴 테야!"

정말이지, 총으로 쏴버리고 싶었다. 죽고 싶었다. 그러나 데이나가 죽는 걸 보고 죽고 싶었다.

정오가 되자, 마침내 기다리던 순간이 왔다. 나는 내게 수술을 해준 런던의 의사에게 매우 감사하고 있었다. 입구가 꿰매어진 상태에서 분만을 하는 것은 상상조차 할 수 없는 일이었다. 9개월의 기다림과 사흘의 고통 끝에 마법처럼 아기가 나왔다. 와! 드디어 아기를 보게 되어 기뻤다. 작디작은 아기였다. 매끄러운 검은 머리와, 아주 조그만 입, 길게 뻗은 손가락과 발가락은 몹시 아름다웠다. 키는 50cm가 넘었지만 무게는 3kg밖에 안 나갔다. 우리 아들이 갑자기 이렇게 말했다.

"아."

그러고는 호기심어린 눈빛으로 주위를 돌아보기 시작했다. 이런 거였어? 이게 빛이라는 거야? 9개월 동안 어둠 속에 갇혀 있다 나오니 좋은 모양이었다.

나는 간호사들에게 아기가 태어나자마자 가슴에 안고 싶다고 말했다. 아기를 닦기 전에 말이다. 간호사들은 내 말대로 해주었다. 아기를 안은 순간, 나는 모든 엄마들이 말하는 그 낡고 진부한 표현이 사실임을 깨달았다. 아기를 안는 순간, 고통은 잊는다. 그 순간 고통이란 없다. 기쁨만이 있을 뿐이다.

나는 아들의 이름을 알리크라고 지었다. 소말리아 말로 사자라는 뜻이다. 그러나 작고 동그란 입과, 통통한 볼, 마치 후광처럼 보이는 곱슬머리를 한 아들은 사자라기보다 검은 아기 큐피드 같았다. 내가 말을 건네면, 알리크는 노래를 시작하려는 작은 새처럼 입을 오므린다. 세상을 본 순간부터, 알리크는 변함없이 호기심이 많았다. 가만히 모든 걸 쳐다보며 새로운 세상을 탐구해나가고 있었다.

어렸을 때, 나는 가축을 치고 난 뒤 집으로 돌아와서 엄마의 무릎을 베고 눕는 걸 좋아했다. 엄마가 내 머리를 쓰다듬어주면 말할 수 없이 편안했다. 이제는 내가 알리크의 머리를 쓰다듬는다. 내가 그랬듯이, 알리크도 아주 좋아한다. 내가 머리를 문질러주면, 알리크는 곧 내 품 안에서 잠이 든다.

알리크가 태어난 순간, 내 인생은 달라졌다. 이제는 알리크가 주는 즐거움이 내 삶의 전부다. 사소한 불만과 걱정도 이제는 뒷전이다. 그런 건 상관없다는 걸 깨달았다. 중요한 건, 생명이라는 하늘의 선물이며, 나는 아들을 낳고 비로소 그 사실을 기억해 낼 수 있었다.

유엔 특별대사

우리나라에서는 여자가 어머니가 되면 존경의 대상이 된다. 어머니는 이 세상으로 한 인간을 데리고 나온 사람이며, 생명이라는 선물을 가져오는 데 기여한 사람이다. 알리크가 태어나자, 나도 마마가 되었다. 어른이 된 것이다. 다섯 살 때 할례를 받은 나의 여성성은 서른이 되어 아기를 낳으면서 비로소 완성이 되었다. 그러자 나는 엄마에 대한 존경심이 한층 더 커졌다. 여자로 태어났다는 이유만으로 무거운 짐을 지고 살아야 하는 소말리아 여자들이 그 무게를 지탱하기 위해 얼마나 엄청난 힘을 가져야 하는지 이해할 수 있었다. 서양에서 살면서, 나는 내게 주어진 일을 해내기 위해 고생했다. 도저히 해낼 수 없을 것 같던 날도 있었다. 맥도널드에서 바닥을 닦을 때, 생리통이 너무 심해서 기절할 것 같던 날도 있었다. 나는 성기를 막고 있는 흉한 상처를 없애고 정상적으로 소변을 보기 위해 수술을 받아야 하기도 했다. 임신 9개월 때, 나는 지하철을 타고 할렘을 가거나, 계단을 오르거나 시장을 보기 위해 무거운 몸을 이끌고 뒤뚱거렸다. 3일간 계속된 진통 끝에 분만실에 갔을 때는 의사들을 코앞에 두고도 그만 죽어버릴 것만 같았다.

그러나 나는 실제로 행운아였다. 아프리카 사막에는 생리통이 너무 심해 똑바로 서지도 못하면서도 염소에게 물을 먹이기 위해 걷고 또 걸어야 하는 소녀가 있다. 그리고 아기를 낳자마자 천 조각처럼 바늘과 실로 봉해져야 하는 여자가 있다. 남편을 위해 질 입구를 단단히 조이고자 하는 것이다. 굶고 있는 열한 명의 자식들을 위하여 임신 9개월의 몸으로 먹을 걸 찾아 사막을 누비는 여자도 있다. 첫 아이의 출산을 앞두었지만 여전히 질 입구가 막혀 있는 여자는 어떻게 될 것인가? 우리 엄마처럼 홀로 사막으로 나가 아기를 낳으려고 하면 어떻게 될 것인가? 불행히도, 나는 질문의 답변을 안다. 많은 여자들이 홀로 피를 흘리며 죽어간다. 운이 좋으면 독수리와 하이에나가 오기 전에 남편에게 발견될 것이다.

나이를 먹고 아는 것이 많아지자, 나는 내가 혼자가 아니라는 사실을 알았다. 할례를 받은 이후 내게 생겼던 건강상의 문제들은, 나이와 상관없이 전 세계 수백만 명의 여자들을 괴롭힌다. 무지에서 비롯된 관습 때문에 아프리카 대륙의 대부분의 여자들은 고통스러운 일생을 보낸다. 우리 엄마처럼 돈도 없고 힘도 없는 사막의 여자들을 누가 도울 것인가? 누군가가 말없는 소녀를 대신해서 나서야 했다. 나도 그들과 같은 유목민이었으므로, 그들을 돕는 것이 나의 운명이라고 생각했다.

살아오는 동안 참 많은 일이 순전히 우연적으로 일어났다. 왜 그랬는지는 모른다. 사실, 나는 순전한 우연이라는 게 있다고 믿지는 않는다. 우리 인생에는 그보다 더 큰 의미가 있는 것임에 틀림없어 보인다. 내가 집을 나와 사자와 맞닥뜨렸을 때 나를 구해 준 알라 신에게는 계획이 있는 듯했다. 날 살려둔 이유가 있는 듯했다. 그러나 이유가 있었다면 그 이유는 무엇이었을까?

꽤 오래 전에, 《마리끌레르Marie Claire》라는 패션잡지의 기자와 인터뷰 약속을 잡은 적이 있다. 기자와 만나기 전에, 나는 기사에 어떤 말을 담을지 깊이 생각했다. 기자의 이름은 로라 지브였다. 우리는 점심시간에 맞춰 만났다. 첫눈에 기자가 마음에 든 나는 이렇게 말했다.

"나한테 어떤 이야기를 듣고 싶은지는 모르지만, 패션모델이 된 이야기는 골백번도 더 했어요. 그러니까 실어주겠다고 약속만 하면, 이야기다운 이야기를 줄게요."

"그래요? 최선을 다 해볼게요."

로라는 녹음기를 켰다. 나는 어렸을 때 할례를 받은 이야기를 하기 시작했다. 인터뷰 중간에 갑자기, 로라는 울면서 녹음기를 껐다.

"저런, 왜 그래요?"

"너무해요. 끔찍해요. 요즘에도 그런 일이 있을 줄은 몰랐어요."

"바로 그거에요. 내 말이 바로 그거에요. 서양 사람들은 몰라요. 잡지에 내 이야기를 실어줄 수 있겠어요? 눈이 부시도록 번쩍거리는 화려한 여성잡지에?"

"최선을 다 할게요. 약속해요. 하지만 결정은 위에서 할 거예요."

인터뷰 다음날, 나는 내 자신이 벌여 놓은 일이 너무 놀랍고 부끄럽다고 생각하기에 이르렀다. 온 세상이 나에 대해 알게 될 터였다. 나만의 비밀을 알게 될 터였다. 내 아주 가까운 친구들조차도 내가 어렸을 때 어떤 일을 당했는지 모르고 있었다. 소말리아의 폐쇄적인 문화에 길들여진 나로서는 쉽게 꺼낼 수 있는 이야기가 아니었다. 그러나 곧 얼굴도 모르는 수백만의 사람들이 내 이야기를 듣게 될 터였다. 나는 마침내 결단을 내렸다. 마음을 비우자. 자존심을 버려야 한다면 그렇게 하자. 그래서 그렇게 했다. 나는 옷을 벗듯 자존심을 벗어 던졌다. 한쪽에 접어두고 맨 몸으로 걸어 다녔다. 한편으로는 다른 소말리아 사람들의 반응이 걱정되기도 했다. 꼭 이렇게 말할 것 같았다.

"감히 예로부터 내려오는 전통을 헐뜯다니!"

에티오피아에서 식구들을 만났을 때 들은 얘기를 똑같이 반복할 것 같았다.

"서양에 좀 살았다고 다 아는 척하는 거야?"

고심 끝에 답을 찾았다. 내가 할례를 받았다고 이야기해야 하는 이유는 두 가지였다. 먼저, 할례의 경험은 아직도 나를 못 견디게 괴롭힌다. 여전히 나를 힘들게 하는 건강상의 문제를 제외하더라도 나는 나에게 금지된 섹스의 즐거움을 영영 알지 못할 것이다. 나는 내가 몸이 온전치 못한 불구자라는 생각이 든다. 그러나 무얼 해도 원래대로 돌아갈 수 없다는 사실이 가장 절망적이다. 데이나를 만났을 때, 나는 마침내 사랑에 빠졌고 사랑하는 남자와 섹스의 즐거움을 맛보고 싶었다. 그러나 지금 누군가가 나에게 "섹스가 즐거우세요?"라고 묻는다면, 나는 남들과는 다른 방법으로 즐긴다고 대답할 것이다. 내가 데이나와 육체적으로 친밀하게 지내는 걸 즐기는 이유는 그를 사랑하기 때문이다.

살아오면서, 나는 내가 할례를 받게 된 이유를 생각해 내려고 애썼다. 그럴싸한 이유를 생각해 낸다면, 내가 당한 고통을 받아들일 수 있을 것만 같았다. 그러나 생각하면 생각할수록, 이유는 찾지 못하고 분노만 더해갔다. 나는 평생 담아두고만 있던 나의 비밀을 말하지 않으면 안 되었다. 내 주변에는 가족이 없었다. 엄마도 언니도 없었기에 슬픔을 나눌 사람도 없었다. 나는 '피해자'라는 말을 싫어한다. 너무 무력한 느낌이 들기 때문이다. 그러나 그 집시 여인이 날 난도질했을 때 나는 바로 피해자였다. 그러나 성인이 된 지금, 나는 더 이상 피해자가 아니다. 그리고 반대 운동에 앞장설 수도 있다.《마리끌레르》인터뷰를 통해, 나는 이 가혹한 고통을 장려하는 사람들이 적어도 한 여자의 경험담을 듣길 바랐다. 우리나라 여자들은 모두 침묵하지 않으면 안 되었기 때문이다.

나의 비밀을 안 사람들이 길에서 나를 보면 이상한 눈빛을 보낼 거라는 생각도 했다. 그러나 상관하지 않기로 했다. 오늘날에도 할례가 이루어진다는 사실을 알리고 싶다는 나의 바람 때문이었다. 그것이 인터뷰를 내보내기로 한 두 번째 이유이다. 나를 위해서 뿐만 아니라 지금도 고통을 겪고 있을 전 세계 수많은 어린 여성들을 위해서 해야 하는 일이었다. 수백 명도 아니고 수천 명도 아닌, 수백만 명의 소녀들이 할례를 받았고 그로 인해 죽어가고 있다. 내가 처한 상황을 바꾸기엔 너무 늦었다. 나는 이미 상처를 받았다. 그러나 다른 사람을 구할 수 있을지도 모르는 일이었다.

〈여성 할례의 비극〉이라는 제목의 인터뷰가 나가자 반응이 열렬했다. 로라의 기사도 좋았고, 기사를 싣기로 한 《마리끌레르》의 용감한 결정도 가상했다. 잡지사와, 여성의 권리를 위해 싸우는 〈이퀄리티 나우$^{Equality\ Now}$〉란 단체에는 우리를 지지하는 편지들이 쏟아져 들어왔다. 내 이야기를 처음 들은 날, 로라가 그랬던 것처럼, 독자들도 물론 경악을 금치 못하고 있었다.

오늘부터 한달 전, 저는 《마리끌레르》 3월호에 실린 여성 할례에 관한 기사를 경악하며 읽었습니다. 아직도 잊히지 않습니다. 알라 신이 남자의 친구이자, 동반자이자 '배우자'로서 만들어 주신 여성을 그토록 냉정하고 무자비하게 대한 이야기를 읽고 쉽게 잊거나, 지나쳐 버릴 수 있는 사람은 남자 중에도, 여자 중에도 없을 거라고 생각합니다. 성경에는 남자가 아내를 사랑해야 한다고 나옵니다. 알라 신의 존재를 모르는 문화에 사는 사람이라도, 여성 할례가 불러오는 고통과 상처, 심한 경우에는 죽음을 보면, 그 부당함을 알리라고 생각합니다. 그런데 어떻게 자신의 아내와, 딸, 또는 여자 형제가 그런 걸 당하는 걸 보고도 가만히 있을 수 있는 겁니까? 여성들이 여러 가지 면에서 상처받고 있다는 사실을 모를 리가 없지 않습니까!

하느님 맙소사, 우리가 가만히 있어서는 안 됩니다. 저는 아침에 일어나서 그 생각을 하고, 그 생각을 하며 밤에 잠에 듭니다. 그리고 온종일 그 생각을 떠올리며 웁니다. 월드비전이나 다른 단체가 나서서 교육해야 합니다. 그러면 그 사람들도 어떻게 해야 결혼 생활과 부부관계가 남자뿐만 아니라 여자에게도 한층 더 행복할 수 있는지 배울 수 있을 것입니다. 여자도 남자만큼 행복한 게 마땅하니까요. 그리고 이런 것도 가르쳐야 합니다. 남자들과 마찬가지로, 여자들이 특정한 신체 부위를 가지고 태어난 것은 다 쓸 데가 있어서 그런 것이라는 사실을요!

다른 편지도 있다.

방금 와리스 디리에 관한 기사를 읽었습니다. 아직도 소녀들에게 그런 상처를 입히고 고통을 주고 있는 사람들이 있다니 울화가 치밉니다. 오늘날에도 그토록 가학적인 행위가 자행되고 있다니 믿을 수가 없습니다. 할례를 받은 여성이 살아가는 동안 겪게 되는 문제들 역시 엄청나게 느껴집니다. 전통이건 아니건, 세계 곳곳의 여성들을 대상으로 이루어지는 그런 난폭한 행위들은 끝나야 합니다. 남자의 성기를 칼로 베어냈다가 다시 꿰매면 틀림없이 여성 할례도 끝날 겁니다. 게다가 여자의 고통이 극심할 뿐더러 끝도 없다는 걸 알면서도 어떻게 육체적 관계를 갖고 싶어 할 수 있습니까? 나는 기사를 읽고 눈물을 흘렸습니다. 곧 〈

이퀄리티 나우〉에 연락해서 어떻게 도우면 좋을지 물어보려고 합니다.

내게 온 편지도 있었다.

비극적인 이야기는 과거에도 많았고 앞으로도 많을 것입니다. 그러나 와리스, 와리스가 말한 사람들이 자기 자식들에게 하는 짓은 그 어떤 문화의 관습보다 더 무시무시한 겁니다. 저는 기사를 읽고 가슴이 아파 울었습니다. 변화를 위해 나서고 싶지만 한 개인이 할 수 있는 일이 뭐가 있을까 싶습니다.

나를 지지하는 편지를 보자 안심이 되었다. 나를 비판하는 내용의 부정적인 편지는 단 두 통이었는데 물론 소말리아에서 온 편지였다.

나는 더 많은 인터뷰를 하기 시작했고 학교나 지역사회 단체뿐만 아니라 여성 할례 문제를 알릴 수 있는 곳이라면 어디든지 가서 강의를 하기 시작했다.

그러다 또 하나의 운명적인 사건이 일어났다. 한 메이크업 아티스트가 비행기를 타고 유럽에서 뉴욕으로 가다가 마침 《마리끌레르》에 실린 내 인터뷰를 읽었다. 비행기 안에서, 여자는 옆에 앉은 고용주에게 잡지를 건네주며 말했다.

"이것 좀 읽어보세요."

그 여자의 고용주는 바로 바바라 월터즈였다. 나중에 들은 얘기지만 바바라는 마음이 불편해서 기사를 끝까지 읽지 못했다고 한다. 그러나 짚고 넘어가야 하는 문제라고 생각했다고 한다. 그래서 바바라는 시청자들에게 여성 할례에 대해 알리기 위해서, 내 이야기를 20/20(바바라 월터즈가 진행하는 미국의 뉴스 프로그램)에서 소개하기로 했다.

에델 배스 바인트라우브가 연출한 〈치유를 향한 여정A Healing Journey〉은 후에 각종 상을 받기도 했다.

바바라와 인터뷰할 때, 나는 울고 싶었다. 발가벗겨진 느낌이었다. 기사를 통해 이야기할 때는 나와 독자 간에 거리가 있었다. 나는 로라와 단 둘이 레스토랑에 앉아 내 이야기를 했던 것이다. 그러나 20/20을 촬영할 때는 달랐다. 카메라는, 평생 숨겨온 비밀을 드러내는 내 얼굴을 가까이에서 잡고 있었다. 누군가가 내 배를 갈라 나의 영혼을 들추어낸 것 같았다.

〈치유를 향한 여정〉은 1997년 여름에 방송되었다. 방송이 나간 후, 기획사에서 전화가 왔는데 유엔이 연락을 취해 왔다고 했다. 유엔에서 20/20을 봤는데 내가 연락해 주길 바란다는 소식이었다.

상황은 다시금 놀라운 전환을 맞은 것이다. 〈유엔인구기금United Nations Population Fund, UNFPA〉에서는 여성할례에 반대하는 운동을 펼치고 있었는데 나에게 동참을 권한 것이다. UNFPA는 〈세계보건기구World Health Organization, WHO〉와 함께 일하면서 실로 무시무시한 통계자료를 수집했는데 그 자료는 문제의 심각성을 제대로 드러내고 있었다. 숫자를 보니, 할례가 나만의 문제가 아니었음을 실감할 수 있었다. 여성 할례, 오늘날에 보다 적합한 용어로 말하자면 '여성성기절제술female genital mutilation, FGM'은 아프리카 내 28개국에서 크게 행해지고 있다. 유엔은 어림잡아 1억 3천만여 명의 여성들이 FGM을 받았으리라고 추정한다. 적어도 2백만 명이 매년 피해자가 될 위험을 안고 있는데 하루로 환산해 보면 6,000명이다. FGM은 대개 미개한 환경에서 산파나 마을의 나이 많은 여자에 의해서 마취 없이 행해진다. 여자들은 손에 닿는 것이면 무엇이든 수술에 사용하는데 그 중에는 면도날, 칼, 가위, 깨진 유리 조각, 날카로운 돌 등이 있다. 어떤 지역에서는 이빨을 사용하기도 한다. 지역과 문화적 관습에 따라 정도가 다르다. 가장 적은 손상을 입히는 방법은 음핵의 덮개를 절제하는 것인데 그러면 여자는 평생 섹스를 즐기지 못하게 된다. 그와 반대로 가장 심한 방법은 '봉쇄술infibulation'이라고 하는 것인데 소말리아 여성의 80퍼센트에게 행해진다. 내가 당한 것이기도 하다. 봉쇄술을 받은 직후에는 쇼크, 세균 감염, 요도나 항문의 손상, 흉터의 발생, 파상풍, 방광염, 패혈증, HIV 감염, B형 간염 등의 증세나 합병증이 올 수도 있다. 장기적으로는 골반이나 비뇨기에 만성, 또는 회귀성 염증을 유발해 불임을 초래할 수 있으며, 음문 주변에 낭포나 종기가 생길 수 있고, 고통스러운 신경종이 올 수도 있다. 또한, 소변을 보기가 어려워지고, 생리가 복부에 고이기도 하며 생리통, 불감증, 우울증의 원인이 된다. 급기야는 죽음을 부르기도 한다.

올해에만도 2백만 명의 소녀들이 내가 겪은 고통을 겪을 거라고 생각하면 가슴이 미어진다. 이러한 고문이 계속되는 한 나와 같은 분노를 간직한 여성들이 계속 생길 것이다. 돌이킬 수 없는 상처를 입은 여성들이 말이다.

실제로 FGM을 받는 여성들의 수는 줄지 않고 늘어나고 있다. 유럽이나 미국으로 이주한 많은 아프리카 사람들도 여전히 관습을 행하고 있다. 〈연방질병통제예방센터Centers for Disease Control and Prevention〉에 따르면 뉴욕 주에서만 약 2만 7천 명의 여성이 FGM을 받았거나 앞으로 받게 될 것이라고 한다. 그래서 여러 주에서 FGM을 금지하는 법안을 통과시키고 있다. 입법자들은 위험에 처한 어린이들을 위해서 별개의 법안이 필요하다고 보는데 부모가 딸에게 절제술을 시행할 '종교적 권리'가 있다고 주장할 수 있기 때문이다. 종종 미국 내 아프리카 교민 사회에서는, 돈을 모아 집시 여인과 같은 시술자를 멀리 아프리카에서 데리고 오기도 한다. 그러면 그 사람이 소녀들을 한꺼번에 시술한다. 그게 어려울 때는 식구들이 손수 일을 처리한다. 뉴욕 시의 한 남자는 이웃들이 비명소리를 듣지 못하도록 음악을 크게 틀어 놓고 스테이크를 자르는 칼로 딸의 성기를 잘랐다고 한다.

나는 유엔의 제안을 받아들여 특별사절로서 FGM 반대 운동에 동참하게 되었다. 내 자신이 매우 자랑스러웠다. 특사의 위치에 선 나는 UNFPA의 나피스 사딕 사무총장 같은 여성들과 함께 일하는 크나큰 영광을 누렸다. 나피스 사딕 사무총장은 FGM 반대 운동을 처음으로 이끈 여성들 중 한 명인데 1994년 카이로에서 열린 〈세계인구발전회의International Conference on Population and Development〉에서 처음 FGM의 문제점을 소개했다. 나도 곧 아프리카로 다시 돌아가 내 이야기를 하며 유엔을 돕고자 했다.

아프리카 국가의 사람들은 4천 년이 넘도록 여성의 성기를 절제해 왔다. 많은 사람들은 이것이 코란의 가르침에 따른 것이라고 한다. 거의 모든 이슬람 국가에서 행해지고 있기 때문이다. 그러나 그것은 사실이 아니다. 코란에도, 성경에도, 알라 신을 위해서 여성의 성기를 자르라는 말은 그 어디에도 없다. 이것은 여성을 성적으로 소유하고 싶어 하는 무지하고 이기적인 남자들이 요구하고 장려한 것일 뿐이다. 남자들은 할례를 받은 아내를 원한다. 엄마들은 그 요구에 응하여 딸들에게 할례를 받게 한다. 그러지 않으면 영영 남편을 구하지 못할지도 모르기 때문이다. 할례를 받지 않은 여자는 불결하고 방탕하여 아내로서 적절하지 못하다고 여겨진다. 내가 자란 유목민 사회에서, 결혼하지 못한 여자는 설 자리가 없다. 그래서 엄마의 임무는 딸에게 가능한 최고의 남편감을 만날 수 있는 기회를 제공하는 것이다. 서양의 부모가 딸을 좋은 학교에 보내는 것을 자신들의 의무로 여기듯 말이다.

내가 유엔 특사로 일하게 된 것은 감히 꿈도 꾸어보지 못했을 만큼 엄청난 일이다. 어린 시절, 나는 내가 식구들, 그리고 주변 사람들에 비해 특별하다고 생각했지만, 미래에 전 세계의 문제를 해결하려고 나선 단체의 특사가 되리라고는 전혀 예상치 못했었다. 유엔은 전 세계의 엄마 역할을 한다. 세계가 편안하도록 보살펴주는 것이다. 과거의 내가 미래 유엔에서 내 역할을 어렴풋이나마 알았더라면 그것은 어릴 적 친구들이 나를 마마라고 불렀기 때문이다. 늘 엄마처럼 주변사람들을 살피고 돌보는 나를 친구들은 그렇게 놀렸었다.

그 친구들이 염려하는 점이 있었는데, 내가 아프리카에 가면 광신도가 나를 죽이려 들 수도 있다는 점이었다. 그도 그럴 것이, 나는 보수주의자들이 신성하다고 여기는 행위를 범죄라 칭하고 그에 반대하는 연설을 하게 될 것이다. 위험한 일임은 분명하다. 솔직히 무섭기도 하다. 나만 바라보고 있는 어린 아들이 있어 더욱 걱정이 된다. 그러나 나의 믿음은 나에게 강인해지라고 말한다. 알라 신이 나를 이 길로 이끈 데는 이유가 있다고. 알라 신은 내게 일을 맡기셨다. 이것이 나의 임무다. 내가 태어나기 훨씬 전에, 알라 신은 내가 죽을 날을 정해 놓으셨다. 내가 바꿀 수는 없다. 그러니까 그 동안 모험을 해보는 것이 낫다. 평생 그렇게 살아왔으니까.

고향 생각

　내가 FGM을 비난하기 때문에, 어떤 사람들은 내가 우리 문화의 가치를 모른다고 생각한다. 그러나 절대로 그렇지 않다. 나는 내가 아프리카 사람이라는 사실에 매일 알라 신께 감사한다. 매일. 나는 내가 소말리아 사람임이 자랑스럽고, 조국이 자랑스럽다. 다른 문화의 사람들은 이런 내 자부심이 매우 아프리카적이라고 여길지도 모른다. 자랑스러워할 까닭이 없다고, 거만하다고 여길지도 모른다.
　할례의 경험을 제외하면, 나는 나의 어린 시절을 그 어느 누구의 어린 시절과도 바꾸지 않을 것이다. 뉴욕 사람들은 늘 가족 간의 정에 대해 이야기 하지만, 그런 걸 본 적은 드물다. 우리가 그랬듯이, 한데 모여 노래하고 박수치고 웃는 모습을 본 적이 없다. 뉴욕 사람들은 서로 간에 단절되어 있다. 공동체에 속한다는 느낌이 없다.
　아프리카에서 자라서 좋았던 것 가운데 하나는 내가 순수한 자연과 순수한 삶의 일부였다는 점이다. 나는 삶을 체득했다. 피하지 않았다. 그리고 그것은 실제의 삶이었다. TV에 나오는 남의 인생을 지켜보면서 대리만족을 느끼는 그런 인위적인 삶이 아니었다. 처음부터 내겐 생존본능이 있었다. 나는 기쁨과 고통을 동시에 느꼈다. 행복은 소유에서 오는 게 아니라는 것도 알았다. 가진 것이 없어도 행복하기만 했으니까. 살아오면서 가장 귀중했던 시간은 식구들과 함께 지낼 때였다. 저녁 식사를 하고 모닥불 가에 앉아서 별 것도 아닌 것에 웃던 밤들을 떠올리곤 한다. 비가 내리기 시작하고 생명이 다시 깨어나면 잔치를 벌이던 것도 생각난다.

소말리아에서 크면서, 우리는 사소한 것들에 감사할 줄 알았다. 비를 반갑게 맞은 이유는, 비가 오면 물이 있다는 뜻이기 때문이다. 뉴욕에서 물을 걱정 하는 사람은 없다. 부엌에서는 물을 틀어 놓고 다른 일을 하기도 한다. 언제든지 필요하면 쓸 수 있다. 수도꼭지를 돌리면 곧바로 나온다. 부족함을 알아야 감사할 줄도 안다. 아무 것도 없던 우리는 매사에 감사했다.

우리 가족은 매일 먹을 것을 구하기 위해 애썼다. 쌀 한 자루를 사는 건 특별한 경우였다. 그러나 이 나라에는 음식의 양과 종류가 엄청나서 제 3세계 국가에서 오는 사람이면 누구나 놀라움을 금치 못한다. 그러나 불행히도, 너무나 많은 미국인들이 '안' 먹기 위해 노력한다. 지구 한편에서는 굶주리는 사람들이 있고 반대편에는 몸무게를 줄이려고 돈을 지불하는 사람들이 있다. 나는 TV에 나오는 다이어트 프로그램 광고를 보고 이렇게 외친다.

"살 빼고 싶으면 아프리카로 가! 어때? 살도 빼고 사람들도 도울 수 있잖아. 그런 생각 해봤어? 그럼 기분도 좋고 모습도 달라질 걸. 엄청난 일 두 가지를 한꺼번에 해낼 수 있잖아. 많은 걸 배우고 돌아올 거야. 내가 장담해. 떠날 때보다 훨씬 말짱한 정신으로 돌아오게 될 거야."

오늘도, 나는 여전히 사소한 것들을 소중히 여긴다. 나는 호화로운 집을, 때로는 한 채도 아니고 여러 채 가지고 있는 사람들, 차, 보트, 보석을 가지고 있는 사람들을 매일 만난다. 그러나 그 사람들은 더 많은 걸 원한다. 다음으로 구입할 것이 마침내 행복과 마음의 평온함을 가져다 줄 듯이 말이다. 그러나 나는 다이아몬드 반지가 없어도 행복할 수 있다. 이제 사고 싶은 걸 다 살 수 있는 능력이 된다고 해서 하는 말이 아니다. 나는 아무것도 원하지 않는다. 인생의 가장 가치 있는 재산은 인생 그 자체이고 그 다음은 건강이다. 그러나 사람들은 온갖 하찮은 일에 안달하면서 귀중한 건강을 망친다. 이 청구서가 왔네, 저 청구서가 왔네 하면서 온 사방에서 청구서가 날아오는데 다 어떻게 내야 할지 모르겠다고 고민한다. 미국은 세계에서 제일 부유한 나라지만, 국민들은 모두 자신이 가난하다고 느낀다.

사람들은 돈도 모자라지만 시간도 모자란다. 모두가 시간이 없다고들 한다. 전혀 없단다.

"거기 서 있지 말고 저리 비켜. 시간 없어!"

거리는 여기 저기 바쁘게 쫓아다니는 사람들로 가득 차 있다. 무얼 쫓아다니는지, 그건 하늘만이 안다.

나는 두 가지 삶의 방식, 소박한 삶과 바쁜 삶을 모두 경험해 볼 수 있었다는 점을 매우 감사히 여긴다. 그러나 어린 시절을 아프리카에서 보내지 않았다면 소박한 삶의 방식을 즐기지 못했을 것 같다. 소말리아에서 어린 시절을 보내면서 굳어진 성격은 앞으로도 쉬 변하지 않을 것이다. 그런 성격 때문에, 수많은 사람들이 출세를 하고 명예를 얻기 위해 집착하는데도, 정작 나는 그런 것들을 하찮게 여기고 심각하게 고려하지 않는다. 사람들은 종종 내게 묻는다.

"유명해진 기분이 어때요?"

그러면 나는 그냥 웃곤 한다. 유명하다니, 그게 무슨 뜻인가? 나도 모른다. 내가 아는 것은 내 사고방식이 아프리카식이며 영영 변하지 않으리라는 사실이다.

서양에서 살면서 느끼는 가장 큰 장점 중의 하나는 평화다. 아마도 사람들은 평화가 얼마나 큰 축복인지 모를 것이다. 범죄가 있기는 하지만 주변에서 전쟁이 일어나고 있는 것과는 매우 다르다. 나는 이 나라의 보호 아래 안전한 환경에서 아이를 기를 수 있다는 것에 감사한다. 1991년, 반란군이 시아드 바레$^{Mohammed\ Siad\ Barre}$(1969년 군사쿠데타를 통해 정권을 잡고 소말리아 민주공화국 대통령을 지냄)를 내쫓은 이후로 소말리아에는 전투가 끊이지 않는다. 경쟁적인 부족들이 정권을 잡기 위해 서로 싸웠고 얼마나 많은 사람들이 죽었는지 아무도 모른다. 이탈리아 식민 정부가 지은 하얀 건물들로 가득했던 아름다운 모가디슈는 재가 되었다. 거의 모든 건물에, 7년간의 쉴 새 없는 전쟁으로 인한 흔적이 남았다. 폭파된 건물이 있는가 하면 무수한 총탄 자국이 남아 있는 건물도 있다. 도시에는 더 이상 그 어떤 질서도 없다. 정부도 없고 경찰도 없고 학교도 없다.

슬픈 사실은, 우리 친척들도 전쟁을 피해갈 수 없었다는 점이다. 엄마와 꼭 닮은 얼굴에 유머가 풍부했던 월데압 삼촌이 모가디슈에서 죽었다. 삼촌이 창가에 서 있었는데 집에 무수한 총탄이 날아들었다고 한다. 건물 전체에 구멍이 숭숭 뚫렸으며 삼촌은 창문을 통해 날아들어 온 총탄에 맞았다고 한다.

지금은 유목민들까지 영향을 받고 있다고 한다. 에티오피아에서 동생 알리를 봤을 때, 알리에게는 총에 맞은 상처가 있었는데 가까스로 죽음을 면했다고 했다. 낙타를 몰고 가고 있는데 밀렵꾼들이 숨어서 기다리다가 알리의 팔을 쏜 것이라고 했다. 알리는 쓰러져서 죽은 척했고 밀렵꾼들은 낙타들을 몽땅 데리고 도망쳤다.

에티오피아에서 엄마를 만났을 당시에도 엄마 가슴에는 총알이 박혀 있었다. 사격전을 미처 피하지 못한 것이다. 여동생이 엄마를 데리고 사우디에 있는 병원에 갔지만 나이가 많아 수술을 견딜 수 없다는 말을 들었다. 위험한 수술이라서 도중에 죽을 수도 있었다. 그러나 내가 엄마를 만났을 때, 엄마는 낙타처럼 건강했다. 엄마는 여전히 씩씩한 마마였고 총을 맞은 일도 농담처럼 이야기했다. 내가 총알이 여전히 몸속에 있느냐고 묻자 엄마는 이렇게 말했다.

"그럼, 안에 있지. 괜찮다. 내가 이미 소화시켰을지도 몰라."

부족 간의 전쟁은 남성들의 자존심과 이기주의, 공격성에서 비롯되었다는 점에서 여성 할례와 다름없다. 인정하기 싫지만 사실이다. 두 가지 다 남자들이 자신의 영역과 소유물에 집착해서 생긴 결과다. 여자는 관습적으로, 법적으로 남자의 소유물에 속한다. 남자들의 성기를 잘라버리면, 우리나라는 살기 좋은 나라가 될지도 모른다. 그러면 남자들이 진정하고 세상을 좀 더 조심스럽게 대하게 될지도 모른다. 끊임없이 분비되던 테스토스테론^{Testosterone}(남성호르몬)이 없어지면 전쟁도, 죽음도, 도둑질도, 강간도 사라질 것이다. 남자들의 은밀한 부분을 잘라놓고, 피를 흘리다 죽든지 살든지 내버려두면 그제야 비로소 자신들이 여성에게 어떤 짓을 하고 있었는지 깨닫게 될 것이다.

내 목표는 아프리카 여성을 돕는 것이다. 나는 여성이 강인해지는 걸 보고 싶다. 그러나 FGM은 여성을 육체적으로, 그리고 정신적으로 무력하게 만든다. 여성은 아프리카의 뼈대이다. 거의 대부분의 일을 여성이 도맡아 한다. 그런 아프리카 여성에게, 어려서부터 칼질을 하고 평생 불구자로 살게 내버려 두는 일이 없다면 여성은 정말 많은 일을 해

내지 않겠는가.

　나는 내가 겪은 일 때문에 분노하지만 부모님을 탓하지는 않는다. 나는 엄마와 아버지를 사랑한다. 엄마는 내가 할례를 받는 문제에 대해서 이러쿵저러쿵 할 수 없었다. 여자인 엄마에게는 결정권이 없었다. 엄마는 단지 엄마가 겪은 대로, 엄마의 엄마가 겪은 대로, 그 엄마의 엄마가 겪은 대로 했을 뿐이다. 그리고 아버지는, 당신이 딸에게 어떤 고통을 주고 있는지 전혀 몰랐다. 아버지는 소말리아에서 딸을 시집보내려면 할례를 하지 않고는 불가능하다는 사실만을 알았을 뿐이다. 우리 부모님 역시 피해자이다. 수천 년 동안 변함없이 전해 내려온 관습과 가르침의 피해자인 것이다. 그러나 오늘날, 예방접종을 하면 질병과 죽음을 막을 수 있다는 사실을 알듯이 우리는 여자가 발정 난 짐승이 아니라는 것도 안다. 여자의 충절은 야만적인 관습을 통해서가 아니라 믿음과 사랑으로 얻어야 하는 것을 안다. 괴로움을 주는 낡은 관습은 버려야 할 때가 왔다.

　나는 내가 태어날 때의 몸이 알라 신이 주신 완전한 몸이라고 생각한다. 그런데 어떤 남자가 와서 나를 유린하고 내 힘을 빼앗아가더니 나를 불구자로 만들어 놓았다. 나의 여성성을 훔쳐간 것이다. 특정 부위가 없는 것이 알라 신의 뜻이라면, 왜 만들어 놓으셨을까?

　언젠가는 아무도 이런 고통을 겪지 않게 되길 바랄 뿐이다. 과거의 일부가 되기를 바랄 뿐이다. 사람들은 이렇게 말할 것이다.

　"소말리아에서 여성 할례가 금지된 것 아니?"

　그 다음엔 다른 국가, 그리고 또 다른 국가로 이어질 것이다. 전 세계가 여성에게 안전한 곳이 될 때까지. 그날이 온다면 얼마나 좋을까. 나는 그날을 위해 일하고 있는 것이다. 인샬라. 하늘의 뜻대로 되리라.

나를 도와준 사람들

나는 이 책이 있도록 도와 준 사람들에게 감사의 말을 하고 싶다. 책을 만드는 데 도움을 주었기 때문이기도 하지만 그보다 먼저 내 인생의 일부가 되어주었기에.

사랑하는 리키-리크야, 네가 있어서 엄마가 얼마나 행복한지 모른단다. 너를 주신 알라 신께 정말 감사해. 네가 주는 기쁨은 말로 할 수 없단다.

사랑하는 데이나, 내가 가는 길을 비춰줘서 고마워. 우리가 만난 건 운명이야. 사랑해.

어머님, 아버님, 저를 한 식구로 생각해주셔서 고마워요. 다시 가족과 함께 할 수 있어서 좋아요. 특히, 끝까지 제 곁을 지켜주신 할머니, 고마워요. 제가 할머니를 얼마나 사랑하는지 모르실 거예요.

크리스티 플레처와 캐롤 맨 기획사 여러분 감사합니다. 이렇게 든든하고, 성실하고, 헌신적인 기획사는 또 없습니다.

윌리암 모로사의 여러분들도 감사합니다. 특히, 절 믿어주고, 이 책을 자식처럼 아껴 준 베티 켈리에게 감사합니다.

내 머릿속에 들어오느라고 자기 정신까지 놓아버릴 뻔한 캐티 밀러, 수고해주셔서 감사합니다.

타이론 배링턴, 늘 나를 보살펴주고 지지해줘서 고마워요.

내 오른팔인 사브리나 체르보니, 당신이 없으면 난 아무 것도 못 한답니다. 내 인생에 등장해줘서 고마워요.

사랑하는 친구, 조지 스페로스야, 네게 무슨 할 말이 있겠니. 널 사랑한단 말밖에.

바바라 월터즈, 에델 배스, 그리고 20/20 제작진 여러분, 제 이야기를 들어주시고, 또 지지해주셔서 감사합니다.

고마워요, 로라 지브. 그 잊히지 않는 기사는 기대했던 것보다 많은 사람들에게 감동을 주었지요.

유엔 관계자 여러분, 늘 제 곁을 지켜주고, 제 신념을 위해 함께 싸워주셔서 감사합니다. 저를 포함한 수백만 명의 사람들에게 언젠가 끝이 있을 거라는 희망을 주셨습니다.

내가 만난 사람들 중, 내가 왜 이 책을 써야만 했는지 이해할 수 없는 분들, 그리고 나의 가족에게 감사의 말을 전합니다. 누군가에게 상처를 주려고 이 책을 쓴 것은 아닙니다. 악의도 없습니다. 내 가족에게는 더더욱 그렇습니다. 그 모습 그대로에 감사합니다. 사랑해요.

마지막으로, 가장 중요한 분이 남았습니다. 세상을 창조하신 알라 신입니다. 생명이란 선물을 주셔서 감사합니다. 때로는 잔잔하고 때로는 요동치던 그 수많은 강을 건널 힘과 용기를 제게 주셔서 감사합니다. 알라 신은 아름다움과 사랑이 가득한 세상을 만드셨습니다. 모든 사람들이 낙원 같은 우리의 별을 사랑하고 소중히 여길 줄 알게 되길 진심으로 빕니다.

옮긴이의 말

나는 미국 여성들의 전폭적인 지지를 받고 있는 〈오프라 윈프리 쇼 Oprah Winfrey Show〉를 통해 처음으로 여성 할례에 대해 어렴풋이나마 알게 되었다. 그러나 와리스 디리의 이야기를 번역하면서, 그제야 그 잔인한 행위가 왜, 그리고 어떻게 자행되는지 자세히 알게 되었다. 차라리 모르는 편이 좋았을 것을, 하고 생각했다. 이 책에는 얼굴을 잔뜩 찌푸리게 만드는, 눈을 질끈 감아버리고 싶게 만드는 유혈이 낭자한 이야기가 실려 있다. 그러나 독자 여러분은, 얼굴을 찌푸려서도, 눈을 감아서도 안 된다. 왜냐하면 이 이야기는 어느 호러 영화의 줄거리가 아니기 때문이다. 지금 이 순간에도 고통 받고 있을 세계 곳곳 여성들의 아릿한 현실이기 때문이다.

뿐만 아니라, 와리스의 이야기는 우리 한국 여성의 이야기일 수도 있다. 그러니 아무리 끔찍해도 눈 똑바로 뜨고 읽어 내길 바란다. 어쩌면 이런 궁금증이 생길지도 모른다. 때로는 우리의 어머니, 아버지가, 와리스의 어머니와 아버지가 그랬던 것처럼, 관습이라는 수레바퀴 아래 나동그라져 딸자식에게 '정신적 할례'의 칼을 들이대고 있지는 않는지. 때로는 학교 교사가, 직장 상사가 그 역할을 맡고 있지는 않는지. 이런 생각이 든다면, 와리스의 이야기는 바로 우리의 현실을 비춰주는 거울이 된다.

와리스의 이야기가 끔찍하기만 한 것은 아니다. 와리스는 말 그대로 살을 에는 고통에도 좌절하지 않고 마치 명랑 만화의 주인공처럼, 지칠 줄 모르는 열정과 자유로운 영혼으로, 해도 해도 너무하다 싶은 운명의 장난을 통쾌하게 받아 넘긴다. 집을 박차고 나가기도 하고, 사내를 때려눕히기도 하며, 여권 위조에 위장 결혼까지, 못 하는 것이 없다. 일이 잘 풀리지 않는다고 해서 와리스가 주저앉아 낙담하는 구절은 이 책 어디에도 없다. 그래서 와리스의 이야기는 우리에게 희망이 된다.

와리스 디리는 현재 비엔나에 머물러 살고 있지만 여전히 전 세계를 찾아다니며 여성 할례에 대해 알리고 있다. 그리고 여러 나라에서 베스트셀러가 된 《사막의 꽃$^{Desert\ Flower}$》에 이어 《사막의 새벽$^{Desert\ Dawn}$》이라는 책에서 여성 할례에 반대하는 연설을 하며 고국 소말리아를 순회한 이야기를 하고 있다. 어렸을 때 와리스의 어머니는 와리스를 아브도홀^{Avdohol}(입이 작은 아이)이라고 불렀지만, 그 작은 입으로 이토록 큰 소리를 내리라곤 미처 꿈꾸지 못했을 것이다.

《사막의 꽃》은 전 세계를 통틀어 여성 할례의 체험을 담은 거의 유일한 수기이다. 독자들 또한 이 책을 통해《여성 성기 절제술$^{Female\ Genital\ Mutilation}$》을 처음 접할 것이라고 생각한다. 우리 독자들이 세계 저편에 사는 여성들의 무시 못할 고통에 눈 뜨는 데 보탬이 될 수 있다는 생각을 하면, 번역을 마무리하는 지금 자못 가슴이 두근거린다.

《사막의 꽃》 번역을 맡겨준 섬앤섬 편집부에 감사의 마음을 전하며, 모자란 원고를 꼼꼼히 읽고 조언해주신 아버지, 딸자식을 관습의 수레바퀴로부터 지켜주신 아버지, 어머니께도 감사를 올린다.

옮긴이 이다희

도대체 그런 야만적인 나라가 어디 있느냐고 오만상을 쓰고 사람들은 물었다. 다행히 우리의 몸은 할례의 칼자국을 피해갔다. 하지만 유구하게 세습되어온 이 자국, 누가 우리의 정신에 칼자국을 내었을까. 와리스 디리의 말이 떠오른다. "외국에서 FGM에 대해 말하기는 쉽다, 진짜 싸움은 소말리아에서이다."

모든 것은 바로 우리 안에 있다. 비좁은 우리 내부에 있다.

하성란

1967년 서울 출생.
1996년 단편소설 〈풀〉로 서울신문 신춘문예 당선 1999년 〈곰팡이 꽃〉으로 동인문학상 수상. 소설집 《루빈의 술잔》, 《옆집여자》, 장편소설 《식사의 즐거움》, 《삿뽀로 여인숙》, 《A》, 산문집 《아직 설레는 일은 많다》 등이 있다. 사물에 카메라를 들이대듯 정교하게 묘사해 숨은 의미를 드러내는 작가이다.

WARIS DIRIE
DESERT FLOWER

• 자전 영화 《DESERT FLOWER》(2009) 시사회장에서 포즈를 취한 와리스 디리

• 영화 《DESERT FLOWER》에서 자신의 역을 연기한 에티오피아 출신 영화배우 리야 케베데(좌)와 함께

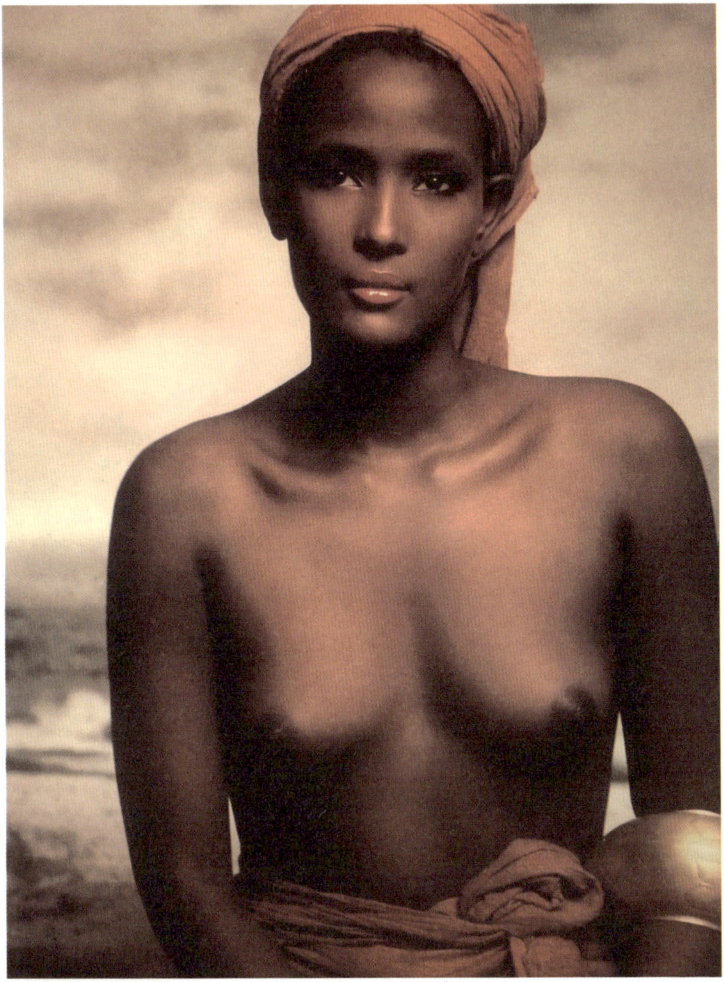

WARIS DIRIE FOUNDATION

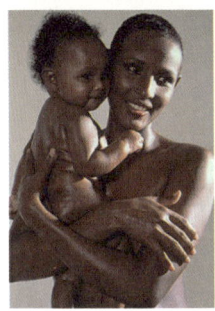

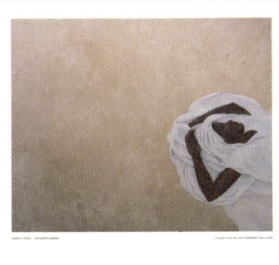

- 모델 데뷔 직후 이탈리아의 세계적인 사진 달력 《피렐리》 작품(왼쪽 위) 촬영은 세계 패션계에 와리스 디리의 등장을 널리 알린 계기가 되었다.
- 세계여성상 인권상 수상 직후 연설하는 모습과 여성재단 총재 고르바초프 전 러시아 대통령과 환담하는 모습(오른쪽 위)
- 〈와리스 디리〉 재단의 홍보 엽서(왼쪽 아래)와 사막의 꽃 홈페이지 안내문(오른쪽 아래)

옮긴이 이다희
1999년 이화여대 철학과에 입학하여 수학 중 유학하여 2003년 미국 펜실베이니아 주립대 철학과를 졸업했다. 《아이네이아스》, 《백설공주와 일곱 난장이》 등의 동화와 셰익스피어의 《겨울이야기》, 《한여름 밤의 꿈》과 《플루타르코스 영웅전》 등을 우리말로 옮겼으며, 우리 동화를 영어로 옮기는 작업도 겸하고 있다.

사막의 꽃
Desert Flower

초   판 1쇄 발행 2005년 7월 30일
개 정 판 1쇄 발행 2012년 12월 10일
개정신판 1쇄 발행 2019년 2월 7일

지은이 와리스 디리, 캐틀린 밀러
옮긴이 이다희

펴낸이 김현주
편집장 한예솔
교정 김형수
디자인 정호정 디자인실
마케팅 한희덕

펴낸곳 섬앤섬

출판신고 2008년 12월 1일 제396-2008-000090호
주소 경기도 고양시 일산동구 백석로 119, 210-1003호
주문전화 070-7763-7200   **팩스** 031-907-9420
출력 나모 에디트(주)
인쇄 우진테크(주)

한국어판 출판권 © 섬앤섬, 2015

ISBN 978-89-97454-15-0 03840
이 책의 한국어판 출판권은 에릭양 에이전시를 통한 HarperCollins Publishing, Inc. 사와 독점 계약한 '섬앤섬' 출판사가 소유합니다. 저작권법에 따라 보호를 받는 저작물이므로 무단 전재와 복제를 금합니다.